FALKEN BÜCHEREI

SCHACH-BIBLIOTHEK

B. J. Withuis · H. Pfleger

KINDER- UND JUGEND-SCHACH

Offizielles Lehrbuch des Deutschen Schachbundes zur Erringung der Bauern-, Turm- und Königsdiplome

FALKEN VERLAG

Aus dem Holländischen übersetzt von Dr. H. Pfleger

CIP-Kurztitelaufnahme der Deutschen Bibliothek

Withuis, Berend J.:
Kinder- und Jugendschach: offizielles Lehrbuch
d. Dt. Schachbundes zur Erringung
d. Bauern-, Turm- u. Königsdiplome / B. J. Withuis u. H. Pfleger.
Niedernhausen/Ts.: Falken-Verlag, 1981.
(Falken-Bücherei)
ISBN 3-8068-0561-X
NE: Pfleger, Helmut:

ISBN 3 8068 0561 X

Titelfoto: Karl Hirt
Gesamtherstellung: H. G. Gachet & Co., 6070 Langen

817 2635 4453 62

Inhaltsverzeichnis

Vorwort

Ein neues Spiel- und Lehrbuch mit bewährten Ideen, so richtig geschaffen für Jugendliche.

Leicht verständlich, spannend und durch erläuternde lustige Zeichnungen belebt!

Zwei Zwischenprüfungen, danach das Königsdiplom.
Und schon ist man ein Schachspieler!

Viel Freude und Erfolg wünscht

Alfred Kinzel
Präsident des Deutschen Schachbundes

Zum Geleit

Liebe Jungen und Mädchen!
Geht man heutzutage durch die Spielwarenabteilungen der großen Kaufhäuser, so sieht man viele von Euch an den Ständen der Schachcomputer stehen. Es ist offenbar sehr reizvoll, sich mit diesen unsichtbaren Gegnern zu messen und sie möglichst auch zu besiegen. Doch so einfach ist dies nicht immer. Dieses Schachlehrbuch ist besonders für Euch geschrieben. Es soll Euch ein wenig mehr mit den »Geheimnissen« dieses faszinierenden Spieles vertraut machen und Euch in die Lage versetzen, auch gegen die Schachmaschinen zu bestehen.

Aber Schach ist auch Wettkampfsport. Vielleicht werdet Ihr durch dieses Buch angeregt, Euch mit anderen Schachspielern im Wettkampf zu messen; sei es nun in Einzelwettkämpfen oder als Mitglied einer Mannschaft. Habt Ihr dazu Lust, und Euer Heimatort hat noch keinen Schachverein oder Jugendgruppe, so schließt Euch einfach zu einer Gruppe zusammen. Die Deutsche Schachjugend im Deutschen Schachbund wird Euch gerne dabei helfen. Schreibt einfach an die Geschäftsstelle des Deutschen Schachbundes, Düsseldorfer Str. 17/18, 1000 Berlin 15. An diese Adresse schreibt Ihr auch, wenn Ihr Einzelheiten über die Ablegung der in diesem Buch angesprochenen Bauern-, Turm- und Königsdiplome erfahren wollt.

Ich wünsche Euch nun viel Spaß und Unterhaltung bei der Durcharbeitung dieses Buches und hoffe, daß Ihr viel Freude beim Schachspiel haben werdet; sei es beim Schach als Wettkampfsport oder als sinnvolle Freizeitbeschäftigung.

Deutsche Schachjugend
Lutz Ebbinghaus

Vorwort des Mitverfassers

Gerne habe ich die Aufgabe übernommen, das offizielle Jugendschachlehrbuch der Deutschen Schachjugend mitzugestalten.

Schach wird vor allem seit dem spektakulären Weltmeisterschaftskampf zwischen dem berühmt-berüchtigten Bobby Fischer (USA) und Boris Spasski (UdSSR) in Reykjavik 1972 immer populärer. Bei einer Fernsehschachpartie zwischen dem jetzigen Weltmeister Karpow (UdSSR) und den deutschen Zuschauern, die remis endete, verfolgten 1,5 Millionen Zuschauer regelmäßig diese Sendung. Der stärkste deutsche Spieler, Dr. Robert Hübner, stieß 1981 bis ins Kandidatenfinale um die Weltmeisterschaft vor, und mußte sich hier erst dem Exilrussen Kortschnoi beugen. Auch im Fernsehen wird jetzt zunehmend über Schachturniere berichtet.

Aber natürlich ist es wie bei jeder Sportart wichtig, früh zu beginnen. Spasski und Karpow waren auch Jugendweltmeister, Bobby Fischer mit 14 Jahren der jüngste lebende Großmeister. Schach wurde von vielen bedeutenden Männern gespielt: Napoleon, Leibniz, Benjamin Franklin, Tolstoi, Turgenjew, Papst Leo XIII. und anderen.

Schach ist ein Kampfspiel und ähnelt dem Aufeinanderprallen zweier Heerlager. Aber es heißt auch nicht umsonst das königliche Spiel: Der König ist die Hauptfigur, es wurde früher vor allem von Königen gespielt, und es ist »königlich schwer«.

Es ist so schwer, daß es selbst die größten Computer nur unzulänglich zustandebringen. Hier siegt wirklich der menschliche Geist über die Materie. Wie Goethe gesagt hat: »Es ist wahr, dieses Spiel ist ein Probierstein des Gehirns«.

Für freundliche Unterstützung bei der Gestaltung dieses Buches möchte ich mich vielmals bei den Herren Sergiu Samarian (Heidelberg), Siegfried Wöhlk, Norbert Stüven, Hans-Joachim Müller (alle Hamburg), Klaus Brunthaler (Heidelberg), Horst Metzing (Berlin) und last not least bei den Damen Margarete Grzeskowiak (Gießen) und Rosemarie Feustel (Bamberg) bedanken.

Bei der Anfertigung des Manuskripts half mir Frau Gerda Hannich.

Die Illustrationen sind von der Akademischen Malerin Renate Gries (München).

Dr. Helmut Pfleger

Teil 1

(Anleitung zum Bauerndiplom)

1

»Der Mensch spielt nur, wo er in voller Bedeutung des Wortes Mensch ist, und er ist nur da ganz Mensch, wo er spielt.«

Friedrich Schiller

Ein Geistessport

Wettlaufen tust du mit den Beinen, Schachspielen mit dem Verstand. Sowohl deine Beine als auch dein Verstand gehören zu deinem Körper; deshalb ist Schach auch Sport. So wie die Fußballvereine sind auch die Schachclubs, die im Deutschen Schachbund zusammengeschlossen sind, dem Deutschen Sportbund angeschlossen.
Schach wird von Jungen und Mädchen gespielt, aber auch Ältere tun es noch mit Vergnügen. Wenn du gern Wettlaufen machst, kannst du dies eigentlich nur als junger Mensch machen. Wenn du hingegen Schach gelernt hast, dann beherrschst du einen Denksport, an dem du auch später viel Vergnügen haben kannst, sogar noch als Großmutter oder Großvater. Auch brauchst du dazu nicht auf ein Fußballfeld oder in eine Turnhalle zu gehen; wenn es schneit oder regnet, kannst du trotzdem prima zu Hause spielen, in der Schule oder im Schachclub. Schachspielen kannst du immer und überall. Deshalb lernen es auch die Leute so gern.

Das Schachbrett

DIAGRAMM 1 Schwarz

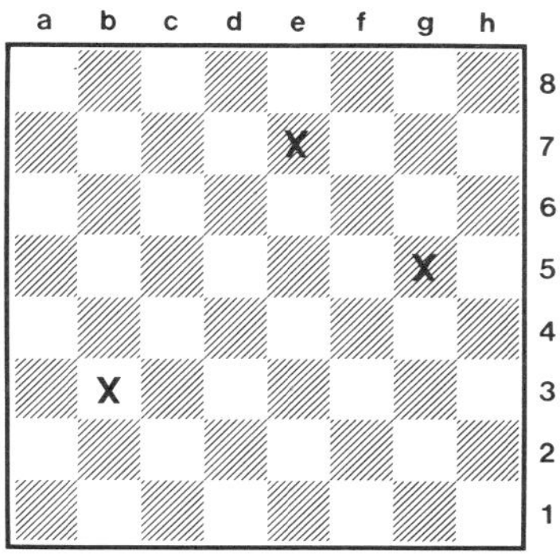

Weiß

Du spielst Schach auf einem Brett wie Halma und Mühle. Aber das Brett ist ganz anders. Es ist quadratisch mit 64 **Feldern**, die alle gleich groß sind. Die Hälfte der Felder ist **weiß**, die andere **schwarz**. Du legst das Brett zwischen die beiden Spieler. Nur mußt du dabei aufpassen, daß **ein weißes Feld an deiner rechten unteren Ecke ist**. Nun schau mal das **Bild Nr. 1** an. Beim Schach heißt solch ein Bild **Diagramm**. Du siehst, daß um das Schachbrett herum Buchstaben und Ziffern stehen. Das ähnelt etwas einem Fußballplatz, wo weiße Linien auf das Gras gezogen sind. Beim Fußball wollen die Leute wissen, wo der Mittelstürmer ist; beim Schach wollen sie auch wissen, wo sich etwas abspielt. Darum ist jedes Feld auf dem Schachbrett durch einen Buchstaben und eine Ziffer gekennzeichnet.
Paß mal auf. Stell dir vor, du wohnst in einer modernen Stadt. In dieser Stadt laufen alle Straßen geradeaus, liegen genau nebeneinander. Jedes Feld stellt ein Haus dar, das natürlich eine

Nummer hat. Die Straßen laufen von **Weiß** nach **Schwarz**. Du hast also die a-Straße, die b-Straße, die c-Straße usw. bis zur h-Straße.

Die Hausnummern beginnen bei Weiß. Wenn du hinter den weißen Figuren sitzt, hast du ganz links die a-Straße. Das Haus (das Feld also), das am nächsten zu deiner linken Hand liegt, heißt a 1. Wenn du hinter den schwarzen Figuren sitzt, ist das Feld, das am nächsten zu deiner linken Hand liegt, h 8 (die h-Straße, das 8. Haus).

Eigentlich gar nicht so schwer.

Die Straßen nennen wir im Schach **Linien.** Linien gehen also von Weiß nach Schwarz.

Wenn wir 8 Felder bezeichnen wollen, die von links nach rechts auf dem Schachbrett laufen, sprechen wir von **Reihen.** Eine Reihe ist z. B.: a 4 – b 4 – c 4 – d 4 – e 4 – f 4 – g 4 – h 4. Schachspieler sprechen auch von der 2. Reihe, der 5. Reihe, der 7. Reihe usw. Auch bei den Reihen fangen wir bei Weiß zu zählen an. Die dem Weißen am nächsten liegende Reihe ist also die 1. Reihe, die am weitesten entfernte die 8. Reihe.

Jetzt wollen wir uns mal die Farben weiß und schwarz anschauen:

1. Das Schachbrett hat 32 weiße und 32 schwarze Felder.
2. Die Spieler heißen einfach Weiß und Schwarz.
3. Du spielst Schach mit weißen und schwarzen Figuren.

Gleich wenden wir uns den Figuren zu. Aber erst noch ein Wort zum Schachbrett; denn erst mußt du wissen, worauf du etwas tun kannst, bevor du beginnst. Du schwimmst im Wasser, du schreibst in ein Heft, du brauchst einen Plattenspieler, um eine Platte zu hören; so benötigst du ein Schachbrett, auf das du die Figuren stellen kannst. Auf das DIAGRAMM 1 haben wir 3 Kreuze gemacht.

1. Aufgabe: Wie heißen die Felder, auf denen die Kreuze sind?

2. Aufgabe: Zeige nacheinander die Felder a 4, b 2, g 5, d 6, e 3, h 7, c 8, f 1. Denk dran, du mußt es sowohl als Weißer als auch als Schwarzer tun; das Letzte ist schwieriger. Du mußt fleißig üben.

DIAGRAMM 2 Schwarz

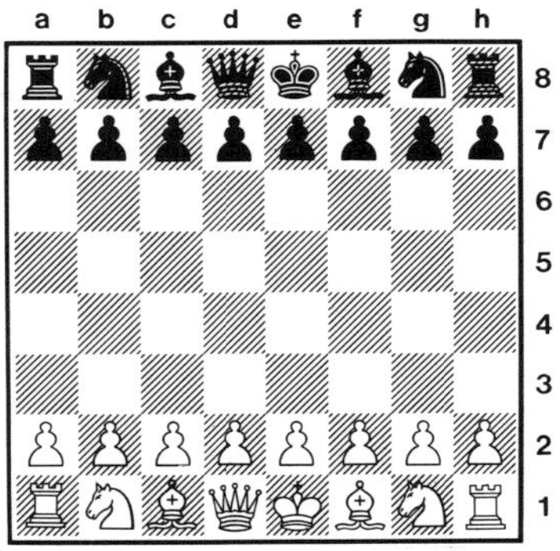

Weiß

Die Schachfiguren

DIAGRAMM 2 ist eine Art Foto, das du als Schachspieler nie mehr vergessen kannst. So beginnt nämlich jede Schachpartie.

1. Das Brett liegt so, daß an der rechten unteren Ecke ein weißes Feld ist.
2. Die Figuren stehen zu Beginn immer auf den gleichen Feldern.

Jede Figur hat einen Namen

Das ist eigentlich genauso wie beim Fußball. Da gibt es einen Torwart, Verteidigung, Angriff; auch jede Schachfigur kannst du leicht bezeichnen.
Wir beginnen bei Weiß, also auf der 1. Reihe (siehe DIAGRAMM 2) von links nach rechts: **Turm, Springer, Läufer, Dame, König, Läufer, Springer** und **Turm.** Nun die 2. Reihe: **Bauer, Bauer, Bauer,** – und so weiter bis zum 8. **Bauern.** Weiß und Schwarz sind am Anfang gleich stark.
Merke aber: Die weiße Dame steht am Anfang immer auf einem weißen Feld, die schwarze Dame immer auf einem schwarzen Feld.

Wie spielen wir?

Noch ein klein wenig, und wir können mit dem Spiel beginnen. Spielen heißt:

1. Abwechselnd einen Zug machen (eine Schachfigur bewegen heißt: einen Zug machen).
2. Wissen, daß alle Felder auf dem Brett benutzt werden können.
3. Wissen, daß Weiß immer beginnt.

Das Schöne am Schachspiel ist, daß König, Dame, Turm, Läufer, Springer und Bauer alle **verschieden** gehen.
Du mußt auch wissen, daß die Schachfiguren nicht alle den gleichen Wert haben. Davon aber später mehr.

Der König

Der König sprach: Ohne mich wär's vorbei
drum behandle mich stets wie ein rohes Ei.
Halte mich stets in hohen Ehren,
dann können wir uns gut der Feinde erwehren.

DIAGRAMM 3 Schwarz

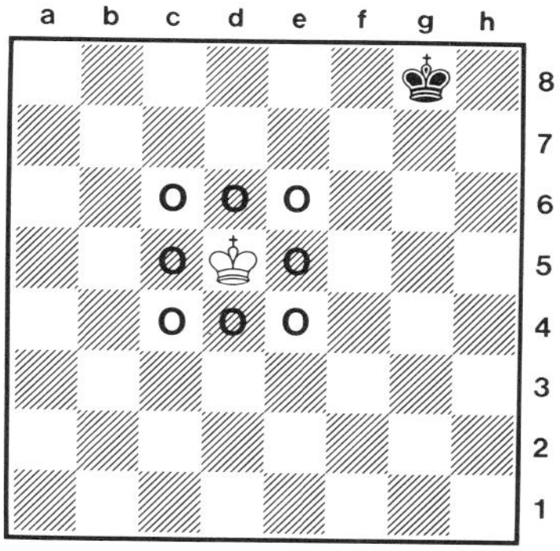

Weiß

Der **König** ist die Figur, um die sich alles dreht. Er ist der Wichtigste. Der König kann in **alle Richtungen** gehen: nach vorne, nach hinten, schräg, nach links und nach rechts. Aber pro Zug darf er sich nie mehr als **ein** Feld vom Ursprungsort aus entfernen. Auf dem DIAGRAMM 3 siehst du einen weißen König. Der steht auf dem Feld d5. Wenn Weiß mit ihm ziehen will, kann er ihn folglich nach c4, c5, c6, d6, e6, e5, e4 oder d 4 gehen lassen. Der König kann so aus 8 Feldern auswählen.
Aufgabe 3: Wenn der König auf a 4 steht, auf wieviel Felder kann er ziehen?
Aufgabe 4: Wieviel Züge benötigst du, um möglichst schnell mit dem König von b 7 nach g 2 zu kommen?
Aufgabe 5: Wieviel Züge benötigst du, um mit dem König nacheinander von a 2 nach b 6, dann nach g 1, nach d 8, nach h 6 und wieder zurück nach a 2 zu gehen?

DIAGRAMM 4 Schwarz

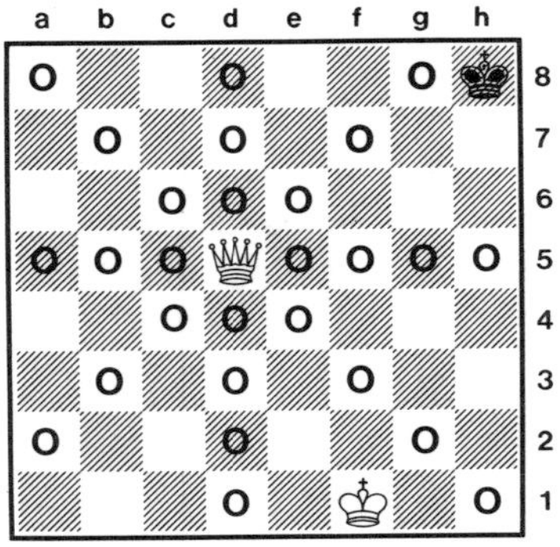

Weiß

Die Dame

Neben meinem König will ich stehen,
aber meine eigene Farbe unter mir sehen.
Also gib acht,
denn nur so geh ich in die Schlacht!

Die **Dame,** die einstens auch Königin genannt wurde, ist die Frau des Königs. Die Dame kann unheimlich viel. Sie ist die **stärkste** Schachfigur. Sie kann, ebenso wie der König, in **alle Richtungen** gehen, aber **so weit sie will.** Das kannst du gut auf dem DIAGRAMM 4 sehen.

Die weiße Dame steht auf d5. Sie kann nach c4, b3, a2; c5, b5, a5; c6, b7, a8; d6, d7, d8; e6, f7, g8; e5, f5, g5, h5; e4, f3, g2, h1; d4, d3, d2 und d1 gehen. Wenn du nachzählst, kommst du auf 27 Möglichkeiten!

Aber ... du mußt natürlich wählen, welchen Zug du machst. Immer nur ein Zug, nie mehr!

Wir haben also Folgendes gelernt:

1. Der König ist die **wichtigste** Figur.
2. Der König kann in alle Richtungen gehen, aber immer nur 1 Feld.
3. Die Dame ist die **stärkste** Figur.
4. Die Dame kann in alle Richtungen gehen, so weit sie will.

So, das wissen wir nun, schon können wir mit dem Spiel beginnen. Das tun wir auch, aber erst müssen wir noch wissen, **was das Ziel** des Schachspiels ist.

Beim Fußball schießt du Tore, beim Hochsprung springst du über eine Latte . . . – beim Schachspiel mußt du **Matt** setzen.

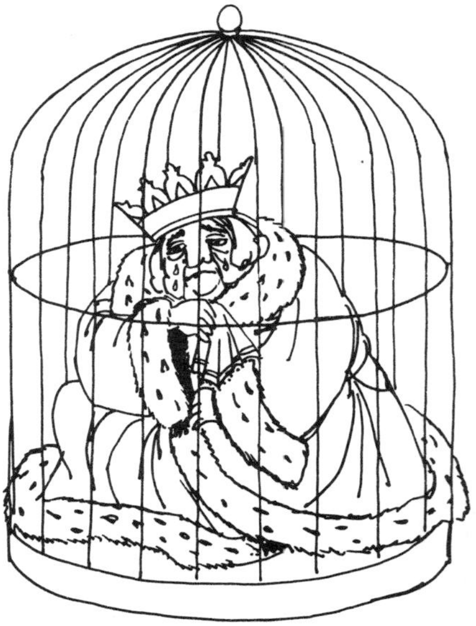

Was ist Matt?

DIAGRAMM 5 Schwarz

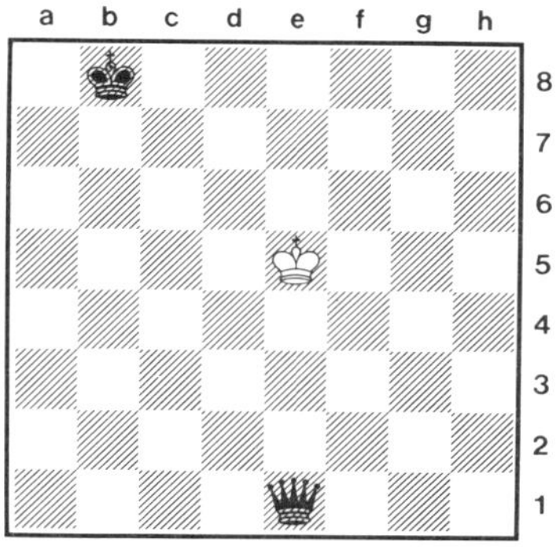

Weiß

Wir schauen uns DIAGRAMM 5 an. Du siehst dort einen weißen König auf dem Feld e5 und eine schwarze Dame auf dem Feld e1.

Aufgabe 6: Auf welche Felder kann die schwarze Dame gehen? Die Antwort findest du – ebenso wie die Antworten auf die anderen Fragen – im Anhang dieses Buches.

Aber wir wollen auf jeden Fall ausplaudern, daß die Dame auch auf das Feld e 5 gehen kann. Dort steht der weiße König. Wenn der König so von einer gegnerischen Figur »angeschaut« (d. h. angegriffen) wird, dann sagen wir, der König **»steht im Schach«.** Der Spieler, der den gegnerischen König so angreift, sagt deshalb auch **»Schach«.**

Nun kommt eine **Spielregel:**

Wenn ein König im Schach steht, **muß** er dem unbedingt begegnen. Er muß also solch einen Zug machen, daß er nicht mehr im Schach steht.

Frage: Wer ist im DIAGRAMM 5 am Zug?

Ist das schwierig? Wenn du die Spielregel begriffen hast, weißt du auch die Antwort.

Der weiße König darf nicht im Schach stehenbleiben. Also muß Schwarz ihn im letzten Zug mit dem Schachgebot bedroht haben! Deshalb ist Weiß nun am Zug.

Der weiße König kann nach d4, d5, d6, e6, f6, f5, f4 und e4 gehen. Aber . . . wenn der König nach e4 oder e6 geht, bleibt er trotzdem im Schach, und das darf nicht sein.

Dem **Schachgebot** kannst du auf drei Arten entrinnen:

1. Die gegnerische schachbietende Figur **schlagen.**
2. Eine eigene Figur **zwischen** die gegnerische schachbietende und den eigenen König setzen.
3. Mit dem König **weggehen.**

Wenn du weiter in diesem Buch bist, begreifst du noch besser, was wir hier gesagt haben.

Regel: Wenn ein König dem Schachgebot nicht mehr entrinnen kann, ist er **mattgesetzt.**

DIAGRAMM 6 Schwarz

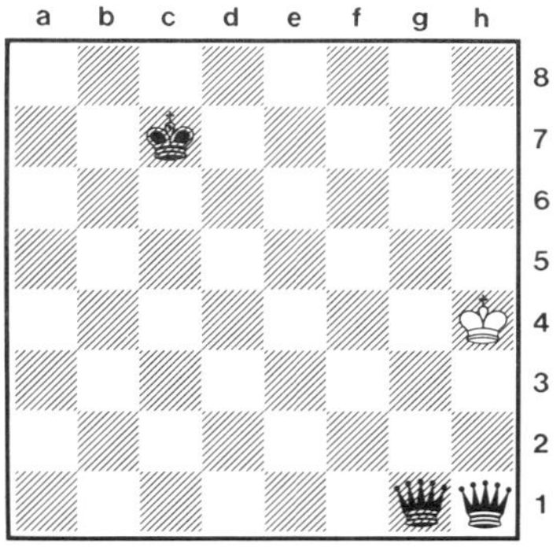

Weiß

Schau mal eben DIAGRAMM 6 an.

Der weiße König steht auf h4. Schwarz hat 2 Damen (wie das möglich ist, erfährst du später).

Die schwarzen Damen stehen auf g1 und h1. Die schwarze Dame auf h1 hat dem weißen König Schach geboten. Der muß diesem Schachgebot begegnen. Wie?

Wir wollen mal probieren: Der weiße König kann auf die g-Linie gehen. Er kann nach g3, g4 und g5. Aber das hilft ihm nicht viel, denn dort steht er immer noch im Schach. Die schwarze Dame auf g1 bestreicht nämlich all diese Felder, d. h., sie schaut von g1 nach g8. Auf der g-Linie kann sich also der König nicht verstecken.

Nun die h-Linie. Der weiße König kann nach h3 und h5 gehen. Aber auch das hilft ihm nichts. Die schwarze Dame von h1

DIAGRAMM 7

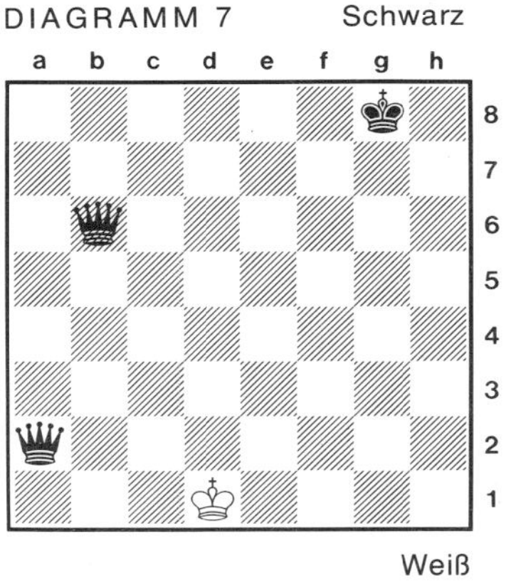

DIAGRAMM 8

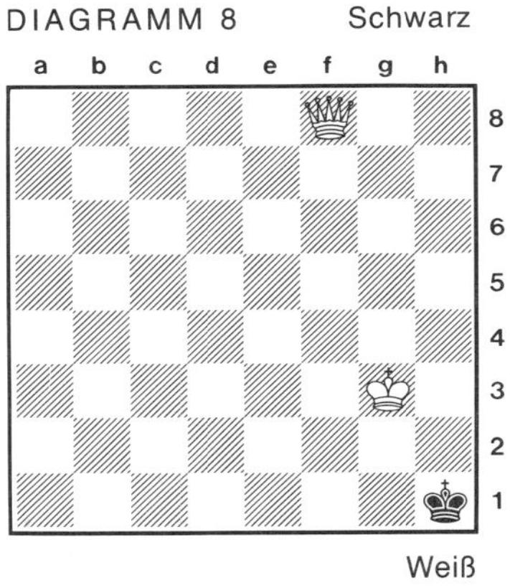

DIAGRAMM 9

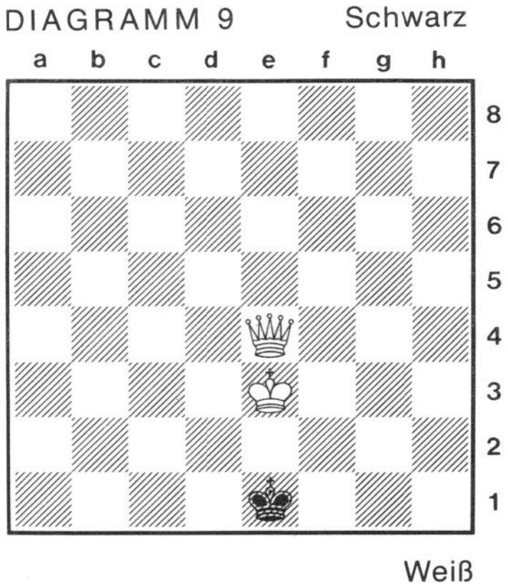

bestreicht sowohl das Feld h3 als auch h5, wohin der weiße König gehen könnte.
Was sehen wir also? Der weiße König, der nur 1 Feld weit gehen kann, kann dem Schachgebot nicht entrinnen.
Er ist **matt!**
Wer matt ist, hat die Partie verloren.
Nun ist DIAGRAMM 7 an der Reihe.
Der weiße König steht auf d1. Schwarz hat wieder 2 Damen auf a2 und auf b6.
Aufgabe 7: Schwarz ist am Zug. Auf wieviel Arten kann er Weiß in einem Zug mattsetzen? Im Schach kannst du immer selbst auswählen, welche Figur du ziehen willst. Du kannst also sowohl die Dame, die auf a2 steht, ziehen wie auch die Dame auf b6.
Aufgabe 8: Der weiße König steht auf a3. Der schwarze König steht auf h8. Schwarz hat noch 2 Damen auf d8 und f1. Kannst du den weißen König auf 2 Arten matt setzen?
So, das ist es. Wir wissen nun, was matt ist.
Nun wollen wir aber richtig spielen, betrachte mal DIAGRAMM 8.
Der weiße König steht auf g3, die weiße Dame steht auf f8. Der schwarze König steht auf h1.
Regel: Der weiße und der schwarze König dürfen nie nebeneinander stehen, es muß immer ein Feld **Zwischenraum** sein, sowohl geradeaus als auch schräg. Diese Regel müssen wir nun gleich im Auge behalten. Wenn Schwarz am Zug ist, kann er also mit dem König lediglich von h1 nach g1 gehen, sonst nichts. Wir müssen auch wissen, daß ein König nie Schach geben kann (alle anderen Figuren und Bauern wohl)!
Der schwarze König kann nicht nach g2 oder h2, denn dann würde ihn der weiße König »berühren« und das ist verboten.
Gut gemerkt? Also weiter! Weiß ist am Zug.
Er zieht die Dame von f8 nach f1. Matt! – Warum matt? – Die weiße Dame schaut ja von f1 nach h1, wo der arme schwarze König in der Ecke jetzt im Schach steht. Der schwarze König kann nicht nach g1 flüchten, denn dort schaut ihn die weiße Dame auch an.
Der schwarze König kann aber auch nicht nach g2, denn auch dorthin sieht die weiße Dame, und dort würde er auch dem weißen König zu nahe kommen. Das darf nie sein, wie wir gerade gelesen haben; deshalb natürlich auch nicht nach h2.
Wir wollen noch eine sehr wichtige **Regel** lernen.

Betrachte mal DIAGRAMM 9. Der weiße König steht auf e3, die weiße Dame steht auf e4. Der schwarze König steht auf e1. Schwarz steht nicht im Schach. Laßt uns mal angestrengt nachdenken! Wir sehen nun, daß eine Figur durch eine andere nicht hindurchschauen kann, in unserem Fall gibt die weiße Dame dem schwarzen König also nicht Schach. Es ist einer Fotoaufnahme ähnlich, wo du auch nicht siehst, was hinter jemandem ist.

Die weiße Dame schaut nach d3, c2, b1, d4, c4, b4, a4, d5, c6, b7, a8, e3, e5, e6, e7, e8, f5, g6, h7, f4, g4, h4, f3, g2 und h1, aber nicht nach e2 und e1. Das »Schauen« einer Figur hat also auch etwas zu tun mit dem Feld, auf dem die anderen Figuren stehen.

Die Stellung

Ein bekannter Ausdruck im Schach ist **»die Stellung«.** Mit anderen Worten: »Wie steht es?« Eine Stellung ist eine Augenblicksaufnahme in einer Partie. Wenn du z. B. eine Partie von 20 Zügen spielst, dann hast du die »Anfangsstellung«, danach die Stellung nach dem ersten Zug von Weiß, die Stellung nach dem ersten Zug von Schwarz, die Stellung nach dem zweiten Zug von Weiß, die Stellung nach dem zweiten Zug von Schwarz usw. Du könntest dafür einen Fotografen gebrauchen. Er muß nach jedem Zug ein Foto machen. Weiß macht den 1. Zug – peng, ein Foto, also eine Stellung; dann ein schwarzer Zug – peng, Stellung 2.
Nun ist es wohl klar.
Aufgabe 9: Die Stellung ist: Weiß: Kf1, De1; Schwarz: Kh2. Weiß setzt in 1 Zug matt.
Du siehst, wie die Stellung aufgeschrieben wird. Die Worte König und Dame werden durch ein K und ein D abgekürzt, in Großbuchstaben.
Aufgabe 10: Weiß: Kg3, Dg4; Schwarz: Kh1.
Weiß setzt in 1 Zug matt.

Schulschachgruppe des Gymnasiums Oberalster in Hamburg-Poppenbüttel. Anfänger aus der 6. Klasse um das Zentralbrett: Harald, Tobias, der Trainer Wolfgang Jordan (er war im Endspiel um den deutschen Jugendpokal), Thomas, Daniel, Jürgen, Stefan. Wer lacht denn da? Du siehst, Schach ist ein lustiges Spiel! (Foto Klaus Brunthaler)

Aufgabe 11: Zeichne ein Schachbrett von 45 mal 45 cm. Bezeichne jedes Feld, also a1, f6, g4 usw. Die Felder müssen 5 Zentimeter breit und 5 Zentimeter hoch sein. Du machst dann einen Rand von $2^1/_2$ Zentimetern um das ganze Brett herum. (Du kannst ja ab und zu DIAGRAMM 1 anschauen. Wenn du es gut machst und auf einen Karton klebst, hast du auf einmal selbst ein Schachbrett.)

Ich bedaure jeden,
der das Schachspiel nicht kennt.
Bringt es schon dem Lernenden Freude,
führt es den Kenner
zu hohem Genuß.

L. Tolstoi

2

DIAGRAMM 10 Schwarz

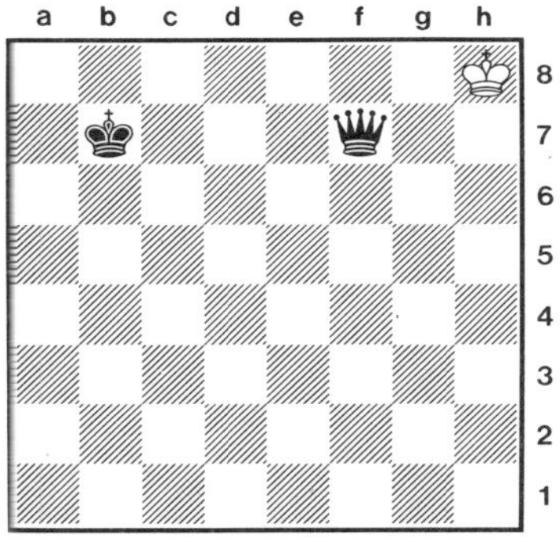

Weiß

DIAGRAMM 11 Schwarz

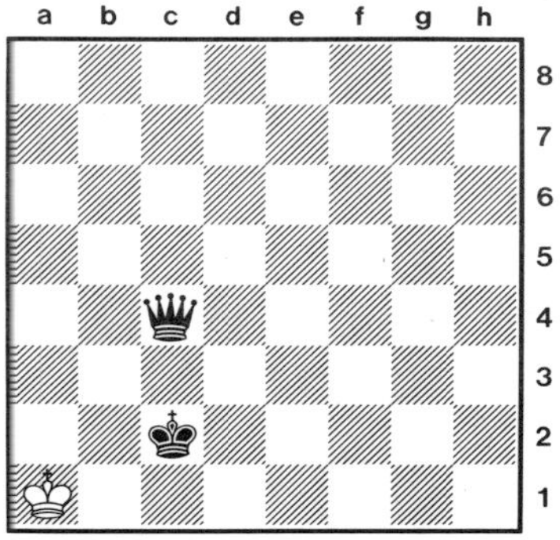

Weiß

Was ist Patt?

Patt ist etwas Seltsames beim Schach. Schau mal DIAGRAMM 10 an. Weiß ist am Zug. Er hat nur noch den König, aber ...er kann nicht ziehen. Der König darf **nicht** selbst ins Schachgebot gehen. Das haben wir im Kapitel 1 schon gut gelernt. Er kann also nicht nach g7, g8 oder h7 ziehen. Auf alle diese Felder schaut ja die schwarze Dame. Weiß kann also nicht ziehen. Darum ist er **patt.** Die Partie ist dann aus, aber niemand hat gewonnen. Das heißt **»Remis«**. Remis ist eine Partie, wenn sie im ausgeglichenen Spiel endet. (Wir schreiben 1/2 – 1/2) Wenn Weiß gewinnt, schreiben wir 1 – 0, wenn Schwarz gewinnt: 0 – 1.
In Partien von stärkeren Schachspielern kommt es selten vor, daß jemand Patt wird, bei Anfängern aber öfter. Das bist du noch, also paß gut auf! Es kann auch leicht mit mehr Figuren auf dem Brett passieren.
Nun achtet mal auf DIAGRAMM 11. Schwarz ist am Zug.
Aufgabe 1: Wie endet die Partie, wenn Schwarz die Dame nach b3 spielt?
Aufgabe 2: Weißt du bessere Züge?

Was ist Schlagen?

Schlagen ist das Wegnehmen einer gegnerischen Figur. Wann ist das möglich? Wir schauen eben nochmal DIAGRAMM 11 an und lassen die schwarze Dame von c4 nach a2 ziehen: Schach.

DIAGRAMM 12 Schwarz

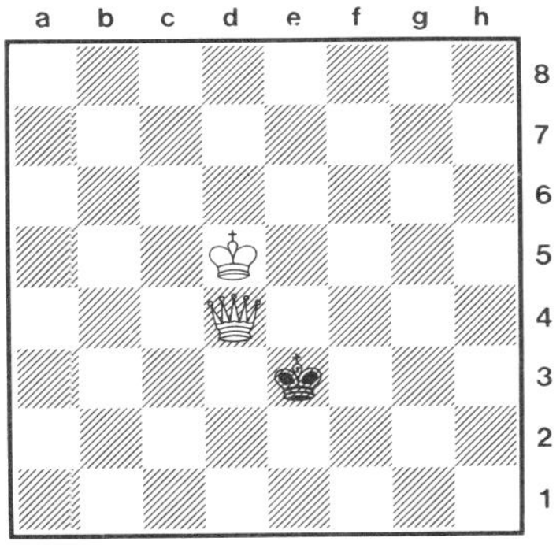

Weiß

DIAGRAMM 13 Schwarz

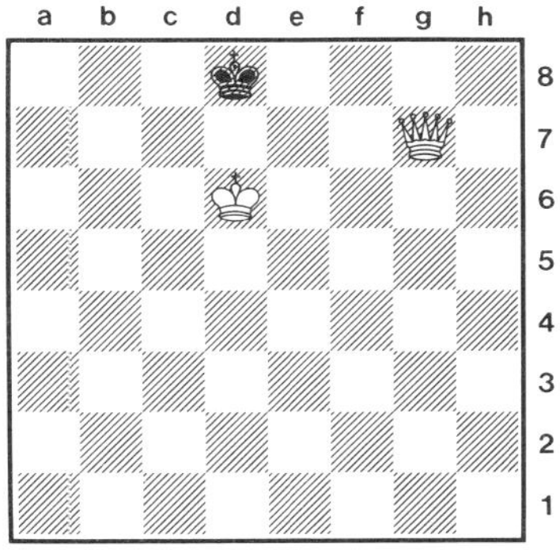

Weiß

Ist Weiß nun matt?
Nein, Weiß ist nicht matt. Der König beherrscht (d.h. schaut an) das Feld a2. Wenn Schwarz seine Dame auf dieses Feld zieht, kann der weiße König die Dame schlagen. Das macht er also. Er geht mit seinem König nach a2 und nimmt die schwarze Dame vom Brett. Das nennen wir **Schlagen.**
Schlagen heißt also auf ein Feld ziehen, wo eine gegnerische Figur steht – du machst dir also Platz, indem du die andere Figur wegnimmst. Nun begreifst du auch gleich, daß immer nur eine Figur auf einem Feld stehen kann. Du darfst **nie** deine eigenen Figuren schlagen, aber warum solltest du das auch tun?

Decken

Ja, es wird heute etwas schwierig. Wir haben nun schon gesehen, was Patt ist; wir wissen nun, wann wir schlagen können, und nun wollen wir lernen, was **decken** ist.
DIAGRAMM 12 ist ein Beispiel.
Schwarz steht im Schach. Die weiße Dame auf d4 schaut zum schwarzen König auf e3. Wir haben gerade gelernt, daß du eine Figur schlagen kannst. Schwarz kann also an zwei Dinge denken. Er kann dem Schach entrinnen (aus dem Schach hinauslaufen), indem er mit dem König nach f3 oder e2 geht, aber er kann auch (falsch) denken, daß er die weiße Dame schlagen kann. Kannst du erraten, warum das nicht möglich ist? Wenn er die Dame schlagen will (wir sagen auch nehmen), steht er neben dem weißen König und das darf nicht sein, das ist gegen die Regel. Wenn du nun eben den weißen König nach d 6 stellst und du Schwarz am Zug sein läßt, dann kannst du die weiße Dame schlagen.
Wir sagen nun vom DIAGRAMM 12, daß der (weiße) König die Dame deckt, d.h., also eigentlich hilft, beschützt, verteidigt und so stärker macht.
Aufgabe 3: Betrachte DIAGRAMM 13. Weiß setzt auf 4 Arten matt, jedes Mal in 1 Zug.
Aufgabe 4: Stellung – Weiß: Kf3, Dg8; Schwarz: Kh1. Weiß setzt in 1 Zug matt.
Aufgabe 5: Stellung – Weiß: Ke6, Da4; Schwarz: Kd8. Weiß setzt in 1 Zug matt.
Aufgabe 6: Stellung – Weiß: Kg3, Dc2; Schwarz: Kh1. Weiß setzt auf 5 Arten in 1 Zug matt.

Das Aufschreiben von Zügen

Schachzüge kannst du aufschreiben oder – wie Schachspieler sagen – notieren. So wie Menschen eine Geschichte schreiben, die du immer wieder lesen kannst, so kannst du auch eine Schachpartie aufschreiben. Das geschieht häufig. Du kannst dann später die Partien nachspielen. Das können deine eigenen Partien sein, aber auch die Partien von anderen Spielern. Von starken Schachspielern, die sehr gut spielen, werden viele Partien aufgeschrieben und in Büchern gedruckt. Jeder kann sich dann später an diesen schönen Partien vergnügen. Es ähnelt etwas der Schallplattenmusik; du kannst hören, was früher gespielt wurde. Schachpartien kannst du nachspielen, wann immer du willst. Deshalb können wir z.B. in Deutschland wissen, wie in Moskau oder Chicago gespielt wird.

DIAGRAMM 14 Schwarz

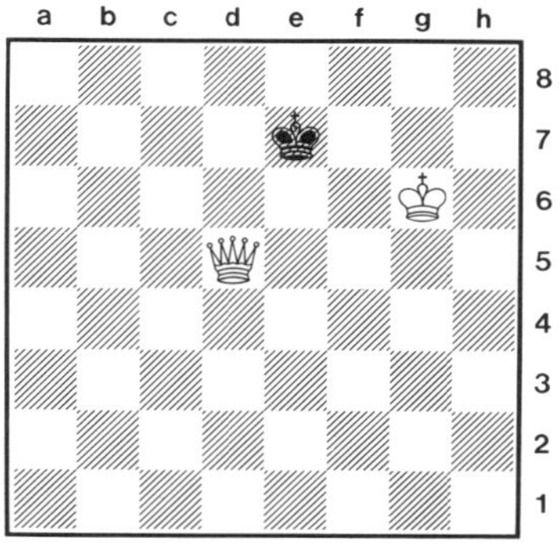

Weiß

Das Aufschreiben ist nicht schwer. Wir betrachten mal DIAGRAMMM 14, Weiß ist am Zug. Er hat eine Dame mehr. Wenn du eine Dame und einen König hast und der Gegner nur noch einen König, kannst du immer gewinnen, wenn du den König nicht Patt setzt. Wir spielen nun für Weiß:
1. Dd5 – c6, ... du siehst, wie wir notieren. Wir geben einem Zug eine Zahl (stets eine weiter natürlich) und bezeichnen dann erst die Figur abgekürzt. Die Dame wird also ein D. Dann schreiben wir direkt dahinter, auf welchem Feld die Dame steht. Der Anfang ist deshalb 1. Dd 5. Nun machen wir einen Strich und schreiben, auf welches Feld die Dame geht. Sehr einfach.
Wir machen gleich weiter, nun müssen wir den schwarzen Zug aufschreiben: 1. ..., Ke7 – d8.
Habt ihr gesehen, daß Punkte **hinter** dem weißen Zug und Punkte vor dem schwarzen Zug sind? Das geschieht immer, um deutlich zu machen, wer gezogen hat: Weiß oder Schwarz. Das ist natürlich nicht nötig, wenn wir nur die Züge aufschreiben, ohne dazwischen etwas zu erklären.
Aber wir schreiben weiter:
2.Dc 6 – b7, Kd8 – e8. 3. Db7 – c7, Ke8 – f8. 4. Dc7 – d8 matt.
Nun hast du einen Partieteil aufgeschrieben, den noch nach 100 Jahren jeder nachspielen kann. Von nun an werden wir nicht mehr sagen, daß Weiß die Dame von a 4 nach c 6 zieht, sondern wir schreiben einfach Da 4 – c 6.

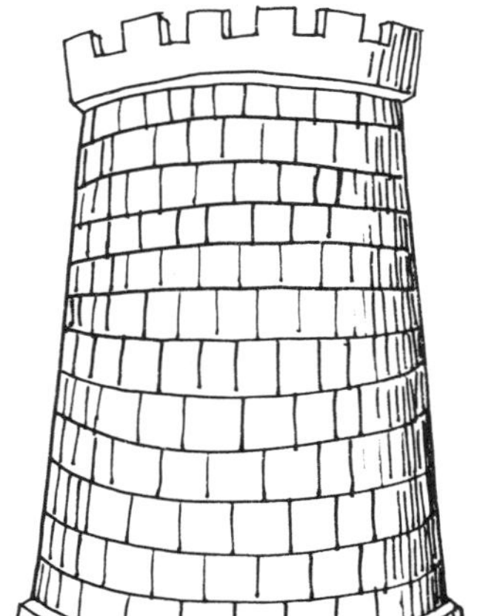

Der Turm

Ich bin ein wackrer, rechter Gesell,
beweg' mich nur gerade von der Stell',
vom Kampfeslärm laß ich mich nicht stören,
von schiefen Läufertouren will ich nichts hören.

Wir haben nun einstweilen genug mit der Dame gespielt, nun ist der Turm (T) an der Reihe. Schau doch grade noch einmal DIAGRAMM 2 an. An den Ecken stehen die Türme. Jeder Spieler hat davon 2. Der Turm kann – soweit er will – von links nach rechts, von rechts nach links, geradeaus nach vorne und geradeaus zurück. Er kann nicht schräg gehen. Betrachte nun DIAGRAMM 15.

DIAGRAMM 15 Schwarz

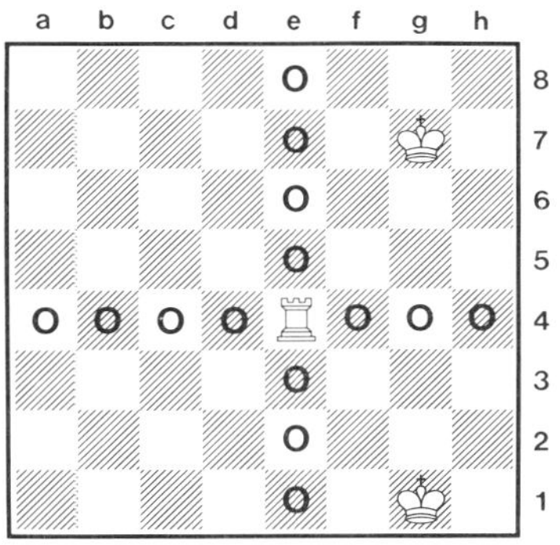

Weiß

DIAGRAMM 16 Schwarz

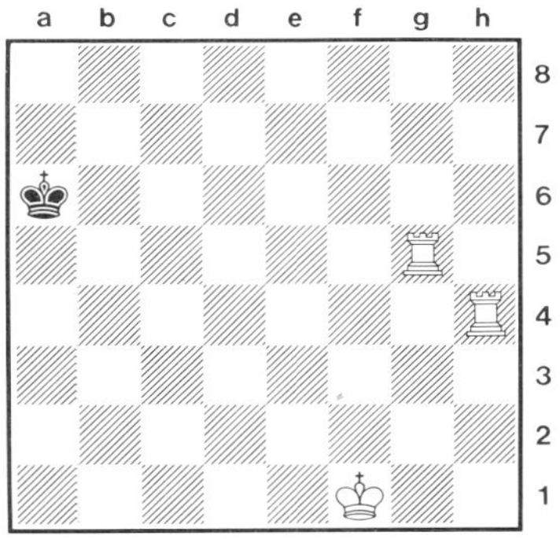

Weiß

Der Turm schaut von e4 nach d4, c4, b4, a4; e5, e6, e7, e8; f4, g4, h4; e3, e2 und e1. Er kann – nach Wahl – auf eines dieser Felder gehen. Alles, was wir bei der Dame über das Decken und Schlagen gelernt haben, gilt auch für den Turm. Wir erkennen nun, daß der Turm nicht so stark ist wie die Dame. Er kann nicht schräg gehen und hat deshalb weniger Möglichkeiten, um schnell auf bestimmte Felder zu kommen. Eine Dame kann z. B. in einem Zug von e4 nach a8 gelangen; der Turm braucht hierfür 2 Züge, nämlich Te4 – a4 und dann Ta4 – a8.

Aufgabe 7: DIAGRAMM 15. Kannst du mit dem Turm von e4 auf eine andere Art in 2 Zügen nach a8 kommen?

Aufgabe 8: Kann der Turm von jedem Feld auf dem Brett auf jedes andere Feld mit höchstens 2 Zügen gelangen? Denk dran, keine Könige auf das Brett zu stellen, wenn du das probierst.

2 Türme zusammen sind sehr stark. Im DIAGRAMM 16 geben wir hiervon ein anschauliches Beispiel. Weiß setzt in 3 Zügen matt. (Ist das auch in 2 Zügen möglich?)

1. Th4 – h6 +.

Dieses Zeichen + hinter einem Zug bedeutet »Schach«. Von nun an schreiben wir nicht mehr immer das Wort »Schach«, sondern werden häufig das Zeichen + gebrauchen.

Schwarz steht im Schach, weil der Turm, der nach h6 gegangen ist, von dort aus über die gesamte 6. Reihe zum schwarzen König nach a6 schaut. Dem ist das gar nicht recht. Er kann nicht nach a5 oder nach b5 gehen, denn der weiße Turm auf g5 beherrscht (d. h. schaut auf) diese Felder. Der schwarze König kann ebensowenig nach b6 gehen, denn der Turm von h6 schaut ihn auch dort an. Also geht der arme schwarze König nach b7 oder a7.

Wir notieren: 1. . . , Ka6 – b7.

Der weiße Turm auf h6 schneidet nun dem König den Rückweg auf die 6. Reihe ab; der Turm auf g5 hat wenig mehr zu tun – der schwarze König kann die 5. Reihe doch nicht mehr erreichen. Weiß denkt darum ganz schlau: Mein Turm auf g5 tut nichts, nun, dann nehme ich ihn und spiele 2. Tg5 – g7 +, . . .

Nun wird guter Rat für den schwarzen König teuer. Auf die 6. Reihe kann er nicht zurück; auf der 7. Reihe wird er weggejagt, also muß er auf die 8. Reihe.

Wir notieren:

2. . . , Kb7 – c8 (a8, b8).

Weiß gefällt dieses Spielchen. Nun ist ja der Turm auf der h-Linie wieder frei, um den schwarzen König zu quälen. Das tut er mit einem gewaltigen Zug. Er spielt:

3. Th6 – h8 matt.

Vielleicht spielst du das nochmal durch. Du kannst daraus sehen, daß Schachfiguren eine Art Verband bilden; sie helfen einander immer. Am Anfang haben wir gesehen, wie die weiße Dame und der weiße König stets den geplagten schwarzen König matt setzten – zusammen beherrschten sie alle Felder –

DIAGRAMM 17 Schwarz

Weiß

DIAGRAMM 18 Schwarz

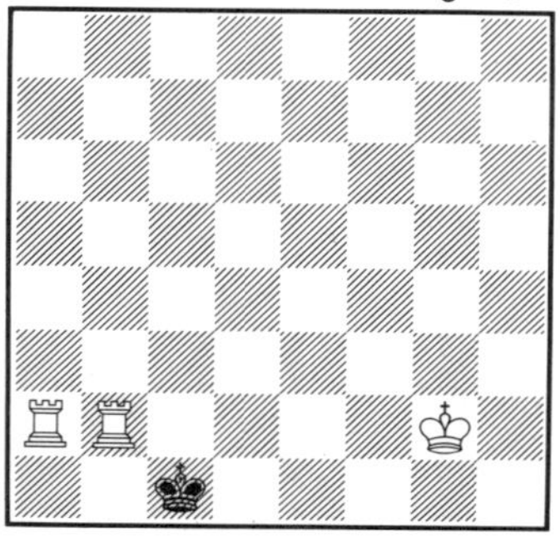

Weiß

DIAGRAMM 19 Schwarz

Weiß

nun kannst du verstehen, daß die Figuren auch ohne Hilfe des Königs es dem Gegner ziemlich schwer machen können.

Aufgabe 9: Stellung – Weiß: Ke3, Tc4; Schwarz: Ke1. Weiß setzt in 1 Zug matt.

Aufgabe 10: Stellung – Weiß: Kf3, Tf5; Schwarz: Kh1. Weiß setzt in 2 Zügen matt!

Jetzt nimm dir mal Zeit; denn dies ist eine Stellung aus einer wirklichen Partie.

Aufgabe 11: Stellung – Weiß: Kf2, Ta3, Tg2; Schwarz: Kh1. Weiß setzt in 1 Zug matt, auf 2 Arten.

Aufgabe 12: Stellung – Weiß: Kf3, Ta1, Tg4; Schwarz: Kh2. Weiß setzt in 1 Zug matt.

Aufgabe 13: DIAGRAMM 17. Weiß setzt in 2 Zügen matt.

Aufgabe 14: DIAGRAMM 18. Weiß setzt in 3 Zügen matt. (Kann er dies auch in 2 Zügen?)

Die beiden letzten Aufgaben sind kein Pappenstiel, aber Schach heißt ja auch nicht umsonst das **königliche Spiel.**

Wußtest du, daß die Schachspieler auch eine eigene **Göttin** haben?

Die heißt **Caissa**.

Zur Lösung der Aufgaben 13 und 14 solltest du nicht mehr als 1/4 Stunde brauchen.

Noch eine Spielregel, die dir vielleicht bei diesen Aufgaben hilft.

Außer dem **Springer** – aber dieses Tierchen muß einstweilen noch im Stall bleiben – darf eine Figur nie über eine andere Figur hinwegspringen. Jede andere Figur wird durch Figuren der eigenen oder der gegnerischen Partei aufgehalten. Die Figuren der gegnerischen Partei kannst du mitunter schlagen, aber darüber reden wir später noch mehr.

Im DIAGRAMM 18 z. B. kann der weiße Turm, der auf b2 steht, nicht in einem Zug nach h2. Hieraus kannst du lernen, daß die Figuren wohl viel vermögen, aber daß die Stellung auf dem Brett – und es gibt Tausende und Abertausende davon – oft auf die eine oder andere Art für die Figuren bedeutet, daß sie einander vor die Füße laufen. Aber auch hierüber reden wir später noch mehr. Ich halte jetzt nur fest, daß du die beste Chance zu gewinnen hast, wenn deine eigenen Figuren möglichst viel Raum haben, d. h., möglichst viele Züge machen können.

Schau mal DIAGRAMM 19 an.

Beide Spieler haben gleich viel Figuren. Doch ist die Stellung trotzdem nicht gleich.

Wir werden erst mal die **weißen** Figuren untersuchen:

– Der weiße König schaut auf 8 Felder. Er deckt die Dame auf a1 und den Turm auf b1; er schaut auch auf die Felder a2, b3, c1, c2 und c3, wo er aber nicht hindarf; er schaut auch zum Feld a3, wohin er wohl darf.
– Die weiße Dame schaut auf 9 Felder. Sie deckt den Turm auf b1; sie schaut auch zum König nach b2; sie kann auf alle 7 freien Felder in der a-Linie gehen.

- Der weiße Turm schaut auf 8 Felder. Er deckt die weiße Dame auf a1; er schaut zu seinem eigenen König; er kann auf 6 Felder der 1. Reihe gehen.

Und nun Schwarz:

- Der schwarze König schaut auf 8 Felder, aber er darf nicht nach e1, f1 oder g1, denn dort steht er im Schach.
- Die schwarze Dame schaut auf 27 Felder.
- Der schwarze Turm schaut auf 14 Felder.

Wir sagen nun – die folgenden Ausdrücke mußt du dir merken –, daß die weißen Figuren wenig Raum haben und deshalb **passiv** stehen und daß die schwarzen Figuren **aktiv** stehen, weil sie viel Raum haben. Passiv bedeutet deshalb »wenig Raum« und dadurch weniger Möglichkeiten zu einem starken Zug; aktiv bedeutet »viel Raum« und dadurch mehr Möglichkeiten zu einem Riesenzug. Wenn du dies gut verstanden hast, weißt du in einer richtigen Partie – wir sind noch immer bei Partieteilen (Fragmente) – beinahe von selbst, daß du normalerweise keine Züge machen sollst, die die Aktivität vermindern.

Im DIAGRAMM 19 wäre es z. B. sehr dumm, wenn du mit Schwarz 1. . ., Dd5 – g2 spielen würdest. Die Dame würde dann nur noch auf 18 Felder schauen, nicht mehr auf 27. Wenn du darauf achtest, wirst du sehen, daß die Partei (der Spieler) mit den aktiveren Figuren beinahe immer gewinnt.

Aufgabe 15: Siehe DIAGRAMM 19. Schwarz setzt in 2 Zügen matt.

Im folgenden Kapitel treten die Läufer und Springer auf.

Hans im Glück

DIAGRAMM 20 Schwarz

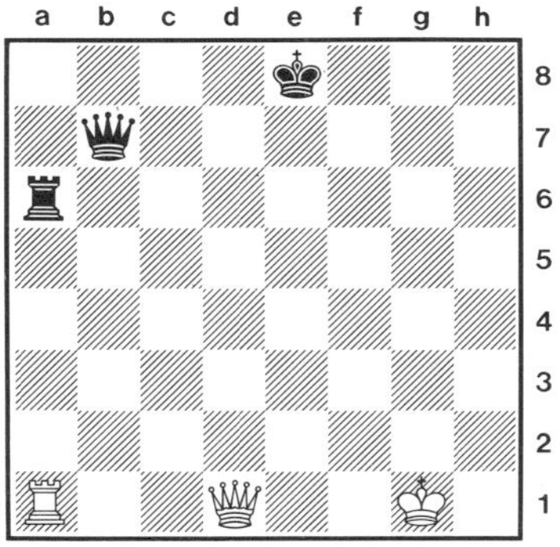

Weiß

DIAGRAMM 21 Schwarz

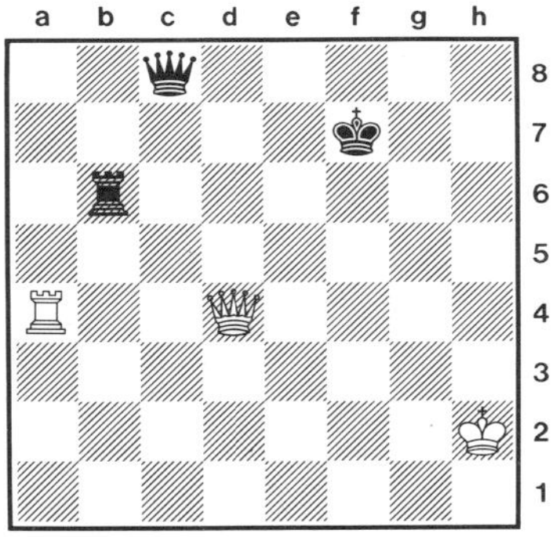

Weiß

3

Die Notation der Züge

Wir haben schon viel erfahren vom Aufschreiben der Züge; wir wollen noch einiges ergänzen. Du weißt doch, daß ein ? hinter einem Zug bedeutet, daß der Spieler einen Fehler gemacht hat, und ein ! bedeutet, daß ein Zug sehr gut gewesen ist. Das Zeichen für Schach ist +. Einen Zug notierst du, indem du den Anfangsbuchstaben der Figur aufschreibst und direkt dahinter, auf welchem Feld die Figur steht. Dann machst du einen Strich und schreibst, auf welches Feld die Figur gegangen ist. Nun werden wir die Züge noch auf die andere Art aufschreiben.
Schau mal DIAGRAMM 20 an und mache die folgenden Züge:
1. Dd1 – d4, Ke8 – f7; 2. Kg1 – h2, Ta6 – b6; 3. Ta1 – a4, Db7 – c8; diese Art der Notation – die du ja schon gelernt hast – heißt die »**lange Notation**«. Bei dieser langen Notation schreibst du immer das Ursprungs- und das Zielfeld auf.
Wenn du richtig gezogen hast, mußt du nun DIAGRAMM 21 auf dem Brett stehen haben.
Die »kurze Notation« ist eine Art des Aufschreibens, wobei du nur ein Feld bezeichnest; dies ist das Feld, wohin die Figur geht.
Wir werden nun in der »**kurzen Notation**« aufschreiben, was wir oben in der »langen Notation« getan haben:
1. Dd4, Kf7; 2. Kh2, Tb6; 3. Ta4, Dc8.
In Schachbüchern werden beide Arten angewendet. Auch Schachspieler, die ihre eigenen Partien aufschreiben, benützen sowohl die »lange Notation« wie auch die »kurze Notation«. Von nun an werden wir die »lange Notation« und die »kurze Notation« durcheinander benützen.

Wie läuft der Läufer?

Mich stört rein gar nichts,
der Läufer rief:
Ich laufe immer
schief, schief, schief.

Wir werden uns nun über den »Läufer« unterhalten. Blättere mal zurück zum DIAGRAMM 2. Die **Läufer** (L) sind die dritte und die sechste Figur auf der ersten und achten Reihe. Jeder Spieler hat 2 Läufer. Alle Läufer laufen **schräg** auf dem Brett.
Nun schau DIAGRAMM 22 an. Das schaut ziemlich schwierig aus. Daß der Läufer schräg zieht, ist natürlich bequem zu merken. Aber warum haben wir beide Läufer von Weiß abgedruckt?
In DIAGRAMM 2 siehst du, daß ein Läufer von Weiß auf einem schwarzen Feld (c1) beginnt und der andere Läufer von Weiß auf einem weißen Feld (f1). Bei Schwarz ist dies ebenso. Er hat einen Läufer, der auf einem weißen Feld steht (c8) und einen, der auf einem schwarzen Feld (f8) steht.
Alle Läufer laufen schräg, nach vorn oder zurück – das macht keinen Unterschied – und deshalb bleiben sie immer auf einem Feld der gleichen Farbe, wie sie begonnen haben. Wenn du auch eine Partie von 1000 Zügen spielst, so bleibt der Läufer, der auf c1 begann, stets auf schwarzen Feldern, und ein Läufer, der auf f1 begann, wird ewig auf weißen Feldern laufen. **Der Läufer ändert nie seine Farbe**.
Dies ist neu für uns, denn der König, die Dame und der Turm können auf alle Felder kommen. Du wirst bald sehen, daß »die Farbe des Läufers« sehr wichtig sein kann. Das hat also nichts mit der weißen oder schwarzen Partei zu tun, sondern lediglich mit der Farbe der Felder.
Aufgabe 1: Stelle einen Läufer nach c3 und schreibe die Felder auf, wohin der Läufer gehen kann.
Aufgabe 2: Stelle einen Läufer nach a8 und schreibe die Züge auf, die er machen kann (in langer Notation).
Aufgabe 3: Stelle einen Läufer nach e5 und schreibe die Felder auf, wohin der Läufer gehen kann.
Aufgabe 4: Aus wieviel Zügen kann der Läufer in Aufgabe 1, in Aufgabe 2 und in Aufgabe 3 auswählen?
Wenn du die letzte Aufgabe gut gelöst hast, wirst du sehr deutlich den großen Unterschied zwischen einer aktiven und einer passiven Figur feststellen. Und du weißt: »Je aktiver, desto besser«.
Aufgabe 5: DIAGRAMM 23. Weiß setzt auf 6 Arten in 1 Zug matt. Das scheint sehr schwierig, aber wenn du den Trick heraus hast, dann gehts ganz leicht.
Aufgabe 6: DIAGRAMM 24: Weiß setzt auf 2 Arten in 1 Zug matt.

DIAGRAMM 22 Schwarz

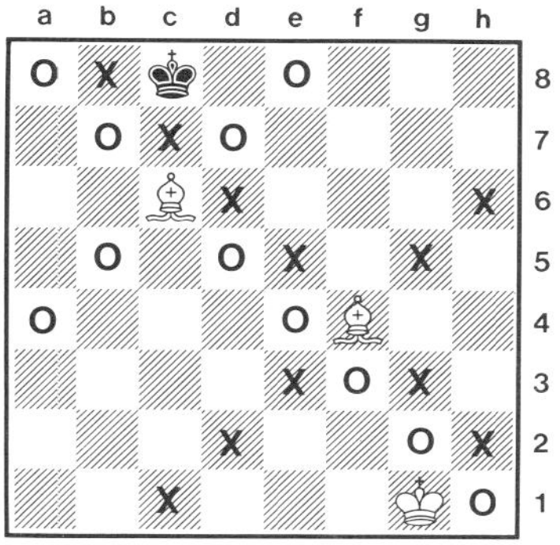

Weiß

DIAGRAMM 23 Schwarz

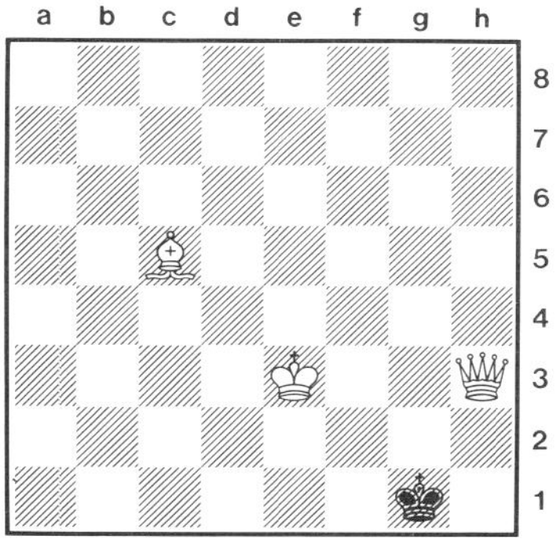

Weiß

DIAGRAMM 24 Schwarz

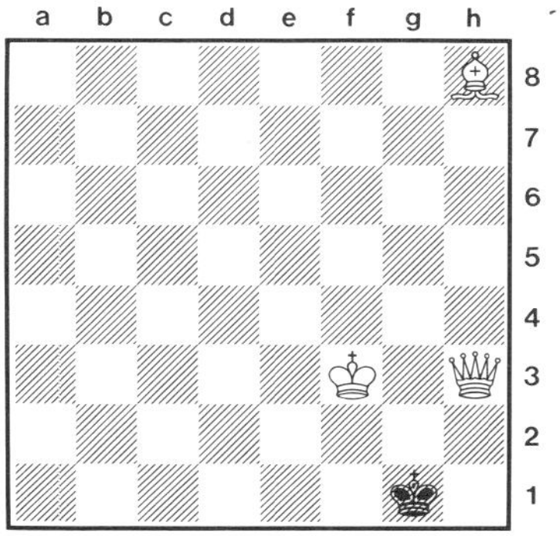

Weiß

DIAGRAMM 25 Schwarz

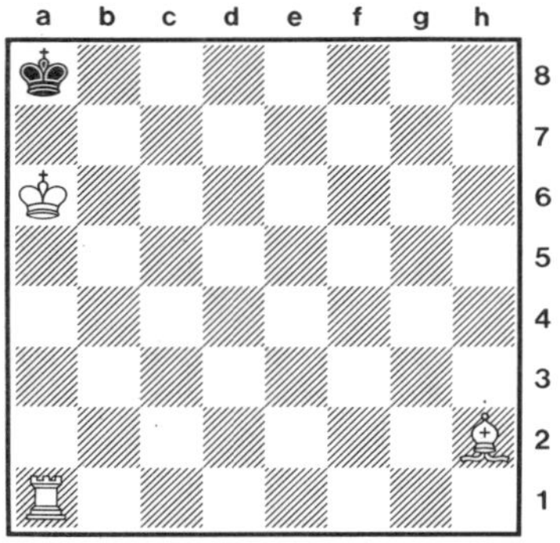

Weiß

DIAGRAMM 26 Schwarz

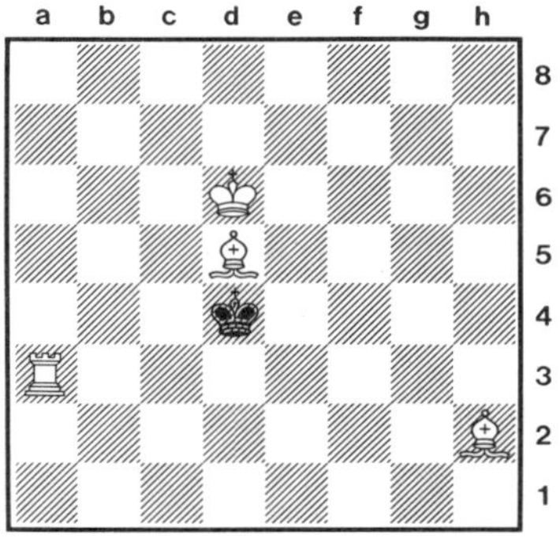

Weiß

Aufgabe 7: Stellung – Weiß: Ke2, Tb8, Lf5; Schwarz: Kc1. Weiß setzt in 1 Zug matt.

Aufgabe 8: Stellung – Weiß: Kf5, Dg1, Lf8; Schwarz: Kd5. Weiß setzt in 1 Zug matt.

Aufgabe 9: Stellung – Weiß: Ke 5, Dh 4, Le 8; Schwarz: Kc 5. Weiß setzt in 1 Zug matt.

Du siehst natürlich drei Dinge:

1. Wie richtig es ist, daß Figuren zusammenarbeiten, einander helfen;
2. wie wichtig es ist, daß Figuren einander decken können;
3. daß wir stets die Stellung in einer festen Reihenfolge aufschreiben, nämlich: 1. K; 2. D; 3. T; 4. L.

Aufgabe 10: Stellung – Weiß: Kc8, La4, Lg1; Schwarz: Ka8. Weiß setzt in 1 Zug matt.

Aufgabe 11: DIAGRAMM 25. Weiß setzt in 1 Zug matt.

Aufgabe 12: Stellung – Weiß: Kc6, Ld5, Lf4; Schwarz: Ka8. Weiß setzt in 1 Zug matt.

Aufgabe 13: DIAGRAMM 26. Weiß setzt auf 2 Arten in 1 Zug matt.

Aufgabe 14: Stellung – Weiß: Kg6, Dg1, Lh7; Schwarz: Kh8. Weiß setzt in 1 Zug auf 2 Arten matt.

Wie springt der Springer?

Der Springer hüpft
durch Feld und Wald
für ihn gibt's nirgendwo 'nen Halt.

Nun kommen wir zur seltsamsten Figur des ganzen Schachbrettes: dem **Springer** (S). Der Springer springt, aber dies ist

DIAGRAMM 27 Schwarz

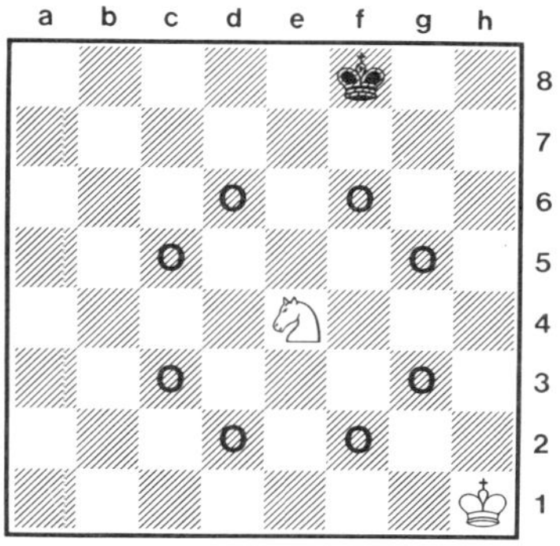

Weiß

ein ziemlicher Bocksprung. Schau mal DIAGRAMM 27 an. Du glaubst deinen Augen kaum. Der Springer geht zwei Felder nach links oder rechts, nach vorn oder hinten und macht dann noch einen Schritt zur Seite. Du kannst auch sagen, daß der Springer einen Sprung macht wie ein großes L. Aber wie du es auch nennst, du mußt damit üben. Dann macht dir die Springerei bald Spaß.

Aufgabe 15: Der Springer steht auf a1. Wohin kann er springen?

Aufgabe 16: Der Springer steht auf d3. Wohin kann er springen?

Du siehst gleich, daß der Springer immer von einer Farbe auf die andere springt. Wenn dir das klar ist, ist viel gewonnen. Der Springer springt auch immer zwei Felder weit, wenn auch etwas schief.

Aber das Drolligste an diesem Tierchen kommt noch. Schau mal DIAGRAMM 28 an. Unser armer schwarzer Springer scheint in einem Käfig zu sitzen. Aber . . .

DIAGRAMM 28 Schwarz

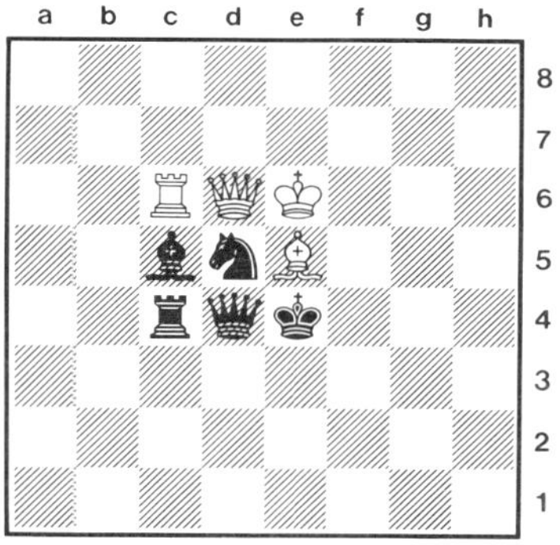

Weiß

der Springer ist die einzige Figur im Schachspiel, die über andere Figuren hinwegspringen kann. Es ist einerlei, ob dies schwarze oder weiße Figuren sind, oder Bauern – du weißt ja noch, die 8 in einer Reihe (DIAGRAMM 2) – ein Springer hüpft über alle Hecken.

Aufgabe 17: Schreibe auf, wohin der schwarze Springer vom DIAGRAMM 28 springen kann.

Aufgabe 18: Stellung – Weiß: Kc2, Dh4, Sc6; Schwarz: Ke8. Weiß setzt in 1 Zug matt.

Aufgabe 19: Stellung – Weiß: Kc3, Df7, Se5; Schwarz: Kh8. Weiß setzt in 1 Zug matt.

Aufgabe 20: Stellung – Weiß: Kc6, Lf3, Sc8; Schwarz: Ka8. Weiß setzt in 1 Zug matt.

Aufgabe 21: Stellung – Weiß: Kb6, Te1, Sf6; Schwarz: Kd8. Weiß setzt in 1 Zug matt.

Aufgabe 22: DIAGRAMM 29. Weiß setzt in 2 Zügen matt. Aufgepaßt! Das ist sehr schwierig.

DIAGRAMM 29 Schwarz

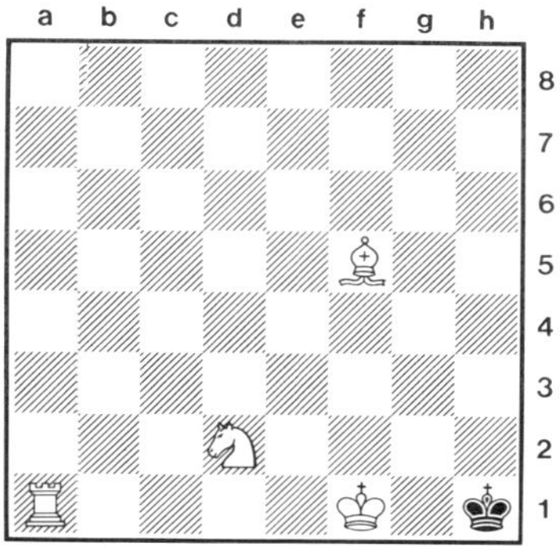

Weiß

Willst du die Lösung in der kurzen Notation aufschreiben? Eine halbe Stunde darfst du suchen. Wenn du es gefunden hast, mußt du nochmals beginnen. Wieder eine halbe Stunde, es gibt nämlich 2 Arten, um den schwarzen König matt zu setzen. Schach wird immer schöner, nicht wahr, aber zuweilen ist es nicht einfach. Ja, es ist eben ein **Denksport**.

Aber wir haben schon schöne Fortschritte gemacht. Im folgenden Kapitel kommt der Bauer an die Reihe. Da haben wir nochmal einiges zu lernen, aber dann weißt du auch beinahe alles. Beinahe, hörst du, denn die Menschen, die das Schach erfanden, waren nicht so schnell zufrieden.

Weißt du, was ein guter Weg ist, um gut Schachspielen zu lernen? **Selbst** Aufgaben ausdenken und diese deiner Freundin oder deinem Freund geben. Du mußt soviel wie möglich zu Hause zu zweit üben, dann geht es schnell vorwärts.

Schachspiel mit »lebenden Figuren« auf dem Marktplatz von Montilla (Spanien) anläßlich des »Torneo del vino« (Weinturnier).

4

Der Bauer

Immer nur vorwärts, heißt unser Motto,
Merke dir das, wenn du Angst hast, kleiner Otto.
Auf unserm Marsch ganz unerschrocken
fressen wir gar manchen Brocken.

Der **Bauer** (B) ist der kleinste Geselle im Schachspiel, aber täusche dich nicht in ihm. Er ist sehr klein – und nicht allzuviel wert –, aber er hat noch viele Brüder. Mitunter macht er einen Riesentrubel und wird plötzlich sehr wichtig.

Das Außerordentliche am Bauern ist, daß er anders schlägt als er zieht. Der Bauer **geht** geradeaus nach vorne, aber er **schlägt** schräg nach vorne.

Der Bauer ist die **einzige** Schachfigur, die **nicht zurückgehen** darf.

Wir müssen hier noch etwas von ihm erzählen.

Der **erste** Zug eines Bauern – also von allen 16 Bauern (die 8 weißen und die 8 schwarzen) – kann eine Überraschung bedeuten. Du darfst nämlich wählen: 1 oder 2 Felder geradeaus. Aber nach seinem 1. Zug darf ein Bauer nur noch 1 Feld geradeaus nach vorne, er darf auch immer nur 1 Feld schräg vor ihm schlagen. Da wir nun doch beim Schlagen sind: in der »langen Notation« schreiben wir z. B. a5 x b6. Dies bedeutet, daß ein weißer Bauer von a5 eine schwarze Figur auf b6 geschlagen hat.

In der »kurzen Notation« schreiben wir ab 6:. Der Doppelpunkt steht dahinter und hat dieselbe Bedeutung wie das x-Zeichen in der langen Notation.

DIAGRAMM 30 Schwarz

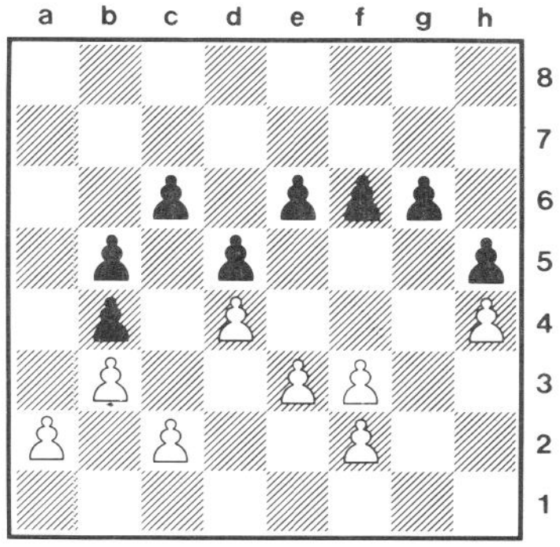

Weiß

In der langen Notation schreiben wir für das Schlagen x, in der kurzen Notation :, und der Doppelpunkt kommt hinter die Ziffer des erreichten Feldes.

Schau nun mal DIAGRAMM 30 an. Einige Bauern stehen noch auf ihrem Platz. Die meisten sind 1 oder 2 Felder nach vorne spaziert, aber einige sind eine schiefe Gangart geritten.

Aufgabe 1: Wie kommt es, daß 2 weiße Bauern auf der f-Linie stehen?

Aufgabe 2: Wieviel Züge hat Schwarz mit den Bauern gemacht, die jetzt auf b4 und b5 stehen? Paß gut auf, denn es sind ein paar richtige Antworten möglich.

Hast du verstanden, daß ein Bauer links und rechts **1 Feld schräg nach vorn schaut und deshalb auch so schlagen kann? Er schaut nicht geradeaus nach vorn; er geht nur so.**

DIAGRAMM 31 Schwarz

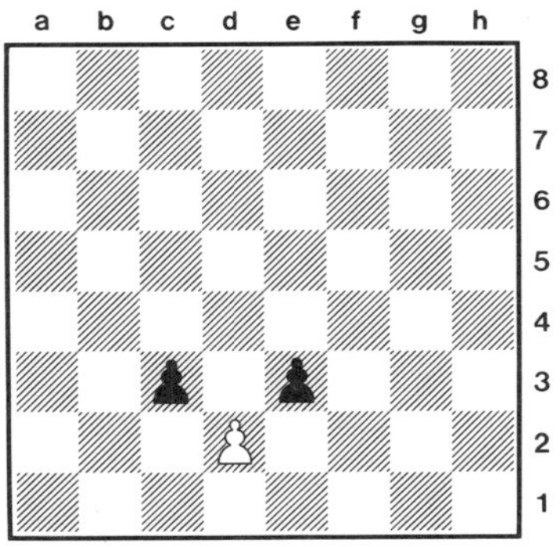

Weiß

DIAGRAMM 32 Schwarz

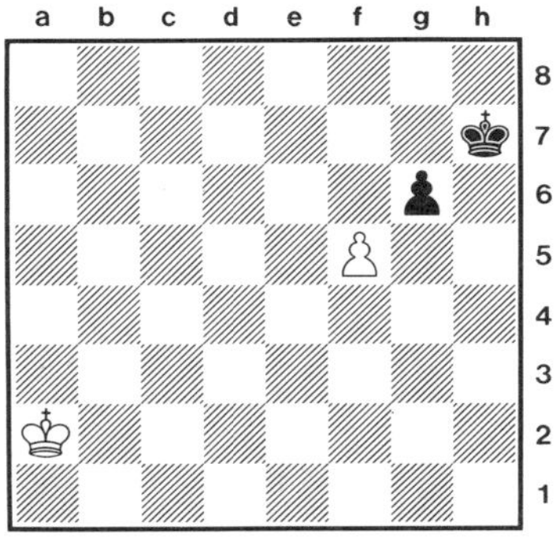

Weiß

Aufgabe 3: Stellung – Weiß: Kh2, Bh3, h4; Schwarz: Kh6, Bh5. Ist Weiß im Vorteil?

Aufgabe 4: DIAGRAMM 31. Weiß ist am Zug. Aus wieviel Zügen kann er auswählen?

Schreib die Züge in langer Notation auf.

Du mußt wissen, daß der Bauer die einzige Figur ist, die meist **keinen** eigenen Buchstaben hat. Du schreibst also, wenn der Bauer z. B. von c5 nach c6 geht, in der langen Notation c5-c6; c6 in der kurzen Notation.

Fehlt also ein großer Buchstabe, so handelt es sich stets um einen Bauernzug.

Nun schau mal DIAGRAMM 32 an.

Weiß ist am Zug, und er will mit seinem Bauern f5 den schwarzen Bauern auf g6 schlagen. Natürlich **muß** er nicht schlagen, aber er möchte es gerne.

Aufgabe 5: Schreibe in langer und kurzer Notation auf, daß Weiß auf g6 schlägt und daß Schwarz mit dem König zurückgeht.

Aufgabe 6: DIAGRAMM 33. Weiß ist am Zug. In wieviel Zügen kann er den schwarzen Bauern gewinnen?

Aufgabe 7: DIAGRAMM 34. Weiß ist am Zug. Kann er nun auch den schwarzen Bauern gewinnen?

Schreib die Lösung in kurzer Notation.

Aufgabe 8: DIAGRAMM 35. Weiß ist am Zug. Er kann also wählen zwischen 1. d2-d3 oder d2-d4. Was würdest du spielen und warum?

Aufgabe 9: Stellung – Weiß: Bh2; Schwarz: Bg7. Weiß ist am Zug. Verliert er oder gewinnt er? Du kannst es in zwei Zügen sehen.

DIAGRAMM 33 Schwarz

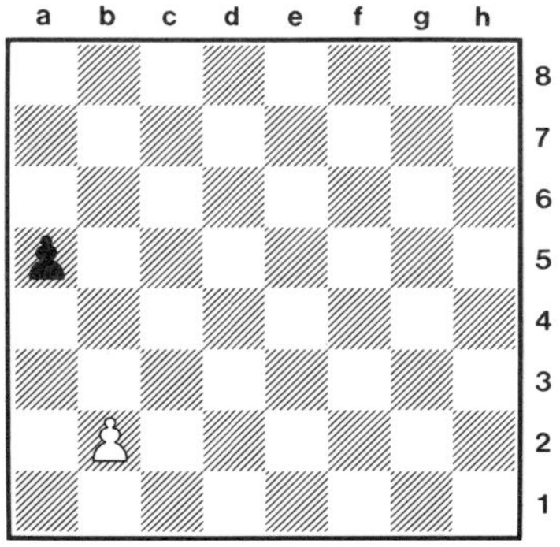

Weiß

DIAGRAMM 34 Schwarz

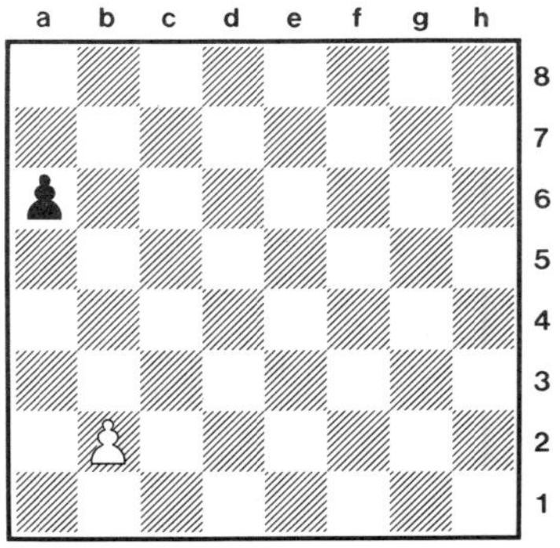

Weiß

DIAGRAMM 35 Schwarz

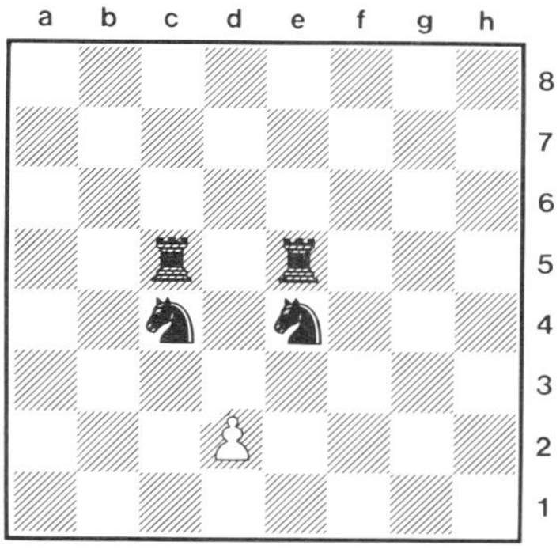

Weiß

DIAGRAMM 36 Schwarz

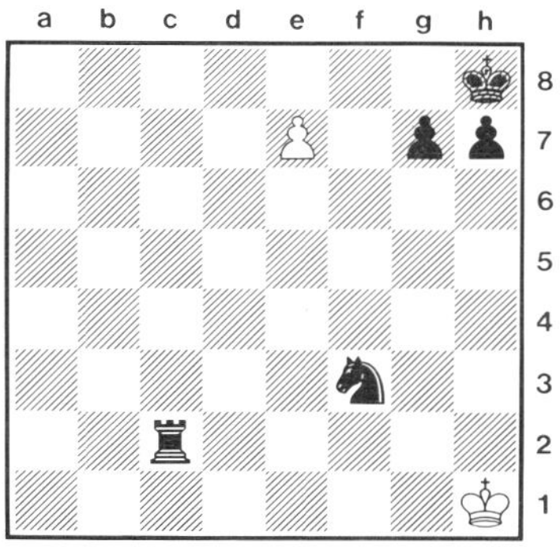

Weiß

DIAGRAMM 37 Schwarz

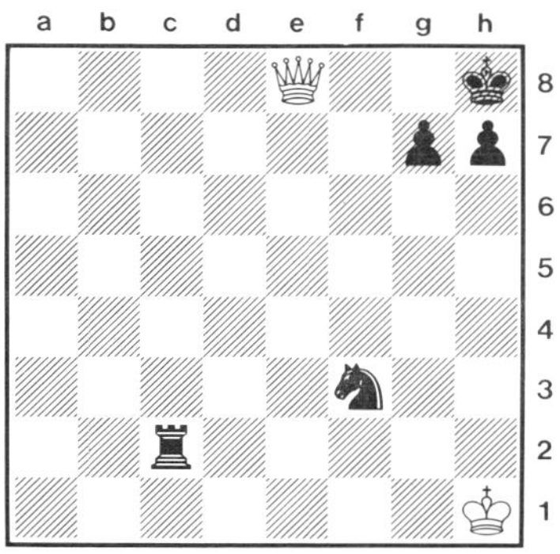

Weiß

Noch mehr über den Bauern

Wir haben gesehen, daß Bauern geradeaus nach vorne gehen und schräg nach vorne schlagen. Bauern können alle Figuren schlagen. Sie können auch von allen Figuren geschlagen werden. So wirst du wohl auch verstehen, daß in einer Partie von z. B. 20 Zügen von Weiß und Schwarz schon viel Bauern geschlagen sein können. DIAGRAMM 2 ist gewissermaßen noch eine volle Tafel; danach wird fleißig gefressen, bis nichts mehr übrig ist. Wer bleibt im Schach aber immer übrig? Natürlich, die Könige.

Aber zurück zu den 8 Bauern. Sie gehen geradeaus nach vorne und wenn sie nicht geschlagen werden, tja, dann können sie z. B. bis zur 7. Reihe kommen. Schau mal DIAGRAMM 36 an. Weiß ist am Zug. Gottseidank! Wenn Schwarz am Zug wäre, könnte er mattsetzen . . . wer sieht es? Er könnte mit 1 . . . , Th2 matt setzen. Aber . . . Weiß ist am Zug. Das ist für Weiß sehr angenehm. Sein König kann sich überhaupt nicht bewegen, denn er darf ja nicht ins Schachgebot laufen. Deshalb muß er mit seinem Bauern weitergehen (zurück darf er ja nie, das weißt du schon).

Nun kommt das Kaninchen aus dem Ärmel. Weiß schiebt den Bauern von e7 nach e8 und dann . . . schau schnell zu DIAGRAMM 37. Was ist geschehen? Hat Weiß falsch gespielt? Nein, denn im Schach gibt es eine schöne Regel: Wenn ein Bauer ans andere Brettende (1. oder 8. Reihe) gelangt, **wandelt er sich um**: entweder in eine Dame oder einen Turm oder einen Läufer oder einen Springer, natürlich nicht in einen König. Auch ein Bauer darf er nicht bleiben. Der Spieler darf wählen, was er für den Bauern haben will.

Es ist so schön, einen Bauern zum anderen Brettende zu bringen, daß die Erfinder des Schachspiels eines schönen Tages gesagt haben: Wer ans andere Brettende kommt, nun, der kriegt eine Belohnung! Was möchtest du wählen? Natürlich beinahe immer eine Dame, denn diese ist die stärkste Figur. Und das hat Weiß getan: Er spielte 1. e7-e8 und notierte e7-e8D matt.

Mal aufgepaßt. Wenn ein Bauer ans andere Brettende kommt, mußt du angeben, welche Figur du als Belohnung haben willst, und dies mußt du auch aufschreiben. In der kurzen Notation würde das so aussehen: 1. e8 D matt. Du schreibst also **hinter** den Zug den Großbuchstaben der gewählten Figur.

Diese Umwandlung ist natürlich immer eine feine Sache, aber nicht immer ist es gleich matt.

Nun begreifst du natürlich auch, wie es in den DIAGRAMMEN 6 und 7 zu den zwei Damen gekommen ist. Da gelangte ein Bauer auf die letzte Reihe und hat sich in eine Dame verwandelt. Blättere mal zurück, um dein Gedächtnis etwas aufzufrischen.

DIAGRAMM 38 Schwarz

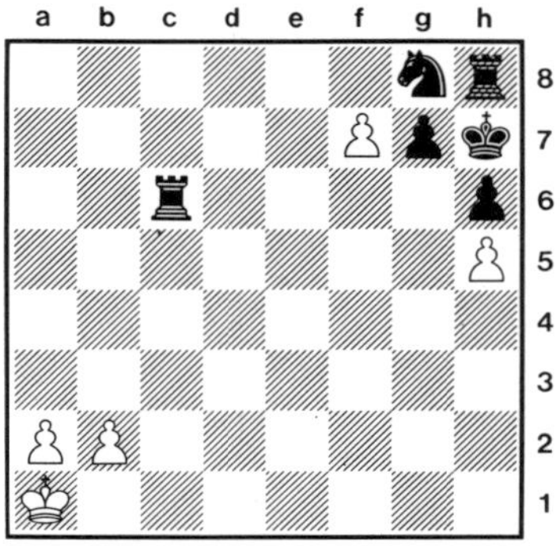

Weiß

Aufgabe 10: DIAGRAMM 38. Weiß ist am Zug. Was würdest du spielen? Denk gut nach, es ist schwierig! Du kannst hierfür 10 Minuten brauchen. Weiß kann gewinnen, das wollen wir dir noch verraten.

Aufgabe 11: DIAGRAMM 39. Weiß zieht und gewinnt in 2 Zügen die schwarze Dame.

Aufgabe 12: Stellung – Weiß: Kh2, Lb6, Bg2, h3; Schwarz: Kh5, Sg6, Bg5, h6. Weiß setzt in 2 Zügen matt.

Du begreifst natürlich, daß du der Deutlichkeit halber bei der Stellung B schreiben mußt, um die Bauern zu bezeichnen.

Aufgabe 13: Stellung – Weiß: Kg2, Lb3, Be3, e4, h2; Schwarz: Kh5, Lh4, Be5, g5, h6. Weiß setzt in 2 Zügen matt.

Aufgabe 14: DIAGRAMM 40. Weiß setzt in 2 Zügen matt.

Nun siehst du auch, daß es nicht nur darum geht, möglichst viel Figuren oder Bauern zu haben. Weiß hat einen Springer und einen Bauern weniger, und doch kann er gewinnen. Aber ... das ist natürlich bei weitem nicht immer so.

DIAGRAMM 39 Schwarz

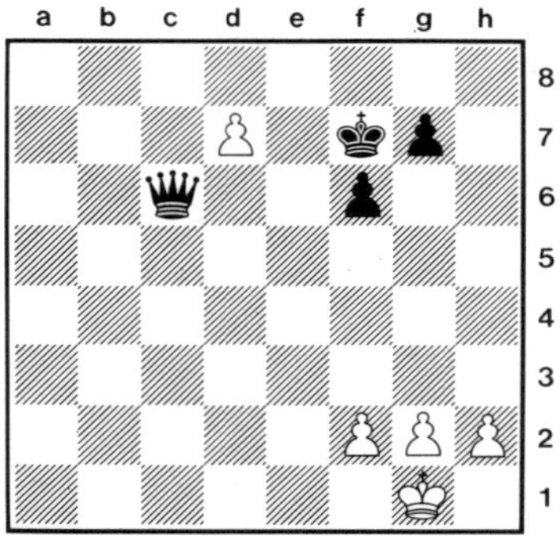

Weiß

DIAGRAMM 40 Schwarz

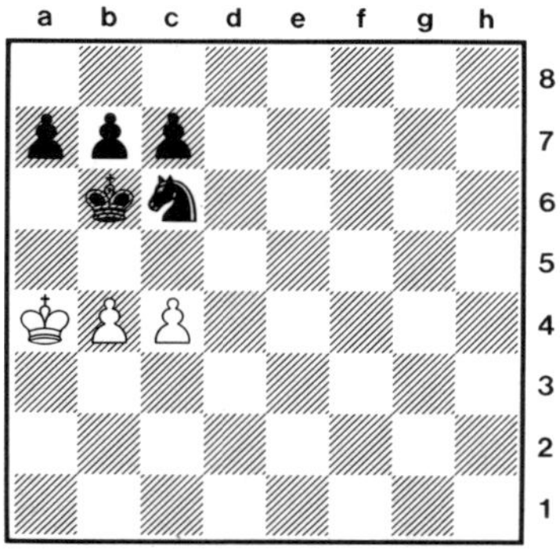

Weiß

DIAGRAMM 41 Schwarz

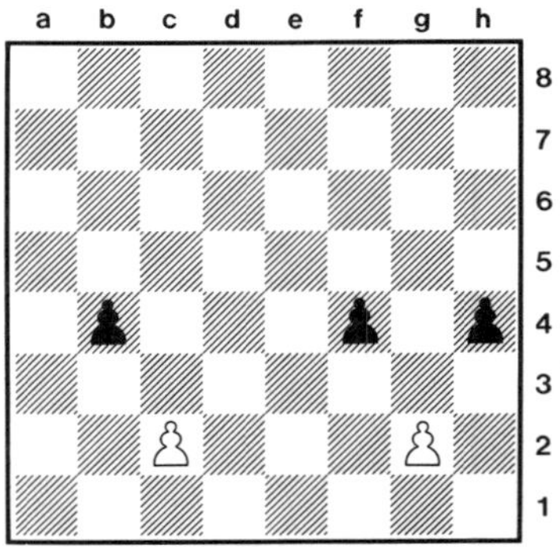

Weiß

DIAGRAMM 42 Schwarz

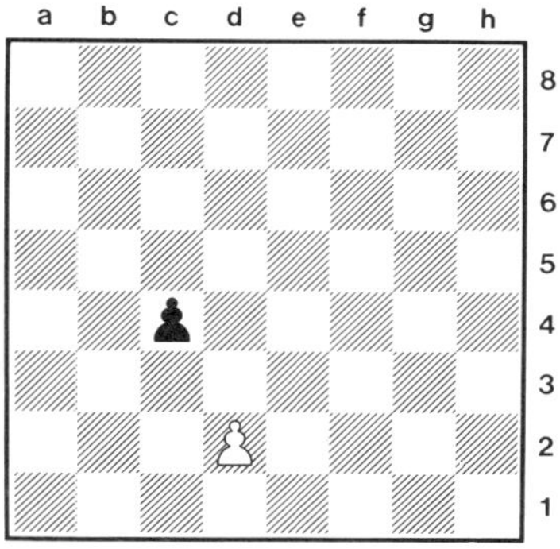

Weiß

DIAGRAMM 43 Schwarz

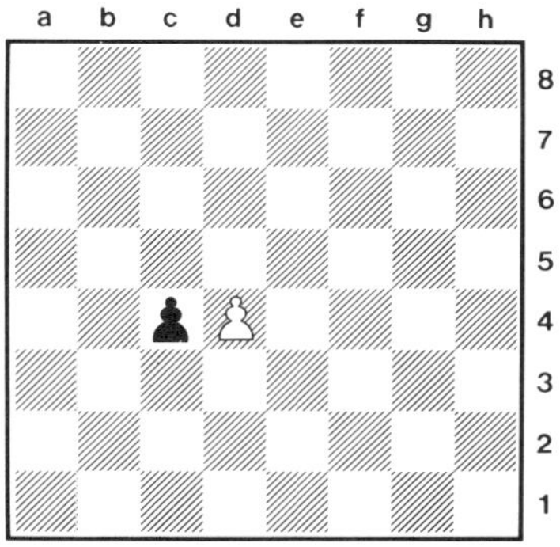

Weiß

DIAGRAMM 44 Schwarz

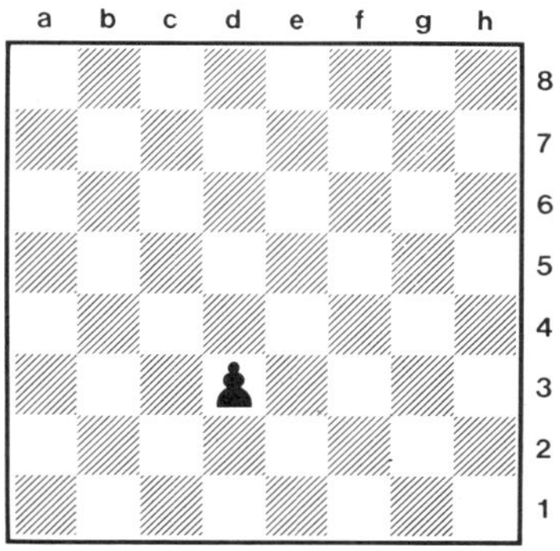

Weiß

Noch wissen wir vom Bauern nicht alles

Es ist entsetzlich mit dem Bauern. Da gibts noch etwas ganz Verrücktes bei ihm. Vielleicht begreifst du nun, warum wir ausgerechnet den kleinsten Gesellen bis zum Schluß aufgehoben haben; du mußtest erst viel vom Schachspiel wissen, bevor wir diese 8 Burschen in Bewegung setzen konnten.

Vor langer Zeit durfte der Bauer im ersten Zug nur ein Feld geradeaus nach vorn. Schau mal DIAGRAMM 41 an. Im Mittelalter durfte Weiß hier nur 1. c2–c3 oder 1. g2–g3 spielen. Wenn es Schwarz dann danach war, nahm er den Bauern vom Brett mit 1 . . . , b4xc3 oder z. B. mit 1 . . . , f4xg3 (1 . . . , h4xg3 ist natürlich auch möglich). Die Leute erkannten wohl, daß Schwarz seine Bauern genau auf b4, f4 und h4 zu stellen hatte, um den weißen Bauern gleich wegnehmen zu können, wenn er einen Schritt nach vorne kommt. Die schwarzen Bauern standen so ein wenig auf der Lauer.
Aber im späteren Mittelalter durften die Bauern im ersten Zug schon zwei Felder nach vorne gehen, z. B. 1. c4 oder 1. g4. Die schwarze Partei wurde böse und fand das etwas gemein. Ihre Bauern auf b4, f4 und h4 konnten nur schräg nach vorne schlagen und konnten die weißen Bauern, die plötzlich neben ihnen standen, eigentlich nicht mehr schlagen. Da haben die Schachspieler gesagt: Das darf trotzdem sein!
Wenn ein Bauer bei seinem 1. Zug über zwei Felder neben einem gegnerischen Bauern stehen bleibt, darf dieser ihn schlagen. Er tut dann so, als ob der Bauer nur 1 Feld geradeaus gegangen wäre und **schlägt also trotzdem schräg nach vorne, obwohl dort eigentlich kein gegnerischer Bauer steht**.

Betrachte mal die DIAGRAMME 42, 43 und 44.
Was ist da geschehen? Weiß spielte 1. d2–d4. Schwarz antwortete 1. . . . , c4xd3, e. p.
Was ist denn das schon wieder?
Wir haben zwar verstanden, daß der schwarze Bauer etwas über den weißen lachte, denn der konnte doch nicht vorbei – trotz seines großen Sprungs über 2 Felder – aber warum steht hinter dem schwarzen Zug **e. p.**?
Das e. p. bedeutet **en passant**. Das ist Französisch. Im Deutschen würdest du sagen »im Vorbeigehen«, das verstehen wir besser. Weiß ist mit seinem Bauern am schwarzen vorbeigegangen, aber der hat ihn dennoch en passant geschlagen.

Noch eine Regel. Du mußt natürlich nicht en passant schlagen, aber wenn du das tust, dann mußt du es sofort tun. Du darfst nie einen Zug warten.
Aufgabe 15: Stellung – Weiß: Bd2; Schwarz: Bc4, e4.
Weiß spielt 1. d4. Was kann Schwarz machen? Willst du die Antworten in der kurzen und in der langen Notation aufschreiben?

DIAGRAMM 45 Schwarz

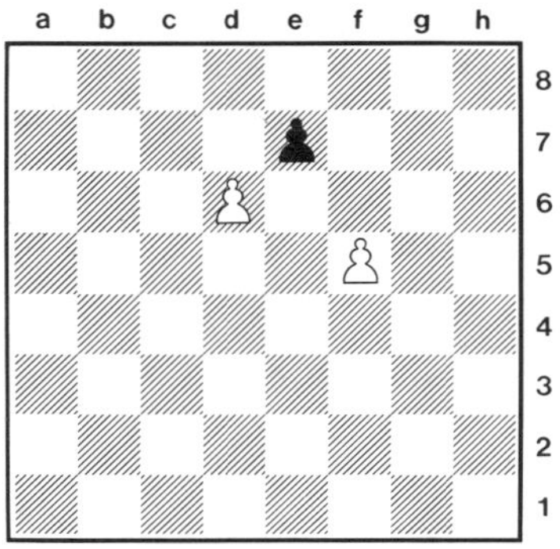

Weiß

DIAGRAMM 46 Schwarz

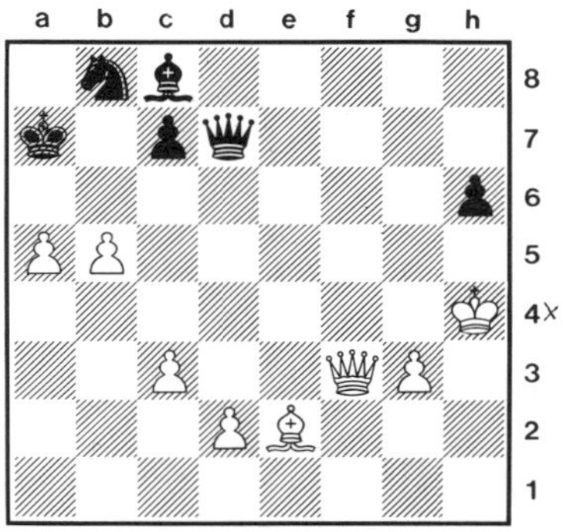

Weiß

Aufgabe 16: DIAGRAMM 45. Schwarz spielt 1. . . , e7–e5. Wie kann Weiß diesen Bauern schlagen? Welche anderen Züge kann er machen? Antworte in der kurzen und in der langen Notation.

Aufgabe 17: Stellung – Weiß: Bc6, e5; Schwarz: Bd7. Schwarz ist am Zug und spielt 1. . . . , d 6. Mit welchen Zügen kann Weiß antworten? Schreibe es in der kurzen und in der langen Notation auf.

Aufgabe 18: DIAGRAMM 46. Schwarz war am Zug und spielte 1. . . . , c7–c5.

Frage 1: Was würdest du mit Weiß tun?

Frage 2: Hättest du mit Schwarz auch 1. . . . , c5 gespielt oder hättest du einen besseren Zug gewußt?

Der Freibauer und andere Bezeichnungen

Vor allem im dritten Teil werden wir verschiedene Bauernarten besprechen. Sie bekommen nämlich oft aparte Namen, wenn sie in etwas eigenartiger Weise auf dem Brett stehen.

Der **Freibauer** ist ein Bauer, dem kein anderer Bauer mehr entgegenkommen kann und der nicht mehr durch einen anderen Bauern geschlagen werden kann. Weiß hat z. B einen Bauern auf e6 und einen auf h4. Schwarz hat einen Bauern auf g7 und einen auf h7.

Den weißen e-Bauern nennen wir einen Freibauern. Der weiße und der schwarze h-Bauer stehen einander gegenüber, sie sind nicht frei; der schwarze g-Bauer kann noch, wenn er vorrückt, durch den weißen h-Bauern geschlagen werden.

Ein **Doppelbauer** ist ein eigenartiges Wort für zwei Bauern. Wenn du zwei weiße oder zwei schwarze Bauern hast, die auf derselben Linie stehen, z. B. c2 und c3, oder g4 und g6, dann sprechen wir von Doppelbauern. Wenn es sogar drei sind – das kommt selten vor – heißen sie Trippelbauern.

So, das war nun das Kapitel über den Bauern. Wir haben es sicher nicht übertrieben, als wir sagten, daß der kleine Gesell uns einige Schweißtropfen kosten wird, aber wir haben ihn nun gut gezähmt. Im folgenden Kapitel kommt noch eine Regel zur Sprache, die sehr eigenartig ist; dann wissen wir aber Alles von den Schachfiguren.

Aufgabe 19: Kannst du selbst aufschreiben, was **Patt** ist, was **Schach** ist, was **en passant** ist und was **matt** ist?

Rochieren

Wieder ein Fremdwort, aber beinahe das letzte. Um euch zu beruhigen, es ist wirklich die letzte Regel, die wir lernen müssen. Dann kommen wir zum Schachspielen, wie dies in den Schachclubs geschieht.
Aber erst wollen wir noch etwas über das Schachspiel im frühen Mittelalter reden. Damals spielten die Menschen wohl auf dem gleichen Brett wie heute Schach, aber die Figuren liefen etwas anders. Das alles soll uns jetzt nicht allzuviel interessieren, aber das Rochieren (die Rochade) kommt aus dieser Zeit. Wir wollen versuchen, es zu erklären.
Die Dame war noch keine solch starke Figur, und der Bauer konnte zu Anfang nur 1 Feld weit gehen. Das Spiel war dadurch viel langsamer, und weil die Dame nicht so stark war, mußte der andere König auch nicht so viel befürchten. Der König spielte eigentlich ziemlich eifrig mit. Heute ist das ganz anders. Der König wird so entsetzlich bedroht durch 8 Bauern, 2 Springer, 2 Läufer, 2 Türme und die starke Dame, daß der gute Mann eigentlich kein entspanntes Leben hat, da er von vornherein mit Schach bedroht oder gar matt gesetzt werden kann.
Darum haben unsere Vorväter gesagt: Gut, um den König dreht sich alles, aber wir wollen, daß das Spiel ebenso lang dauert wie früher. Wir finden es schön, daß die Dame so stark ist und daß die Bauern längere Beine bekommen haben, aber der König soll darunter nicht leiden. Wir denken darum einen Zug aus, der nur einmal in einer Partie passieren darf. Dieser Zug muß derart sein, daß der König durch ihn in Sicherheit gelangt. Die Bauern und die anderen Figuren sollen dann erst mal die Schlacht austragen. Wenn die starken Figuren vom Brett sind

Rochade – König springt über Turm

DIAGRAMM 47 Schwarz

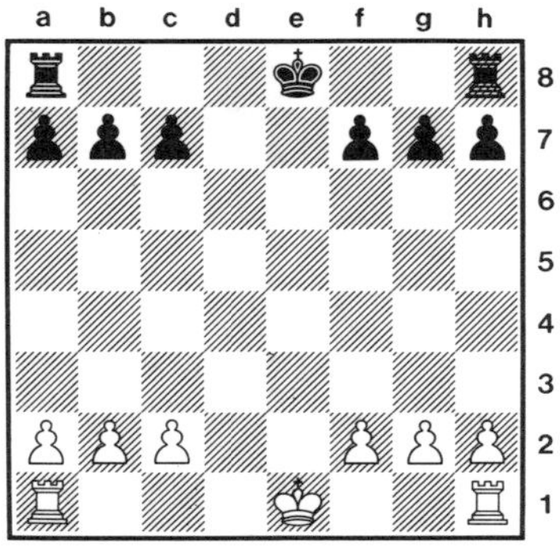

Weiß

DIAGRAMM 48 Schwarz

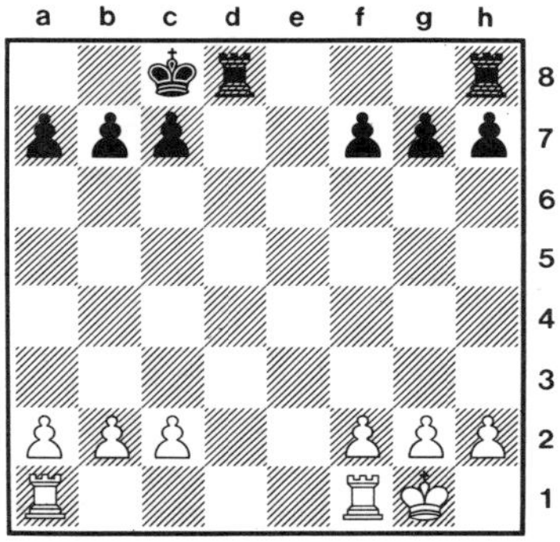

Weiß

und auch einige Bauern gefallen, dann können wir immer noch sehen, ob der König aus seiner Ecke zum Vorschein kommen kann, ohne direkt matt zu werden.
DIAGRAMM 47 zeigt eine Stellung, wo es zum Rochieren kommen kann.
Vorab:

1. Ein König steht ziemlich sicher hinter den eigenen Bauern.
2. In einer Schachpartie wird zu Beginn vor allem in der Mitte des Brettes gekämpft, folglich ist der König in der Ecke am sichersten.
3. Auf der 1. oder der 8. Reihe ist er so weit wie möglich von den gegnerischen Figuren entfernt.
4. Ein Turm steht zu Beginn der Partie auf der Mittellinie aktiver als in seiner Ecke.

Nun, wenn du dies gut verstanden hast, wird dir deutlich, was du im DIAGRAMM 48 siehst.
Durch eine Art Erdbeben sind die Könige in die Nähe der Ecke gelangt und die Türme nahe den Mittellinien.
Ein wenig Hokuspokus, und das noch unterschiedlich.
Nun wissen wir, daß im Schachspiel die Regeln für Weiß und Schwarz genau dieselben sind. Das Rätsel ist schnell aufgelöst: Es sind **zwei Rochaden möglich**; die **kurze** Rochade, die Weiß ausgeführt hat, und die **lange** Rochade, die Schwarz gemacht hat. Es hätte auch andersherum sein können. Jeder Spieler kann selbst wählen, ob er kurz oder lang rochieren will. Meistens rochieren beide Spieler kurz – aber darum sorgen wir uns später –. Erst wollen wir dir sagen, wie du diesen merkwürdigen Zug aufschreiben mußt.
0-0, . . . ist die kurze Rochade von Weiß.
. . . . **0-0** ist die kurze Rochade von Schwarz.
0-0-0, . . . ist die lange Rochade von Weiß.
. . . , **0-0-0** ist die lange Rochade von Schwarz.
Wir wissen nun:

1. Was die Bedeutung der Rochade ist.
2. Wie du die Rochade aufschreibst; es macht hier keinen Unterschied, ob du die lange oder die kurze Notation wählst.

Wir werden nun erklären, wie du rochieren mußt.
Zurück zu DIAGRAMM 47:

1. Es darf keine einzige Figur zwischen dem König und dem Turm stehen.
2. Der König und der Turm dürfen noch nicht gezogen haben und danach auf ihren Platz zurückgekehrt sein.
3. Der König darf nicht im Schach stehen; er darf aber schon einmal im Schach gestanden haben.
4. Du darfst aber rochieren, wenn dein Turm angegriffen ist.
5. Der König darf durch die Rochade nicht ins Schach gelangen; das wissen wir eigentlich schon lange.
6. Paß auf! Der König darf nicht über ein Feld gehen, auf das eine gegnerische Figur schaut (das werden wir gleich erklären).

DIAGRAMM 49

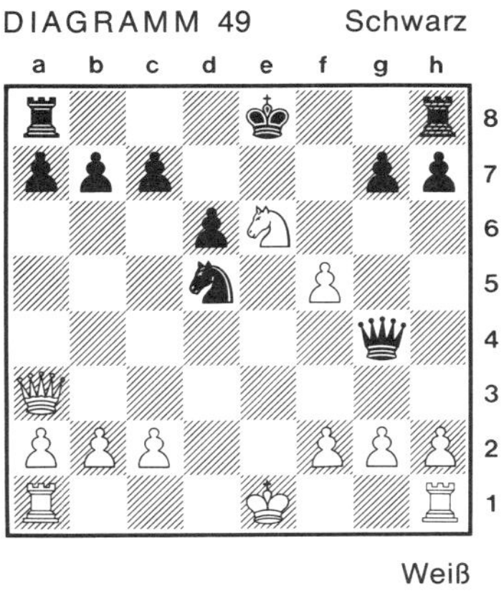

Nun die **Rochade:**

1. Du nimmst den König von seinem Ursprungsfeld (also e1 oder e8) und setzt ihn **zwei Felder** nach links oder nach rechts, also in die Richtung eines Turms.
2. Du nimmst dann erst den Turm und stellst ihn **neben den König** an dessen andere Seite.

Eine Luftreise für zwei Personen also. Das hat nichts mehr mit den Spielregeln zu tun, die wir schon gelernt haben. Es ist einfach eine Abmachung, die die Schachspieler vor etlichen hundert Jahren getroffen haben. Diese Abmachung erweist sich als sehr dienlich, in beinahe jeder Partie rochieren sowohl Weiß als auch Schwarz.

Nun eben zurück zum Punkt 6, wo wir mit dem »Paß auf« begonnen haben. DIAGRAMM 49 macht es verständlich. Wenn Weiß am Zug ist, kann er kurz rochieren (0–0). Der König geht dann nach g1, der Turm nach f1.

Weiß darf nicht lang rochieren, denn der weiße König muß dann zwei Felder nach links und überschreitet das Feld d1. Auf dieses Feld schaut die schwarze Dame. Wir sagen auch: »Die schwarze Dame **bestreicht** das Feld d1«. Behalte das Wort »bestreicht« gut im Kopf. Wenn ein Feld durch eine gegnerische Figur bestrichen wird, darf der König nicht daran vorbei, um zu rochieren. Der Turm hat mit dieser Regel nichts zu tun!

Aufgabe 1: Welchen weißen Turm meinen wir im vorigen Sinn?

Und nun Schwarz, siehe DIAGRAMM 49. Schwarz kann nicht rochieren. Der weiße Springer auf d6 bestreicht die Felder d8 und f8. Schwarz kann also weder nach rechts noch nach links mit dem König. Er muß abwarten, ob der Springer vielleicht weggehen will; dann kann er endlich rochieren.

Aufgabe 2: Soll Weiß seinen Springer wohl wegziehen? Oder denkst du, daß dieser Springer sehr aktiv steht?

Halten wir mal inne. Wir haben nun alle Spielregeln hinter uns. Niemand kann uns mehr was vormachen . . . Ja, außer natürlich diejenigen, die noch viel mehr Schach gelernt haben. Aber die holen wir schon ein. Das Buch ist noch lange nicht zu Ende. Du kannst sicher sein, daß es immer abwechslungsreicher wird.

Aufgabe 3: DIAGRAMM 50. Letzte Aufgabe im ersten Teil unseres Buches und deshalb eine schwere Nuß.

Die Frage lautet:

Was ist besser für Weiß: lang oder kurz rochieren? Willst du die Züge aufschreiben, die nach der langen oder kurzen Rochade gespielt werden können (also auch die Züge von Schwarz)? Hiermit schließen wir unsere Hausarbeit ab.

DIAGRAMM 50

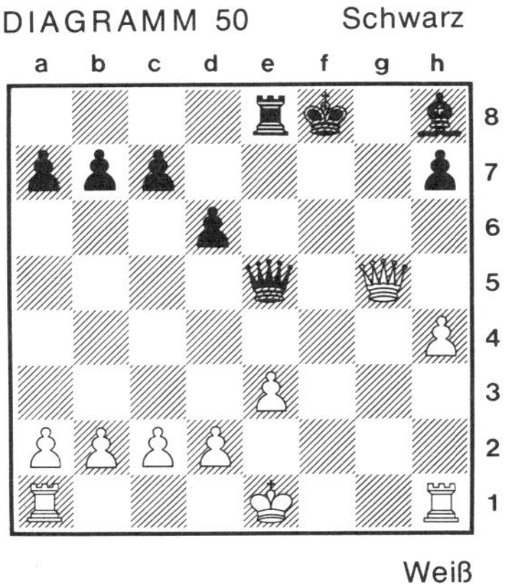

Wie bekommst du ein Diplom?

Glückwunsch, daß du schon so weit gekommen bist! Wenn du das **Bauerndiplom** erringen willst, mußt du dem Deutschen Schachbund schreiben. Dann wird dir mitgeteilt, wo du die Prüfung ablegen kannst; das gleiche gilt auch für das **Turmdiplom** und das **Königsdiplom**.

Die Adresse des Deutschen Schachbundes ist:

Deutscher Schachbund – Geschäftsstelle

Düsseldorfer Str. 17/18

1000 Berlin 15

Tel. 030/8839300.

DEUTSCHER SCHACHBUND e.V.

Name ______________________

geboren am ____________ in ____________

hat am ______________ das

BAUERNDIPLOM

erworben.

DEUTSCHER SCHACHBUND e.V.

____
Präsident

____
Jugendwart

SCHACH-DIPLOM FÜR 30 REINBEKER KINDER

Anette David (8) ist die jüngste und erste Schachspielerin von Reinbek, die mit einem Schach-Diplom ausgezeichnet wurde. Sie spielt seit zwei Jahren bei Siegfried Wöhlk im Reinbek-Wentorfer Schachklub in der Jugendgruppe zusammen mit 70 weiteren Kindern.
Anette ist jedoch nicht die einzige, die sich über ihr Diplom freuen kann. Außer ihr konnten noch weitere 29 Kinder eine Diplom-Auszeichnung entgegennehmen. Siegfried Wöhlk, Erster Vorsitzender des Reinbek-Wentorfer Schachklubs, hat die Idee vor einem Jahr von einer Hollandreise mitgebracht und für so gut befunden, daß er sie umgehend dem Hamburger Schachverband vorlegte. Mit dieser Idee rannte er sozusagen offene Türen ein, arbeitete die Unterlagen für das Deutsche Schach-Diplom aus und ist somit der »Vater« des Deutschen Schach-Diploms!

(Foto gipp)

Die Deutsche Schachjugend

Die Deutsche Schachjugend (DSJ) ist die freie Gemeinschaft der Jugend der Mitgliedsorganisationen des Deutschen Schachbundes (DSB) und damit ein Teil des DSB. Sie erfüllt mit der Pflege der Jugendarbeit einen wesentlichen Teil der Aufgaben des DSB und verwaltet sich im Rahmen der Satzung des DSB sowie ihrer eigenen Jugendordnung selbständig. Die Mitglieder der DSJ sind Schüler und Jugendliche bis zur Vollendung des 20. Lebensjahres; Stichtag ist jeweils der 1. September. Ferner gehören der DSJ auch die Jugendleiter und sonstigen Mitarbeiter im Jugendbereich an.
Zweck und Aufgabe der DSJ ist die Pflege des Schachspiels als sportliche Disziplin und die Vertretung der gemeinsamen Interessen ihrer Mitglieder. Die DSJ bekennt sich zu den Grundsätzen der Deutschen Sportjugend und ist dort voll anerkannter Fachverband, wobei sie an Mitgliederstärke mehr als die Hälfte der anderen Sportverbände hinter sich läßt und von ihren Aktivitäten her zu den vorbildlichen Verbänden gezählt werden darf. Die DSJ ist um eine sinnvolle Erfüllung der Freizeit durch Sport und Geselligkeit bemüht, sie fördert die sportliche Kameradschaft und die internationale Verständigung durch das Schachspiel und durch die persönliche Begegnung. Ferner unterstützt sie das Bemühen, Schachunterricht an Schulen einzurichten und zu geben.
In der Breitenarbeit (z. B. Schachunterricht für Anfänger und Fortgeschrittene, Durchführung von Wettkämpfen und Turnieren auf unterer Ebene, Aktivitäten der Jugendgruppen und Vereine) ist die DSJ natürlich auf die Mitwirkung ihrer Unterorganisationen angewiesen. Die DSJ bietet den Landesverbänden, Bezirken, Kreisen, Vereinen und Jugendgruppen vielseitige Anregungen zur Jugendarbeit, beispielsweise durch Modellmaßnahmen wie die Jugendschach-Werbewoche 1977, in der im gesamten Bundesgebiet jegliche Art von Jugendveranstaltungen durchgeführt wurden. Ein wesentliches Hilfsmittel für Jugendleiter und andere Schachorganisatoren stellt das »Handbuch der DSJ« über die Jugendarbeit im Schach dar, welches in Lose-Blattform aufgebaut ist und durch die Ausgabe von jährlichen Nachträgen und Ergänzungen stets die aktuelle Information der Bezieher gewährleistet.

Das Organ der DSJ sind die »Deutschen Schachblätter«. Deren monatliche Beilage »Jugend – Schach – Sport«, früher unter der Bezeichnung »Jugend- und Schulschach« bekannt gewesen, stellt die Stimme der DSJ dar. Hierin erscheinen sowohl Ankündigungen und Berichte von Jugendturnieren und -veranstaltungen, wobei die jugendlichen Teilnehmer selbst zu Wort kommen, als auch andere wichtige Informationen, Diskussionen zu aktuellen Themen sowie nützliche Unterlagen zur Lehrarbeit mit der Folge »Schachtraining und -unterricht«.
In der Spitzenarbeit sind die Aufgaben der DSJ vielseitig. Sowohl die Pflege internationaler Kontakte durch die Ausrichtung und Beschickung internationaler Jugendturniere, die Entsendung der deutschen Spitzenspieler zu den Europa- und Weltmeisterschaften als auch die Organisation der deutschen Jugendmeisterschaften obliegen der DSJ. Letztere enthalten Turniere für die unterschiedlichsten Gruppierungen: die Deutsche Jugend-Mannschaftsmeisterschaft (DJMM), die Deutsche Jugend-Vereinsmannschaftsmeisterschaft (DVJM), die Deutsche Einzelmeisterschaft für die weibliche Jugend (DWJM), die Deutsche-Jugend-Einzelmeisterschaft (DJEM), die Deutsche Meisterschaft Jugend B (DBJM), die Deutsche Schüler-Einzelmeisterschaft (DSEM), das Internationale Jugendturnier der DSJ (IT). Die jugendlichen Spitzenspieler und Mädchen sind in den Kadern der DSJ (A-, B- und C-Kader) zusammengefaßt, wobei die Wettkampferfolge laufend Berücksichtigung finden. Um den Spielbetrieb der DSJ und die Förderung der daran teilnehmenden Jugendlichen kümmern sich die vier Spielleiter der DSJ sowie der Ausschuß für Spitzensport. Jeder Spielleiter betreut einen speziellen Bereich: der Referent für Mädchenarbeit, der Referent für Schülerarbeit (dieser betreut die unteren Jahrgänge), der Turnierleiter (ist zuständig für nationale Turniere), der Spielleiter (ist für den internationalen Bereich eingesetzt). Für die Förderung des Schulschachs und der Breitenarbeit ist der Referent für Breitenarbeit und Schulschach zuständig.
Anfragen und andere Schreiben nimmt die DSJ über die »DSB-Geschäftsstelle, Düsseldorfer Straße 17/18, 1000 Berlin 15« gerne entgegen.

Der kleine Feldherr

Teil 2

(Anleitung zum Turmdiplom)

6

Das Zentrum und der Wert von Feldern und Figuren

So, wir krempeln die Ärmel hoch und gehen hart an die Arbeit. Das Langweiligste haben wir hinter uns. Schach lernen ähnelt etwas dem Lesen lernen. Buchstaben erkennen und sie niederschreiben ist am Anfang langweilig. Später kannst du aber Bücher lesen. Dann begreifst du erst, warum es so schön ist, daß du Lesen gelernt hast. Mit dem Schachspielen ist es genau so.

Wir haben schon viel über die Figuren geredet und was sie alles können. Nun ist es Zeit zu sagen, daß Schachspieler nicht die Bauern meinen, wenn sie über Figuren reden. Die Figuren – also König, Dame, Turm, Springer und Läufer – werden auch manchmal Offiziere genannt; die Bauern heißen einfach Bauern. Wir wissen nun alles über die Gangart der Figuren und der Bauern, aber . . . noch lange nicht alles über das

Schachbrett

Damit haben wir unser Buch auch begonnen. Daß es 64 Felder gibt und daß die alle einen Buchstaben und eine Ziffer haben, wissen wir nun so gründlich, daß wir zu den DIAGRAMMEN keine Buchstaben und keine Ziffern, nicht mehr Weiß und Schwarz schreiben werden.

Nein, wir haben wohl etwas Besseres zu tun. Schau doch mal DIAGRAMM 51 an. Du siehst, daß wir den Feldern d4, d5, e4, e5 bestimmte Striche gegeben haben. Den Feldern c3, c4, c5, c6, d6, e6, f6, f5, f4, f3, e3 und d3 andere Striche, alles außerhalb bleibt ohne Streifen.

DIAGRAMM 51

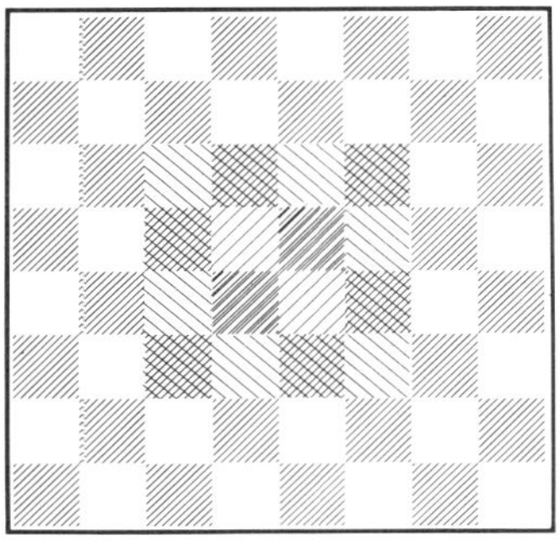

Wir nennen nun die Felder d4, d5, e4 und e5 das **Zentrum**. Die Felder c3, c4, c5, c6, d6, e6, f6, f5, f4, f3, e3 und d3 nennen wir das **erweiterte Zentrum**. Worum es uns geht, ist, daß du weißt, daß nicht allein die Figuren im Wert unterschiedlich sind, **sondern auch die Felder**.

Ein Springer, der auf d5 steht, ist mehr wert als ein Springer auf a1. Der Springer auf d5 kann auf 8 Felder hüpfen, der Springer auf a1 nur auf 2. Wenn du also gut spielen willst, mußt du dafür sorgen, daß deine Figuren auf den besten Feldern stehen oder die besten Felder kontrollieren (bestreichen, dorthin schauen). Dann erst sind die Figuren wirklich aktiv.

Wie die Felder im Wert verschieden sind, so natürlich auch die Figuren. Es gibt hier Zahlen, die den Wert der Figuren bezeichnen. Wir wollen dies mal nennen, aber aufgepaßt! Beim Schach kann sich der Wert der Figuren mit jedem Zug verändern, er hängt von der jeweiligen Stellung ab. Wenn ein Springer matt geben kann, ist dieses Tierchen tausendmal mehr wert als die gegnerische Dame, die nichts dagegen unternehmen kann.

Im allgemeinen kannst du folgende Wertangaben zugrunde legen:

eine Dame	10 Punkte,
ein Turm	5 Punkte,
ein Läufer	3 Punkte,
ein Springer	3 Punkte,
ein Bauer	1 Punkt.

DIAGRAMM 52

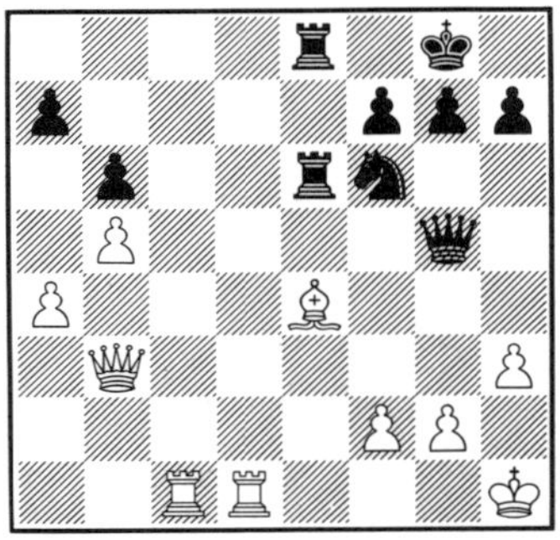

Schau nun mal DIAGRAMM 52 an.
Weiß kann mit seiner Dame den Turm auf e6 schlagen. Das macht er natürlich nicht. Er würde 5 Punkte gewinnen und 10 Punkte los sein, denn Schwarz kann die weiße Dame wieder schlagen. Weiß kann auch mit dem Läufer den Bauern h7 nehmen. Das wird er auch nicht tun, denn Schwarz kann dann mit dem König oder mit dem Springer den Läufer zurücknehmen und hat 3 Punkte gewonnen gegenüber nur einem von Weiß.

Aufgabe 1: DIAGRAMM 52
Was ist ein guter Zug für Weiß? Denk an das Zentrum und denk daran, daß Schwarz den Läufer schlagen will.
Wir verstehen nun, daß **Figuren und Felder einen bestimmten Wert haben**. Das macht das Schachspiel anschaulicher.
Spiel einmal vom DIAGRAMM 2 aus die folgenden Züge nach: 1. e2–e4, a7–a5 2. Sg1–f3, Sb8–a6 3. d2–d4, h7–h6 4. Lf1–c4, Ta8–b8 5. 0–0, Th8–h7 6. Tf1–e1, b7–b6 7. Sb1–c3, g7–g6 8. Lc1–f4, h6–h5 9. Dd 1–d3, Tb8–a8 10. Ta1–d1
Wenn du alles richtig nachgespielt hast, hast du nun DIAGRAMM 53 auf dem Brett.

DIAGRAMM 53

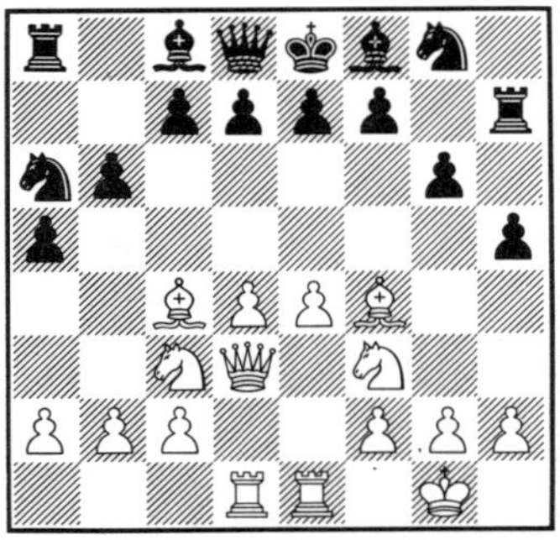

Wir werden nun einiges erklären:

1. Die weiße Dame beherrscht (schaut auf) 2 Zentrumsfelder (d4, e4) und deckt also die zwei Bauern, die dort stehen; die Dame kann auch auf 4 freie Felder (d2, e3, e2, f1) gehen; auch deckt die Dame den Bauern auf c2, die Springer auf c3 und f3, den Läufer auf c4 und den Turm auf d1.
2. Die weißen Türme stehen auf zentralen Linien: Diese gehen eigentlich von d1 nach d8 und von e1 nach e8. Der eine Turm beherrscht 4 freie Felder, der andere Turm drei. Der eine Turm deckt die Dame, der andere einen Zentrumsbauern. Die Türme decken einander (das ist oft sehr wichtig).
3. Die weißen Läufer beherrschen beide je ein Zentrumsfeld und zusammen 18 Felder bzw. Figuren oder Bauern.
4. Die weißen Springer beherrschen 4 Zentrumsfelder, weiterhin 7 andere freie Felder und decken 5 eigene Figuren und Bauern.

5. 2 weiße Bauern stehen im Zentrum und kontrollieren 2 Zentrumsfelder; der Bauer d4 kontrolliert e5 und der Bauer e4 kontrolliert d5. Diese zwei weißen Bauern beherrschenauch noch 2 Felder des erweiterten Zentrums, c5 und f5.
6. Der weiße König steht sicher geborgen.
7. Beinahe alle weißen Figuren decken einander.

Aufgabe 2: DIAGRAMM 53. Wenn du nun einmal aufschreibst – auch von Punkt 1–7 – wie Schwarz hingegen steht, dann wirst du sehen, daß Weiß bedeutend aktiver steht. Er hat gut gespielt; Schwarz hat wohl viele Züge gemacht, aber völlig vergessen, daß

1. soviel Figuren und Bauern wie möglich im Zentrum stehen oder es beherrschen sollen;
2. er seine Figuren aktivieren muß, daß sie also möglichst viele Felder beherrschen.
3. Er kann nicht mehr kurz rochieren, was schade ist.

Wenn dir klar ist, was Weiß richtig und Schwarz falsch gemacht hat, dann hast du viel gelernt.
Jetzt noch eine wichtige **Regel**, an die du dich schnell gewöhnen wirst: Wenn du eine Figur oder einen Bauern **angefaßt** hast, **mußt du damit ziehen**.
Natürlich darfst du sie nicht ziehen, wenn dein König im Schach steht oder ins Schach kommt; dann mußt du einen anderen Zug machen. Was du auch noch lernen mußt: Wenn du einen Bauern oder eine Figur des Gegners angefaßt hast und du sie schlagen kannst, dann mußt du sie schlagen.
Das kann schlimm sein; denn wenn du einen falschen Zug bedacht hast, siehst du manchmal gerade beim Ziehen, daß du so verlierst. Da ist dann nichts zu machen. Also . . . mache es wie ein starker Schachspieler, der immer auf seinen Händen saß. Wenn er dann einen Zug bedacht hatte, schrieb er diesen erst auf, dann schaute er noch einmal gut hin, um erst dann zu ziehen.

Aufgabe 3: DIAGRAMM 54. Weiß setzt in 2 Zügen matt.

DIAGRAMM 54

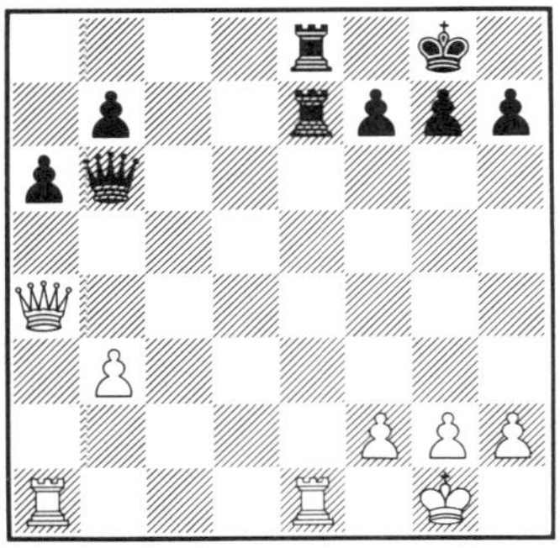

Eine kleine Geschichte

Das Schachspiel ist sehr alt. Man weiß nicht genau wie alt, aber sicher älter als 1000 Jahre. So gibt es viel zu erzählen über die Geschichte des Spiels und über die Schachspieler. In vielen Ländern der Erde gibt es Schachclubs; in der Bundesrepublik Deutschland ungefähr 2000. Diese tragen Wettkämpfe miteinander aus, ebenso wie beim Fußball Bayern München und der Hamburger Sportverein. Es gibt auch schon viele Schulen, die gegen andere spielen. Der Deutsche Schachbund ist in diesem Jahr 100 Jahre alt, er wurde 1877 gegründet. Die Festrede zum 100jährigen Jubiläum des Deutschen Schachbundes hielt der Präsident des Deutschen Sportbundes, Willi Weyer.
Wir werden nun jedesmal eine kleine Geschichte erzählen, das nächste Mal geht es um die Weltmeisterschaft.

Der Dreikäsehoch

7

Remis

Im Teil 1 haben wir erfahren, daß Remis im Schachspiel bedeutet, daß niemand gewonnen hat. Beide Spieler bekommen einen halben Punkt.

Wie kann eine Partie Remis werden?

1. Eine Partie ist Remis, wenn nur die 2 Könige auf dem Brett bleiben (dann kannst du nicht mehr gewinnen, nicht mehr matt gehen).
2. Eine Partie ist Remis, wenn eine Seite nur noch den König hat und die andere König und einen Springer oder einen Läufer, dann kannst du nämlich auch nie matt setzen. Probier das mal aus.
3. Eine Partie ist Remis, wenn es patt ist (das wußtest du ja schon).
4. Eine Partie ist Remis durch »**ewiges Schach**«. Das wollen wir jetzt erklären. Schau mal DIAGRAMM 55 an.
   Weiß hat 2 Türme weniger; das ist sehr viel. Er würde deshalb wohl verlieren, aber . . . er ist am Zug. Er denkt tief nach und findet einen Ausweg. Schau mal, er spielt: **1.Dg 6–e8** +. Schwarz kann die weiße Dame nicht schlagen. Er kann auch nichts dazwischen setzen, um das Schach zu unterbrechen. Deshalb muß er mit dem König weg. Er kann lediglich nach h7 gehen. Also **1. . . . .,Kg8–h7.**

DIAGRAMM 55

DIAGRAMM 56

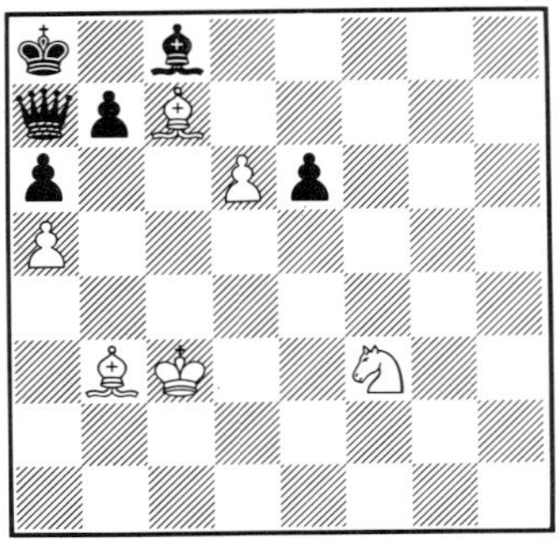

DIAGRAMM 57

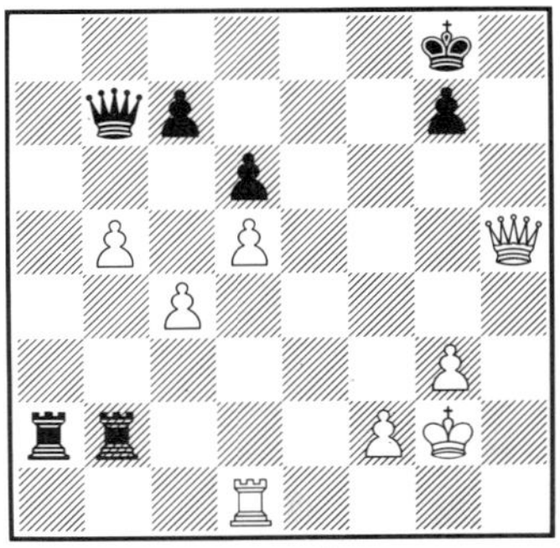

Nun wieder Weiß. Er spielt **2.De8–h5** +, und wiederum hat der schwarze König nur einen Zug, das ist **2. ..., Kh7–g8.** Weiß bleibt aufmerksam und macht wieder **3.Dh5–e8** +. Diese Stellung haben wir schon gehabt. Schwarz muß wieder **3. ...., Kg8–h7** spielen und Weiß kündigt an, daß er weiter Schach gibt. Schachspieler nennen das »Remis durch ewiges Schach«.

5. Eine Partie kann Remis werden durch »**Zugwiederholung**«. Das klingt wieder so vornehm. DIAGRAMM 56 ist ein Beispiel. Schwarz hat eine Dame und einen Läufer; Weiß 2 Läufer und einen Springer. Schwarz steht also nach Punkten besser. Wenn die Partie »normal« weitergespielt wird, kann Schwarz auf die Dauer gewinnen. Aber Weiß ist am Zug: Er spielt **1.Lc7–b6**. Nun droht er, die schwarze Dame zu nehmen. Das wäre ein Abtausch von 10 Punkten gegenüber 3. Das will Schwarz natürlich nicht. Deshalb geht er mit seiner Dame nach b8; woanders kann sie nicht hin. Also **1. ..., Da7–b8**. Schwarz ist punktmäßig weiter im Vorteil, aber Weiß ist am Zug. Er spielt **2.Lb6–c7**. Wieder ist die schwarze Dame angegriffen. Mit traurigem Gesicht kehrt sie wieder zurück: Also **2. ..., Db8–a7**, worauf Weiß frohgemut wieder **3.Lc7–b6** macht. Ihr habt natürlich schon erkannt, daß Weiß nicht anders spielen will und Schwarz nicht anders spielen kann. Dies bedeutet, daß die Züge wiederholt werden und daß **beide 1/2 Punkt** bekommen.
   Aber damit sind wir noch nicht fertig, es gibt noch mehr Remis-Möglichkeiten.
6. Wenn zweimal die gleiche Stellung auf dem Brett entstanden ist, mußt du aufpassen. Dann kann es nämlich Remis werden. Wenn ein Spieler die **gleiche Stellung zum 3. Male** erreichen kann, kann er Remis beanspruchen. Er sagt dies vor Ausführung seines Zuges.
   Schau mal DIAGRAMM 57 an.
   Weiß ist am Zug. Er hat einen Turm weniger und denkt: Ich kann Remis durch ewiges Schach erreichen. Erkennst du diese Art Stellung von DIAGRAMM 55 wieder? Weiß beginnt also mit **1.Dh5–e8** +, **Kg8–h7. 2.De8–h5** +, **Kh7–g8 3.Dh5–e8**+, **Kg8–h7 4.De8–h5**+ und nun beansprucht Schwarz Remis, denn »ich spiele nun **4. ..., Kh7–g8**«. Nochmals, er führt diesen Zug nicht aus.
   Warum wollte Schwarz Remis? Er hatte Angst, daß Weiß den Gewinnweg entdeckt. Siehst du das auch?
   Dieses Beispiel ist nicht schwer. »Remis durch Zugwiederholung« kommt in wirklichen Partien nicht oft vor. Die Stellung ist dann meist viel komplizierter. Halte fest, daß eine Zugwiederholung nicht durch die gleichen Züge hintereinander geschehen muß. Es geht darum, daß dreimal dieselbe Stellung mit dem gleichen Spieler am Zug entsteht.
7. Es kann auch Remis werden, wenn einer der beiden Spieler Remis anbietet und der Gegner es annimmt. Das geschieht, wenn keine der beiden Seiten gewinnen zu können glaubt.

DIAGRAMM 58

DIAGRAMM 59

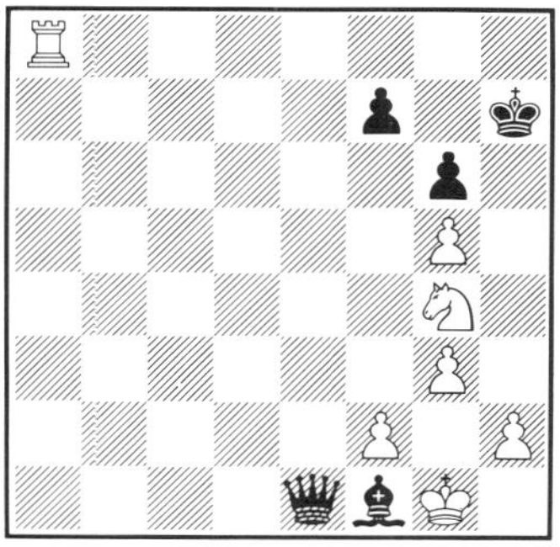

Natürlich kann der Gegner das Remisangebot auch ablehnen; das macht er, wenn er noch eine Gewinnchance sieht.

Tja, wir können es auch nicht ändern, daß dieses Kapitel so langweilig begonnen hat. Aber über das Remis mußt du nun einmal alles wissen.

Aber jetzt eine schöne Kurzpartie, in der Weiß sehr schlecht spielt:

1.g2–g4, e7–e5 2.f2–f3 ???...

Oh, wie schlecht spielt Weiß. Er hat schon 2 Züge gemacht, aber keine Figur beherrscht das Zentrum. Und ... paß auf: Er hat die Bauern vorgeschoben, hinter denen sich der König so fein verstecken kann (die kurze Rochade, weißt du noch?). So sollst du nicht spielen.

Und jetzt gewinnt Schwarz in einem Zug: **2. ..., Dd8–h4 matt.**

Dies ist die kürzeste Schachpartie, die je gespielt wurde. Das Matt hat sogar einen Namen: Schachspieler sprechen vom »Narrenmatt«.

Aber jetzt haben wir viel erzählt; darum erst einmal einige Aufgaben, denn beim Lesen vergißt du sonst noch das Spielen.

Aufgabe 1: DIAGRAMM 58.

Frage 1: Wie gewinnt Schwarz, wenn er am Zug ist?

Frage 2: Wie gewinnt Weiß, wenn er am Zug ist?

Aufgabe 2: DIAGRAMM 59.

Frage 1: Wie gewinnt Schwarz, wenn er am Zug ist?

Frage 2: Wie gewinnt Weiß, wenn er am Zug ist?

Aufgabe 3: Stellung – Weiß: Kg1, Dd4, La1, La4, Ba2, b3, e3, f2, g2, h3; Schwarz: Kg8, Da5, Tb7, Sh5, Ba7, b6, d6, g5, h6. Weiß zieht und setzt in 2 Zügen matt.

Der Mitverfasser dieses Buches, Helmut Pfleger, hat »nicht aufgepaßt« und erleidet nach nur 2 Zügen durch seine Tochter Anda das »Narrenmatt«.

DIAGRAMM 60

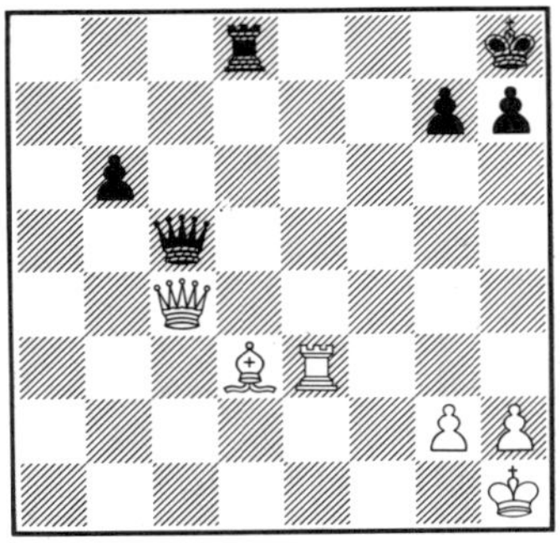

Aufgabe 4: Stellung – Weiß: Kg1, Th3, Se5, Bf4, g2, h2; Schwarz: Kg8, Dd8, Bg7. Wie kann Weiß die schwarze Dame im Tausch für seinen Turm gewinnen? Dies ist eine harte Nuß!

Aufgabe 5: DIAGRAMM 60.
Wer steht besser? Schwarz ist am Zug.

Aufgabe 6: Stellung – Weiß: Kh1, De4, Te1, Te3, Bg2, h2; Schwarz: Kg8, Da6, Tb2, Td8, Ld7, Bf7, g7, h7. Wie kann Weiß gewinnen?

Aufgabe 7: Stellung – Weiß: Kg1, Th1, Lh4, Bf3, g2; Schwarz: Kh7, Tc2, Sd3, Bf7, g6. Wie kann Weiß gewinnen?

Aufgabe 8: Stellung – Weiß: Ke3, Sd8, Bg6, h6; Schwarz: Kg8, Lf8, Sh4, Bf6, g7. Wie gewinnt Weiß?

Aufgabe 9: Stellung – Weiß: Kc3, Df3, Sb3; Schwarz: Kg7, Tb8, Se6, Bf7, g6. Was würdest du mit Schwarz spielen?

DIAGRAMM 61

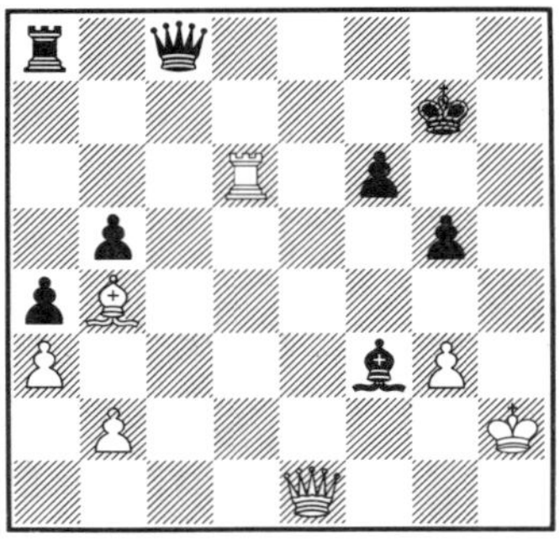

Aufgabe 10: DIAGRAMM 61.
Noch etwas ganz Schwieriges, um dir auf den Zahn zu fühlen. Schwarz setzt in 2 Zügen matt. Laß dich aber nicht verdrießen, wenn du diese Aufgabe noch nicht lösen kannst.

Weltmeisterschaft

In der Schachwelt gibt es viele Turniere, auch die Weltmeisterschaft. Es gibt eine:

1. Weltmeisterschaft der Männer
2. Weltmeisterschaft der Frauen
3. Jugendweltmeisterschaft

Weiterhin wird alle 2 Jahre eine Schacholympiade abgehalten, bei der aus vielen Ländern jeweils 4 Spieler ihr Land vertreten. Der Gewinner ist dann der Mannschaftsweltmeister. Natürlich stehen auch hier die Damen nicht nach. Das gleiche gibt es aber auch für Junioren bis 25 Jahre. All diese Wettkämpfe werden vom Weltschachbund **FIDE** (Fédération Internationale Des Echecs) organisiert. Der jetzige Präsident dieses Weltschachbundes ist Prof. Dr. Max Euwe (Holland) der von 1935 – 1937 Weltmeister war.

8

Miniatur und Schäfermatt

Wir beginnen mal wieder mit einem schönen Wort: »Miniatur«. Wenn du ins Wörterbuch schaust, wirst du wahrscheinlich finden, daß dies ein kleines Gemälde ist; in der Schachwelt bedeutet indes »Miniatur« eine kurze Partie, die spannend verläuft. Es ist schade, daß dabei jemand verliert, aber das geschieht nun einmal häufig im Sport.

Jetzt eine sehr kurze Partie, die – ebenso wie das Narrenmatt – einen schönen Namen trägt: **»Schäfermatt«**. Die Partie verläuft wie folgt: **1.e2–e4, e7–e5 2.Lf1–c4, Lf8–c5 3.Dd1–h5, Sg8–f6 4.Dh5xf7** matt. Traurig für den Schwarzen! Was können wir daraus lernen?

1. Schwarz muß viel besser achtgeben. Wer läßt sich jetzt noch so matt setzen?
2. Es ist also klar, daß Schwarz nicht 3. ..., Sf6 hätte spielen sollen. Aber was statt dessen?
   Dies ist **Aufgabe 1** dieses Kapitels.
3. Eigentlich hat Weiß Unrecht mit seinem dritten Zug – wenn du eine gute Antwort auf Aufgabe 1 gefunden hast –; denn es ist überhaupt nicht sinnvoll, die (weiße) Dame so früh ins Spiel zu bringen.
   Aufgabe 2: Wenn du nur die weißen Figuren ziehst und du darfst 8 Züge mit verschiedenen Figuren oder Bauern hintereinander machen, was würdest du spielen? Nein, natürlich nicht Schwarz matt setzen, das ist keine Kunst, denn er kann ja nicht erwidern. Versuche einfach, die Figuren und Bauern aktiv zu stellen.

Die 50 – Züge – Regel

Im vorigen Kapitel haben wir viele Remis-Möglichkeiten genannt. Es gibt noch eine, die so selten vorkommt, daß selbst Vereinsspieler sie manchmal nicht kennen. Wenn in einer Partie 50 Züge lang kein Bauer gezogen hat und keine Figur geschlagen wurde, ist eine Schachpartie auch Remis. Das nur, damit du's auch weißt. Du mußt schon sehr eigenartige Endspiele bekommen, bevor diese Regel in Kraft tritt.

Da wir nun schon einmal das Wort **Endspiel** gebraucht haben, erstmal einiges, was wir im Teil 3 unseres Buches noch weiter ausführen. Eine Schachpartie beginnst du mit der **Eröffnung.** Das sind die Züge, mit denen du deine Bauern aufmarschieren

läßt, die Läufer hinausbringst, die Springer aus dem Stall holst, rochierst und die Türme aktivierst. Dazu brauchst du etwa 8 Züge; das hatten wir auch bei Aufgabe 2 im Auge.
Nach der Eröffnung kommt das **Mittelspiel.** Dies entsteht, wenn die meisten Figuren aktiv geworden sind, Weiß und Schwarz um Felder und Figuren kämpfen und einander an den Kragen wollen. Das Spiel wird dann wirklich schwierig. Dann mußt du höllisch aufpassen, sonst bist du etwas los oder wirst matt gesetzt. Wenn beide Seiten im Mittelspiel gut spielen, wird natürlich auch viel abgetauscht – z. B. Dame gegen Dame, Turm gegen Turm, vielleicht noch ein Läufer und sagen wir 4 Bauern. Dann ist das Brett schon hübsch leer. Das nennen wir dann **Endspiel** (unsere Aufgaben bis jetzt waren so ziemlich alle Endspielstellungen).
Du wirst verstehen, daß starke Spieler, die sich nicht so schnell etwas wegnehmen lassen und die gut aufpassen und so nicht mattgesetzt werden, oft ins Endspiel gelangen. Darum haben wir auch begonnen, davon etwas zu lernen, denn du wirst ja sicherlich dein Bestes tun, um gut zu spielen.

Die Gabel

DIAGRAMM 62

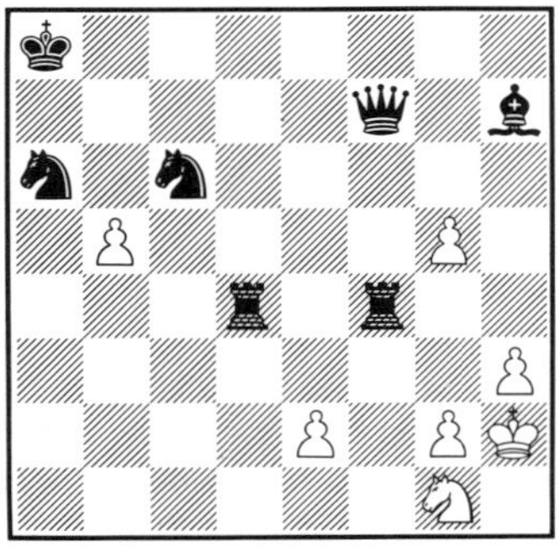

Ein seltsames Wort »Gabel«, aber denke an ein Werkzeug, das etwa so ausschaut wie ein:

Y

Schau mal DIAGRAMM 62 an.
Dies ist natürlich eine etwas verrückte Stellung, denn Schwarz hat viel mehr Figuren als Weiß; aber wir dachten, daß du hier schön sehen kannst, was eine »Gabel« ist. Schau mal zum Bauern b5. Der schaut nach links und rechts schräg nach vorne, also zu den zwei schwarzen Springern a6 und c6: Er greift sie beide gleichzeitig an.
Bei einer »Gabel« greift ein Bauer zwei gegnerische Figuren zugleich an.

DIAGRAMM 63

DIAGRAMM 64

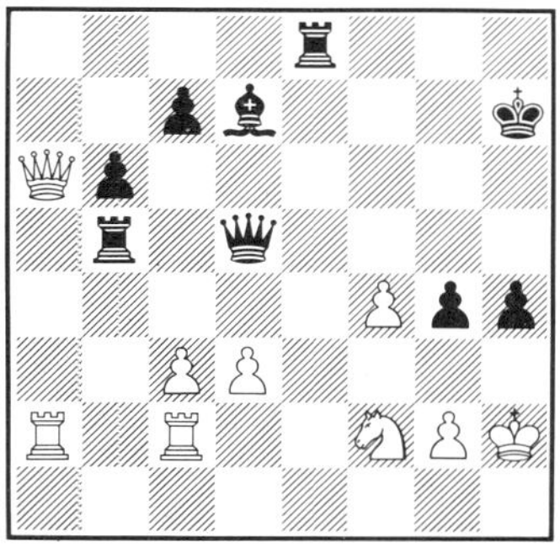

Wenn du eine **Gabel** geben kannst, ist das eine feine Sache. Eine Gabel gibst du mit einem Bauern. Die Gegenpartei kann nur eine Figur retten (er kann nur einen Zug auf einmal machen) und du kannst danach die andere Figur schlagen. Wenn Schwarz z.B. **1.Sa6–b4** spielen würde, dann nimmst du natürlich den anderen Springer **2.b5xc6**

Aber in dieser Stellung mit Weiß am Zug geht es noch besser. Weiß kann **1.e2–e3** spielen. Nun greift er sogar 2 Türme zu gleicher Zeit an. Ein Turm hat einen Wert von 5 Punkten (wie ihr wißt, ein Springer 3 Punkte). Die Gabel 1.e3 wird Weiß also gern geben.

Aufgabe 3: Ist es sinnvoll, eine Gabel mit 1.g6 zu geben?

Aufgabe 4: DIAGRAMM 63

Weiß spielte 1.e6; was haltet ihr von diesem Zug?

Aufgabe 5: Stellung – Weiß: Kf1, Dg2, Ta2, Ta3, Lb1, Se2, Bb5, f2, g3; Schwarz: Kb8, Df7, Te5, Tg5, Sa7, Sc7, Ba5, g7, h6. Weiß ist am Zug.

Frage 1: Welche Gabeln kann er geben?

Frage 2: Was ist das beste? Warum?

Aufgabe 6: Stellung – Weiß: Kh4, Df4, Bb5, c4; Schwarz: Kg8, De6, Bg7, h6. Was würdest du mit Schwarz am Zug spielen?

Aufgabe 7: Stellung – Weiß: Kg1, De8, Sd6, Bb3, c2, f2, g2, h5 Schwarz: Kh7, Tb5, Td5, Sa7, Bg7, h6. Schwarz ist am Zug und spielt 1. ..., g7–g5. Wie erwiderst du mit Weiß?

Aufgabe 8: DIAGRAMM 64.

Dies ist eine sehr schwierige Aufgabe. Weiß ist am Zug und spielt 1.c3–c4.

Frage: Ist das gut oder schlecht? Wie würdest du mit Schwarz erwidern?

So, nun legen wir die Gabel mal zur Seite, da wissen wir vorläufig genug davon.

Nun erzählen wir erst mal etwas über die stärksten Schachspieler Deutschlands.

Deutsche Meisterspieler

Deutschland war immer eine der führenden Schachnationen der Welt. **Der erste offizielle Weltmeister, Wilhelm Steinitz**, und auch sein Nachfolger, **Dr. Emanuel Lasker,** waren Deutsche. Deutschlands Mannschaft (Eliskases, Engels, Michel, Reinhardt und Becker) gewann 1939 die Schacholympiade in Buenos Aires und schnitt immer gut bei diesen großen Veranstaltungen ab.

Namen wie Adolf Anderssen (der Gewinner des ersten internationalen Schachturniers in London 1851), Dr. Siegbert Tarrasch (»praeceptor Germaniae« – einer der berühmtesten Schachpädagogen der Welt), Fritz Sämisch oder Kurt Richter werden in der Schachgeschichte ewig bleiben.

Nach dem Zweiten Weltkrieg war **Wolfgang Unzicker** (München) jahrzehntelang Vorkämpfer Deutschlands, bis ihn um

1972 **Dr. R. Hübner** ablöste. Dr. Hübner gehört heute zu den **weltbesten** Spielern: 1976 verpaßte er nur knapp die Qualifikation zum Kandidatenturnier um die Weltmeisterschaft.
Weitere starke Spieler sind **Lothar Schmid** (Mitinhaber des Karl-May-Verlags – ihn reizen also nicht nur die Abenteuer auf dem Schachbrett), **Klaus Darga** (Computer-Forschungs-Experte bei der Firma IBM), **Hans-Joachim Hecht** (Verwaltungsbeamter der Stadt Solingen), **Ludek Pachman** (aus der ČSSR eingewandert) und der Mitverfasser dieses Buches, der Facharzt für Innere Medizin ist.
Alle genannten Spieler besitzen den Titel **»Internationaler Großmeister«** (davon mehr im nächsten Kapitel).
Bis auf den »Profi« Ludek Pachman sind die anderen alle **Amateure** reinsten Wassers; umso stolzer sind sie, daß sie bei den weltbesten Nationen (sämtlich Berufsspieler) gut mithalten und so die **Tradition der hohen Schachkunst in Deutschland** aufrechterhalten können.
Also, lege dich ins Zeug und studiere dieses Buch weiterhin fleißig – dann wird aus dem Kleinmeister (das bist du ja wohl noch) vielleicht einmal ein Großmeister.

Die deutsche Mannschaft bei der Schacholympiade in Lugano 1968. Von links: Robert Hübner, Klaus Darga, Helmut Pfleger, Kapitän Willy Fohl, Hans-Joachim Hecht, Lothar Schmid. Nur Wolfgang Unzicker fehlt auf dem Bild. Heute, nach 9 Jahren, ist das immer noch die stärkste deutsche Mannschaft. Nur das »Nesthäkchen«, Robert Hübner, damals noch Ersatzmann, ist inzwischen Deutschlands bester Spieler. Aber trotzdem, du siehst, wir brauchen dringend Nachwuchs.

DIAGRAMM 65

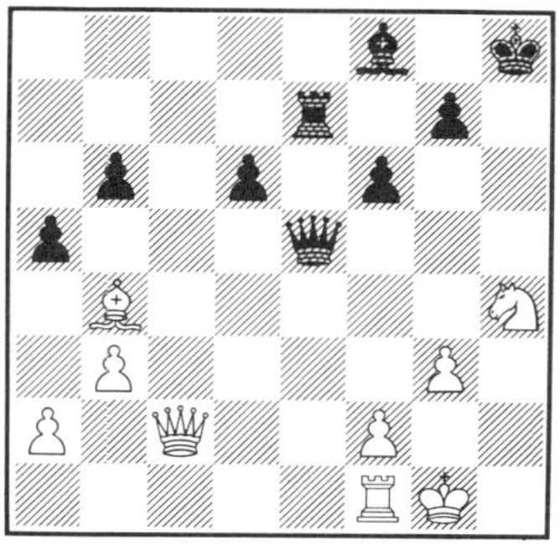

9

Das Familienschach

Ja, das ist ein etwas spöttisches Wort: »Familienschach«. Es bedeutet, daß ein Springer Schach gibt und gleichzeitig mehrere andere Figuren angreift. Wir haben davon, ohne es zu wissen, bereits mehrere Beispiele gesehen. Um deiner Erinnerung nachzuhelfen, betrachten wir DIAGRAMM 65. Schwarz ist am Zug.

Er spielt **1. ..., a5xb4**??? Die drei Fragezeichen sind etwas übertrieben, aber Schwarz paßt nun wirklich nicht auf. Und so allmählich wissen wir ja, daß Schachspielen dem Überqueren einer belebten Kreuzung zur Hauptgeschäftszeit ähnelt. Du mußt deine Augen vorn und hinten haben.

Weiß zögert nicht lange: Er spielt voller Vergnügen **2. Sh4–g6+**, und nun schaut Schwarz betrübt in die Welt. Alle schwarzen Figuren sind angegriffen. Er muß den König wegziehen, weil er das Schachgebot auf keine andere Art aufheben kann. Das Beste ist noch **2. ..., Kh8–g8** und nun kann Weiß

Familienschach

DIAGRAMM 66

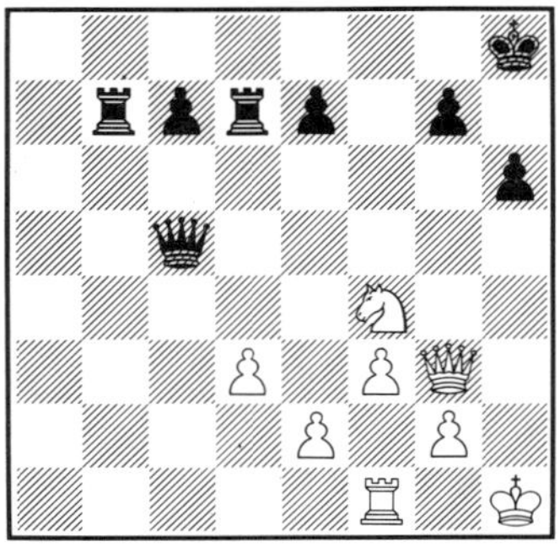

wählen zwischen dem Nehmen des Läufers, des Turms oder der Dame. Er nimmt natürlich die Dame – die ist fette 10 Punkte wert –, und du darfst mir glauben, daß er bei solch einem Vorsprung die Partie nun auch gewinnt. Sehr starke Spieler gewinnen sogar, wenn sie nur einen Punkt voraus sind. Ihr solltet auf jeden Fall schon so gut spielen, daß ihr bei 3 Punkten Vorsprung gewinnt.

Aufgabe 1: DIAGRAMM 66.
Weiß zieht und gewinnt Material zurück. Für diese harte Nuß dürft ihr eine Viertelstunde brauchen.
Aufgabe 2: DIAGRAMM 67.
Weiß zieht und erobert Material; auch hier mußt du die Stirn gehörig in Falten ziehen, vielleicht versuchst du's mit einem Freund.
Aufgabe 3: Stellung – Weiß: Kg1, Ta1, Lf3, Sd3, Bc3, f2, g3; Schwarz: Kb7, Dg6, Bb6, c6, c7, e6, f5. Weiß zieht und gewinnt Material.
Aufgabe 4: Stellung – Weiß: Kg1, Ta1, Sb7; Schwarz: Kb4, De4, Bc6. Weiß zieht und gewinnt Material.
Fällt dir auf, daß die Figuren der siegreichen Seite stets sehr aktiv stehen?
Aufgabe 5: Stellung – Weiß: Kh2, Lg3, Se7, Bd6, g2, h3; Schwarz: Kf6, Dh8. Weiß zieht und gewinnt Material.
Aufgabe 6: Stellung – Weiß: Kb1, Lf4, Sg3, Ba2, b2; Schwarz: Ke7, Dc5. Weiß zieht und gewinnt Material.
Aufgabe 7: Stellung – Weiß: Kh2, Lh4, Sg3, Bg2, h3; Schwarz: Kc3, De5. Weiß zieht und gewinnt Material.

DIAGRAMM 67

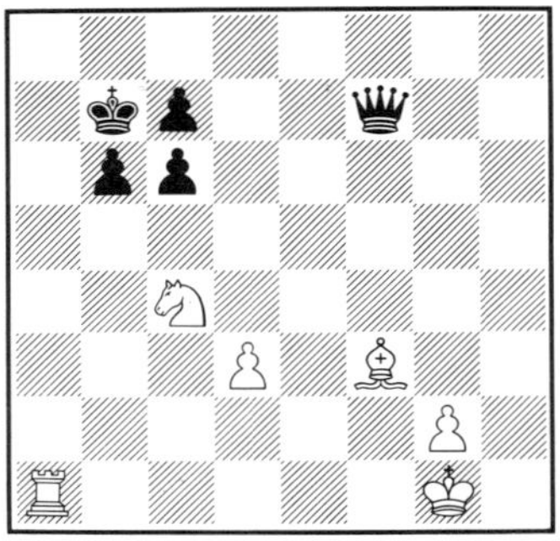

Das Abzugsschach

Dies ist eine Art Schach, die wir bereits einige Male gesehen haben, ohne zu wissen, daß es dafür solch einen schönen Namen gibt.
Betrachte DIAGRAMM 68.

Du gibst ein Abzugsschach, wenn du eine Figur so wegspielst, daß eine andere deiner Figuren den gegnerischen König plötzlich bedroht, das heißt, ihm Schach gibt.

Die Figur, die du ziehst, gibt also kein Schach. Wenn dein Gegner mit einem Abzugsschach droht, mußt du stets gut aufpassen.
Es ist oft sehr gefährlich und heimtückisch; du kannst dadurch verlieren.
Aufgabe 8: DIAGRAMM 68.
Auf welche Arten kann Schwarz Abzugsschach geben? Die Antworten bitte in der kleinen Notation.

DIAGRAMM 68

DIAGRAMM 69

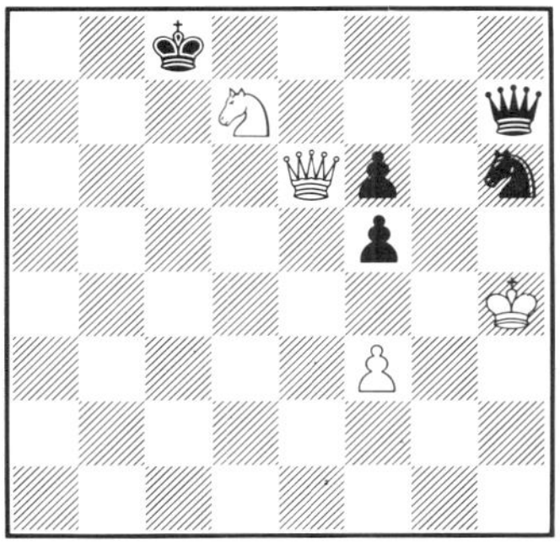

Aufgabe 9: DIAGRAMM 69.
Frage 1: Weiß zieht und gewinnt schnell Material.
Frage 2: Schwarz zieht und setzt in 2 Zügen matt.

Aufgabe 10: Stellung – Weiß: Kh1, Th3, Lh5, Bd4, e3, g2, h2; Schwarz: Kh8, Td6, Sa6, Ba5, b6, f7, g7. Weiß zieht und gewinnt Material.

Aufgabe 11: DIAGRAMM 70.
Weiß zieht und gewinnt in 3 Zügen einen Turm; dafür dürft ihr ruhig 20 Minuten nachdenken.

DIAGRAMM 70

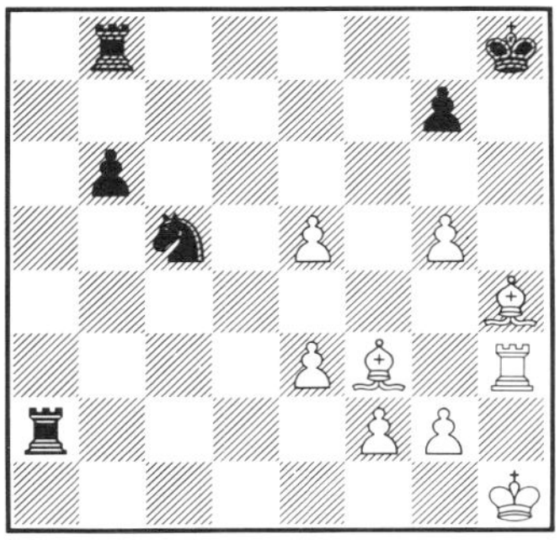

Besser überlegen, dann brauchst du dir nicht die Haare raufen.

DIAGRAMM 71

DIAGRAMM 72

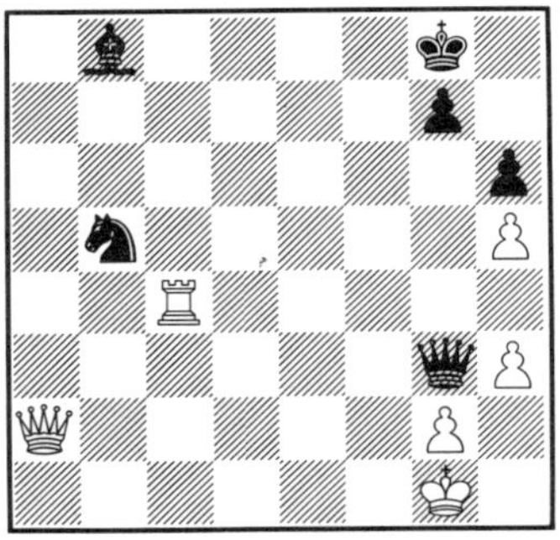

DIAGRAMM 73

Doppelschach

Das ist etwas, was wir auch schon mehrmals in den vorigen Kapiteln gesehen haben.
DIAGRAMM 71.
Ein **Doppelschach** entsteht, wenn sowohl durch die gezogene Figur als auch durch eine andere Schach gegeben wird. Schwarz spielt **1. ..., e5.** Nun kann Weiß en passant schlagen, also **2.d5xe6++.** Die 2 Kreuze besagen, daß sowohl der Turm auf d3 als auch der Bauer auf e6 Schach geben. Indes kann Weiß auch Doppelschach geben mit **2.Tb7 ++.** Dann geben sowohl der Turm als auch die Dame Schach. Und zum guten Schluß kann Weiß auch ein Doppelschach geben, indem er mit seinem Springer den Bauern auf **e5** schlägt oder ihn nach **f6** zieht. Dann bedrohen der Springer und der Läufer gleichzeitig den schwarzen König.
Wenn ein Doppelschach droht, dann hüte dich beizeiten. Beinahe immer ist dir anzuraten, mit dem König rechtzeitig auszuweichen, bevor das Doppelschach gegeben werden kann.
Aufgabe 12: DIAGRAMM 72
Weiß zieht und setzt in 2 Zügen matt.
Aufgabe 13: Stellung – Weiß: Kg1, Lg4, Sd7, Ba3, g2, h2; Schwarz: Kc8, Dc4, Ba7, f6, g7, h6. Weiß zieht und gewinnt in 2 Zügen die schwarze Dame.
Aufgabe 14: Stellung – Weiß: Kg1, Lg3, Se5, Ba3, g2, h3; Schwarz: Kb8, La6, Se7, Ba7, f6, g7, h7. Weiß gewinnt in 2 Zügen den schwarzen Springer.
Aufgabe 15: Stellung – Weiß: Kg1, Dh2, Lh4, Bd2, f2, g2; Schwarz: Kh8, Db2, Sf7, Ba4, b5, g6. Weiß gewinnt in 2 Zügen die schwarze Dame.
Aufgabe 16: DIAGRAMM 73.
Weiß steht im Schach. Was würdest du spielen?

Harter Kampf zwischen »Schachklub-Küken«. Verraten sei dir noch, daß sich bei diesem Duell der Vertreter des männlichen Geschlechts weder vom »Schick noch Charme noch Melone« der jungen Dame betören ließ. *(Foto Herrmann, Bamberg)*

DIAGRAMM 74

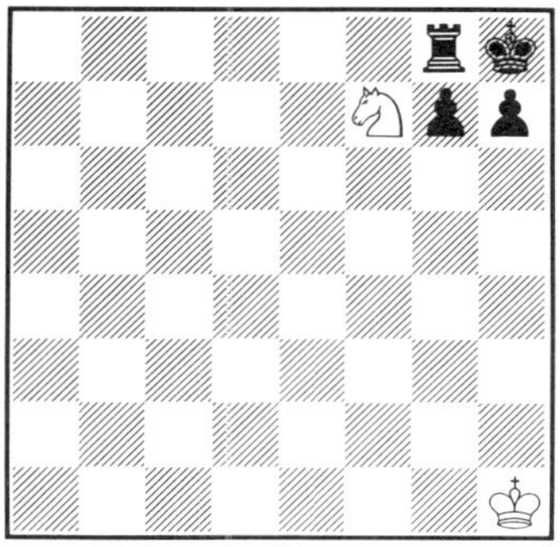

Ersticktes Matt

DIAGRAMM 74. Das schaut wunderlich aus. Schwarz ist matt gesetzt. Solch eine Stellung nennen wir »Ersticktes Matt«. Ein seltsames Wort, aber wenn du weiterliest, verstehst du es besser. Von einem erstickten Matt sprechen wir, wenn der feindliche König

1. durch einen Springer matt gesetzt wird,
2. keinen Ausweg hat, weil seine eigenen Figuren ihn eingeschlossen haben.

Im DIAGRAMM 75 siehst du so etwas geschehen. Weiß ist am Zug. Er zieht **1.Sh6++**, aha, Doppelschach! Wir wissen, daß dann der König zur Seite muß. Also **1...., Kh8.** Und nun kommt ein Donnerschlag: **2.Dg8** + ... Du traust deinen Augen nicht. Weiß verschenkt seine Dame. Die schwarzen Augen glühen schon. Er will die Dame mit dem König schlagen, aber... das geht nicht. Dann stände er im Schach (schau mal den Springer auf h6 an). Na ja, denkt Schwarz, dann eben mit dem Turm, also **2...., Tf8 x g8.** Aber nun ist Weiß an der Reihe zu lachen: **3.Sf7 matt!**

DIAGRAMM 75

Aufgabe 17: DIAGRAMM 76.

Dies ist das letzte Rätsel in diesem Kapitel. Wirklich schwierig. Schau mal genau hin, du mußt in 5 Zügen (!!) ein ersticktes Matt geben. 5, das ist schon was. Aber wenn der Groschen gefallen ist, ist es gar nicht mehr so schwer. Aber natürlich mußt du auch Schwarz die besten Züge machen lassen, der will auch immer noch gewinnen.

Das waren allerlei neue Sachen in diesem Kapitel. Wenn du Zeit dafür hast, solltest du mal versuchen, **selbst Aufgaben zu entwerfen.** Tu das vielleicht mit deinen Freunden oder Freundinnen; mal schauen, ob ein anderer sie lösen kann.

Titel

In der Schachwelt kannst du einen Titel bekommen. Ein Titel bedeutet, daß du von einer Sache viel verstehst. Es gibt z.B. Ärzte, die viel vom menschlichen Körper wissen, oder Französischlehrerinnen, die prächtig Französisch reden, oder Ingenieure, die viel von Brücken, Häusern und Wegen verstehen. So kannst du also viele Dinge gut lernen. Wenn du eifrig hinterher bist – und das dauert oft bis zu deinem 25. Lebensjahr – kannst du etwas gut beherrschen.

DIAGRAMM 76

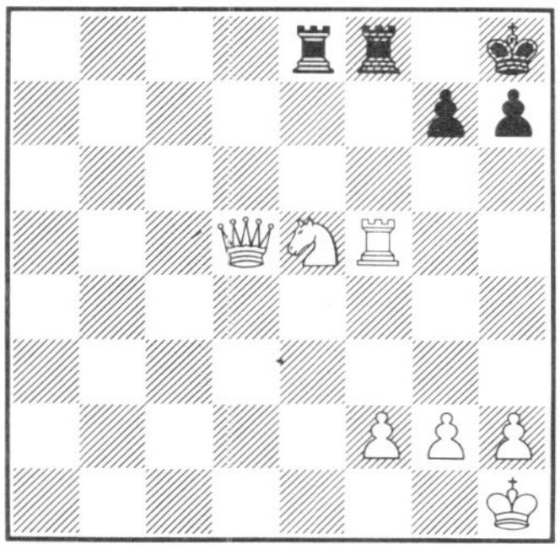

Beim Schachspiel kannst du Meister werden. Dieser Titel wird durch den Weltschachbund verliehen. Wenn du dich in vielen Turnieren ausgezeichnet hast, gibt dir der Weltschachbund den Titel **»Internationaler Meister«.** Aber es geht noch höher! Du kannst **»Internationaler Großmeister«** werden. In der Bundesrepublik Deutschland haben wir 7 Großmeister: (siehe das vorige Kapitel). Bei den Damen ist es ganz ähnlich.

Wie fein auch Damen auf dem Schachbrett Fäden spinnen können, zeigt folgende Geschichte:
Harun al Raschid, wohlachtbarer Kalif zu Bagdad, hörte einst von einer Sklavin, die eine ungemein gute Partie Schach spielen sollte. Harun überlegte nicht lange, sondern kaufte diese Sklavin. Kaum hatte sie sein Haus betreten, da fragte er schon, was sie wünsche – Weiß oder Schwarz. Es ist nicht überliefert, welcher Farbe sie den Vorzug gab. Wohl wissen wir, daß sie den Kalifen dreimal triumphierend vom Brett fegte. Harun, voller Bewunderung, ließ ein paar Erfrischungen auftischen und fragte, wie er die außergewöhnliche Frau belohnen dürfe. Die Sklavin fiel sogleich auf die Knie und bat um Vergebung für ihren Freund, der im Gefängnis schmachtete. Harun konnte unmöglich Nein sagen.

Das Ende des Liedes

DIAGRAMM 77

DIAGRAMM 78

DIAGRAMM 79

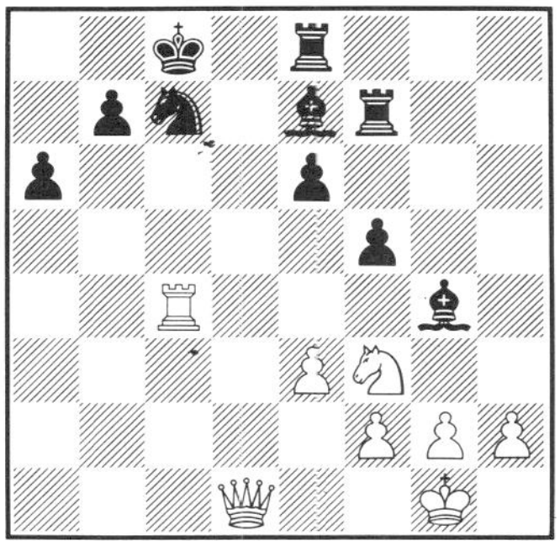

10

Notation

Wir wollen noch etwas von der Notation erzählen. Schau mal DIAGRAMM 77 an. Wie du siehst, können die weißen Springer beide nach a5 und c5 hüpfen. Beim Aufschreiben müssen wir natürlich deutlich machen, welcher Springer gezogen hat. Darum schreiben wir in der **kurzen Notation: S3a5,** d.h. **Sb3–a5;** oder **S7c5,** d. h. **Sb7–c5.** Mit den Türmen ist es ähnlich. Wir wollen z. B. mit einem Turm auf g7 Schach geben. Dann schreiben wir beim einen Turm **T1g7**+, beim anderen **T8g7** +. Du verstehst natürlich, daß dieses Verdeutlichen der Notation nur bei der kurzen Notation vorkommt. Bei der langen Notation nennen wir ja das Ursprungsfeld und danach das Feld, auf das die Figur zieht.

Im DIAGRAMM 78 sind auch einige Klippen verborgen. Wiederum geht es um die kurze Notation. Wenn du einen Turm nach d5 spielen willst, schreibst du entweder Tdd5 oder Thd5 auf.

Aufgabe 1: Notiere in kurzer Notation, wie du mit den Türmen nach h1 gehst.

Bleiben wir noch bei DIAGRAMM 78 und schauen die 2 Springer an. Beide können die schwarze Dame schlagen. Wir notieren: **Sfe6: oder Sge6:**

Die Fesselung

Im DIAGRAMM 79 siehst du 2 Beispiele einer **Fesselung.** Der schwarze Springer auf c7 ist durch den weißen Turm angegriffen, wobei der König hinter ihm steht. Der Springer kann nicht wegziehen, weil dann der König im Schach stände. **Wenn eine Figur nicht wegziehen kann, ist sie »gefesselt«.**

Wenn du das DIAGRAMM weiter betrachtest, so siehst du, daß auch der weiße Springer durch den schwarzen Läufer g4 angegriffen wird. Der Springer darf zwar wegziehen, aber natürlich wird er das nie tun, denn dann könnte Schwarz mit dem Läufer g4 die weiße Dame auf d1 schlagen. Auch hier sprechen wir von der Fesselung des Springers, weil es sehr dumm wäre, ihn wegzuziehen.

Eine Fesselung bedeutet, daß du mit einer Figur nicht ziehen kannst, entweder weil Schach folgt oder weil du Material (Punkte) verlierst.

Eine Fesselung ist sehr unangenehm. Viele Partien werden verloren, weil ein Spieler in eine Fesselung geraten ist und ihr nicht mehr entrinnen kann.

DIAGRAMM 80

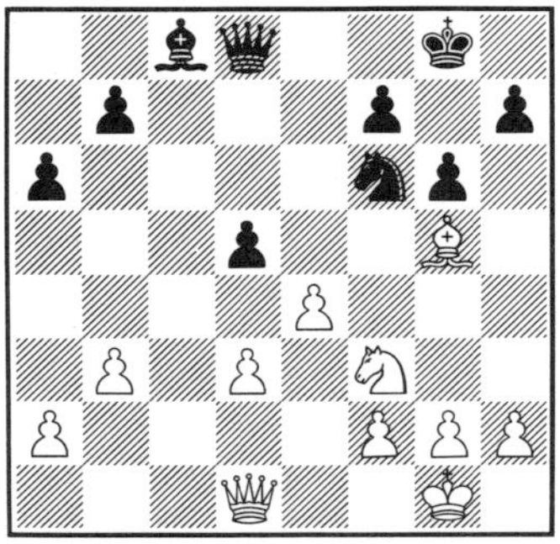

DIAGRAMM 81

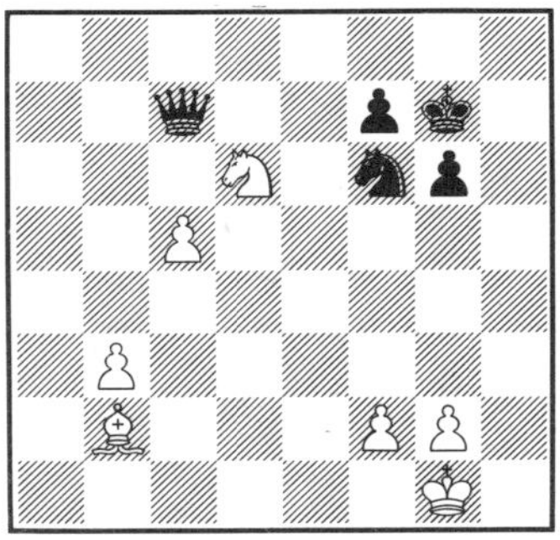

DIAGRAMM 82

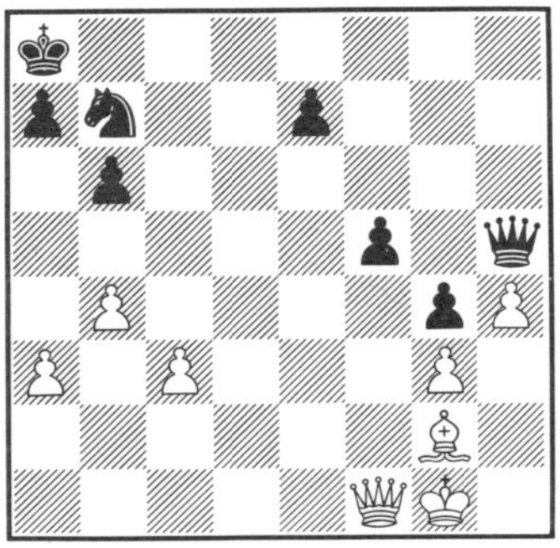

Aufgabe 2: DIAGRAMM 80.
Du siehst, daß der schwarze Springer gefesselt ist.
Frage 1: Weiß ist am Zug. Wie spielst du?
Frage 2: Schwarz ist am Zug. Wäre 1. ..., Dd6 eine gute Möglichkeit, der Fesselung zu entkommen?

Aufgabe 3: DIAGRAMM 81.
Weiß ist am Zug. Steht Weiß besser oder schlechter als Schwarz? Wenn du zählst, hat Schwarz viel mehr Material, aber ... wir haben es schon häufig gesagt, es geht vor allem um eine aktive Figurenstellung.

Aufgabe 4: Stellung – Weiß: Kg1, Lb2, Sg2, Bb3, c5, f2; Schwarz: Kf8, Th5, Lc6, Be5, f6. Schwarz ist am Zug und gewinnt in 2 Zügen eine Figur.

Aufgabe 5: Stellung – Weiß: Kd2, Tg1, Sc3, Bb3, d3; Schwarz: Kf7, Lb4, Sf6, Bb7, e6, f5. Schwarz ist am Zug. Kann er etwas gewinnen?

Aufgabe 6: Stellung – Weiß: Ke2, Lb3, Sf3, Bd3, e4, f2, f4, h4; Schwarz: Kf8, Lg4, Se6, Sg6, Bb7, g7, h7. Weiß ist am Zug. Er hat eine Figur weniger, aber er spielt 1.f5. Nun hat er eine Gabel gegeben. Denkt ihr, daß er einen Springer gewinnen kann? Gut aufpassen!

Aufgabe 7: DIAGRAMM 82.
Weiß setzt in 2 Zügen matt.

Aufgabe 8: Stellung – Weiß: Kg1, Td1, Le5, Sf2, Bd4, e4, f3; Schwarz: Kh8, Dd8, Sf6, Bf7, g6. Wie kann Weiß den schwarzen Springer in 2 Zügen erobern?

Aufgabe 9: Stellung – Weiß: Kg1, Td3, Tf1, Lf2, Be2, f3; Schwarz: Kg8, Db8, Sd6, Bc5. Was spielst du mit Weiß?

DIAGRAMM 83

Das Opfer

DIAGRAMM 83. Weiß ist am Zug. Er spielt **1.Dh3 xh7 +!** Schwarz schaut verdutzt und versteht die Welt nicht mehr. Er muß die Dame wegnehmen, aber das scheint ein guter Tausch zu sein: Eine stolze Dame gegen ein schlichtes Bäuerlein. Also **1. ..., Kh8xh7.** Aber, o weh: **2.Td3–h3 matt.** Das ist riesig! Du siehst wieder einmal, daß beim Schach der Wert der Figuren davon abhängt, wo sie stehen.

Mit einem Opfer gibst du Material weg, um Matt zu geben oder Material zurückzugewinnen oder eine bessere Stellung zu erreichen.

DIAGRAMM 84

Im DIAGRAMM 83 gaben wir Matt. Nun DIAGRAMM 84. Weiß zieht **1.De2xh5 +!** Ein Damenopfer. Wenn Schwarz mit dem König nach **g7** geht, hat Weiß einen Springer gewonnen. Also zieht Schwarz **1. ..., Kh6xh5.** Aber nun Weiß wieder: **2.Te1–h1 +.** Der schwarze König muß nach **g4** oder **g6** und Weiß nimmt die schwarze Dame **3.Th1xh8.**
Ein Opfer ist also etwas ganz Besonderes. Erst gibst du etwas weg, um es mit Zinsen wieder zu kassieren; manchmal kannst du sogar Matt setzen.
Die Schachspieler sprechen von: Damenopfer, Turmopfer, Läuferopfer, Springeropfer und Bauernopfer. Immer wenn jemand Material weggibt, um einen großen Vorteil dadurch zu erreichen, sprechen wir vom Opfer: Das ist eine der schönsten Sachen im Schach.

DIAGRAMM 85

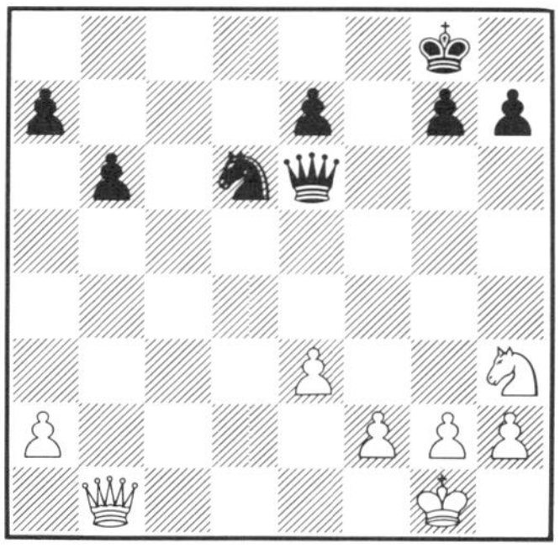

Aufgabe 10: Stellung – Weiß: Kc1, Dh4, Te2, Lh6, Ba2, b2, c2; Schwarz: Kg8, Db7, Td8, La5, Bf7, g6, h7. Weiß setzt in 2 Zügen matt.
Aufgabe 11: Stellung – Weiß: Kb1, Dd4, Tf2, Ba2, b2, c2, e3, g2, h6; Schwarz: Kg8, Db4, Tb7, Ba4, d6, e4, e6, g6, h7. Weiß setzt in 2 Zügen matt.
Aufgabe 12: Stellung – Weiß: Kg1, Tb1, Sg5, Bf2, g2, h2; Schwarz: Kh8, De5, Tf8, Bc7, e6, g7, h7. Weiß zieht und gewinnt in 2 Zügen die schwarze Dame oder setzt in 3 Zügen matt.
Aufgabe 13: DIAGRAMM 85.
Weiß ist am Zug. Wie kann er einen Bauern erobern?
Aufgabe 14: Etwas schwierig! Aber das Opfer, um das es nun geht, kommt häufig vor. Stellung – Weiß: Kb1, Dh4, Tg1, Le7, Ba2, b2, c3, d3, e4; Schwarz: Kg8, Db6, Te8, Sa4, Ba6, e6, f7, g7, h7. Weiß setzt in 3 Zügen matt.
Aufgabe 15: Stellung – Weiß: Kg1, Tg3, Se4, Bf2, g2, h3; Schwarz: Kg8, Dd7, Ba6, e6, f7, g7, h7. Weiß zieht und gewinnt in 2 Zügen die schwarze Dame .
Aufgabe 16: Stellung – Weiß: Kf1, Td1, Lb2, Sf3, Ba2, b3, c4, d3, e2, f2, g2, h3; Schwarz: Kg7, De6, Th7, Ba6, c7, d6, f6. Was würdest du mit Weiß spielen?

DIAGRAMM 86

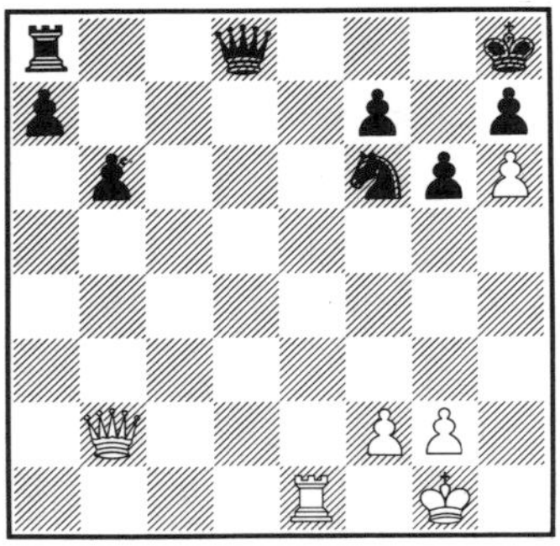

Aufgabe 17: DIAGRAMM 86.
Weiß setzt in 3 Zügen matt.
Denke an Opfer und Fesselung!

Achte drauf, was du kaufst

Ein **Schachbrett** sollte **45 cm** breit und lang sein. Jedes Feld 5 cm, rundherum ein Rand von 2 1/2 cm. Wir haben das schon erwähnt, wollen es aber nochmals tun. Denn du weißt natürlich, daß es mit dem Brett allein nicht getan ist. Es gehören auch Figuren dazu.
Die Menschen haben die seltsamsten Schachfiguren geschaffen – sie tun das noch immer –, aber nicht mit allen kannst du gut spielen. Darum empfiehlt der Deutsche Schachbund die sogenannten Staunton-Figuren, wobei der König 87 mm groß ist. In den meisten Geschäften kannst du viel zu kleine oder andersartige Spiele kaufen. Denk also daran, kauf am besten die empfohlenen übersichtlichen Figuren.

Die »Schachbücherwürmer«

Übrigens war Staunton ein starker englischer Schachmeister, der um 1850 lebte. Er schuf diese Figurenform. So, das weißt du nun auch. Nun mal schaun, ob das Sparschwein schon fett genug ist.
Die Legende erzählt, daß sich ein indischer König sehr langweilte und deshalb die Weisen seines Landes aufforderte, ihn zu zerstreuen.
Einer der Weisen erfand das Schachspiel. Das fesselte den König so sehr, er spürte keine Langeweile und Traurigkeit mehr. Er wollte den Weisen belohnen, dieser durfte einen Wunsch äußern.
Dieser überlegte kurz und sprach: Gib mir Weizenkörner, auf dem 1. Feld eines, auf dem nächsten 2 und so weiter, immer das Doppelte vom vorigen Feld.

Der König war ob des bescheidenen Wunsches erstaunt. Aber dann mußte er erkennen, daß sein ganzes Königreich und alle Königreiche der Erde nicht ausreichten, um des Weisen Wunsch zu erfüllen.
Es sind **$2^{64}-1$** Körner, eine unermeßlich große Zahl.

DEUTSCHER SCHACHBUND e.V.

Name ______________________________

geboren am ______________ in ______________

hat am ______________________ das

TURMDIPLOM

erworben.

DEUTSCHER SCHACHBUND e.V.

____
Präsident

____
Jugendwart

Teil 3

(Anleitung zum Königsdiplom)

11

Wir beginnen mit dem letzten Teil, vielleicht dem schwierigsten, aber sicher auch fesselndsten. Von nun an wollen wir Teile des Schachspiels behandeln, die zu einer **vollständigen Partie** gehören. Das besagt nicht immer mit einem sogenannten vollen Brett.
Wir haben schon erwähnt, daß eine Partie aus **Eröffnung, Mittelspiel** und **Endspiel** aufgebaut ist.
Von jedem Partieteil bringen wir nun in jedem Kapitel etwas. So lernst du wirklich vollwertig spielen.

Die Eröffnung

Du weißt natürlich schon lange, daß du auf Tausende und Abertausende Arten die ersten 10 Züge machen kannst. Im Kapitel 6 haben wir ein Beispiel davon gegeben. Weiß spielte da gut, Schwarz sehr dumm. Schon immer versuchen starke Schachspieler die Eröffnungen stets besser zu spielen; denn wenn deine ersten Züge besser sind als die deines Gegners, steigen deine Gewinnchancen.
Du verstehst, daß es in den Eröffnungen immer um zwei Dinge geht:

1. Aktive **Figuren**
2. Das **Zentrum beherrschen** oder Bauern im Zentrum aufmarschieren lassen.

Alles, was du in der Eröffnung tust, sollte sich darum drehen. Natürlich mußt du gut aufpassen, ob der andere etwas von dir nehmen kann. Das kann flugs geschehen, weil beide Parteien sich bemühen, ihre Figuren schnell in das oder um das Zentrum herum zu stellen. Und natürlich immer rochieren! Wir beginnen nun mit einer Eröffnung, die **»Italienische Partie«** heißt. Im Mittelalter waren in Italien starke Schachspieler, die diese Spielweise ausgedacht haben.
Es geht folgendermaßen: **1.e2–e4, e7–e5 2.Sg1–f3, Sb8–c6 3.Lf1–c4, Lf8–c5.** Kannst du diese Züge verstehen? Weiß zog zuerst e4. Damit stellte er einen Bauern ins Zentrum, das ist immer gut. Auch kann nun die weiße Dame von d1 einen Ausflug bis h5 unternehmen und der Läufer von f1 nach a6. Weiß hat also einen guten ersten Zug gemacht. Er achtete auf das Zentrum, und er dachte an die Aktivität seiner Figuren. Der zweite Zug Sf3 wird nun auch verständlich. Weiß kontrolliert mit seinem Springer 8 Felder, wovon d4 und e5 Zentrumsfelder sind. Er will auch den schwarzen Bauern e5 schlagen: Er greift diesen Bauern an. Etwas schade ist natürlich, daß nun der weißen Dame etwas die Aussicht versperrt ist, aber tja, man kann nicht alles im Leben haben. Ein Groschen ist mehr Wert als ein

DIAGRAMM 87

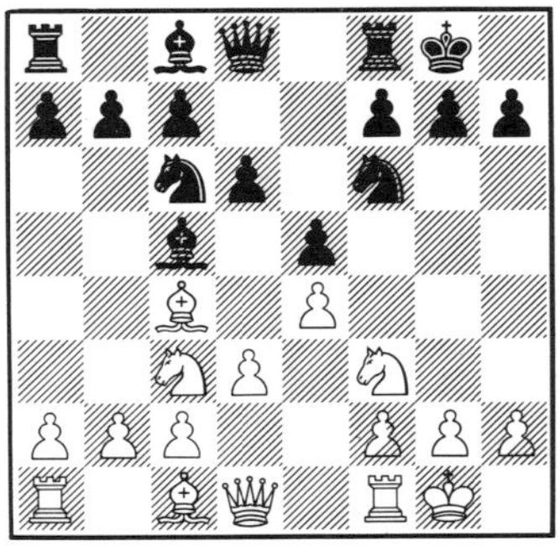

Fünferl, und auch im Schach mußt du immer wählen. Mit seinem 2. Zug Sc6 entwickelt Schwarz seinen Springer und deckt den Bauern e5. Nehmen des Bauern wäre jetzt für Weiß ein unvorteilhafter Tausch.
Der dritte Zug ist auch klar: Weiß aktiviert seinen Läufer. Dieser beherrscht nun die Diagonalen f1 – a6 und a2 – f7. Mit einem Auge schielt er auch zum Bauern f7, oft der Achillesferse des schwarzen Königs. Das hast du ja schon beim Schäfermatt gesehen. Deshalb läßt sich auch Schwarz nicht lang bitten und spielt ebenfalls 3. ..., Lf8–c5. **4. 0–0, Sg8–f6.** Weiß hat schon rochiert. Schwarz konnte das noch nicht machen. Deshalb hat er nun seinen Springer aktiv auf f6 postiert – geradeso, wie es Weiß im 2. Zug mit Sf3 machte. Nun ist der weiße Bauer e4 angegriffen. Weiß deckt ihn mit **5.Sb1–c3.** Auch dieser Springer ist nun aktiv am Zentrumsgeschehen beteiligt.
5. ..., 0–0. 6.d2–d3. Auch Schwarz bringt seinen König in Sicherheit. Weiß deckt seinen Zentrumsbauern e4 nochmals und plant einen Ausflug mit dem Läufer c1. **6. ..., d7–d6.** DIAGRAMM 87.
Soweit diese Eröffnung. Wenn du es gut verstanden hast, kannst du vielleicht selbst schon weiterspielen. Du siehst,daß beide das gleiche gemacht haben. Dies nennen wir auch **»Symmetrie«.**

Das Mittelspiel

DIAGRAMM 88. Weiß ist am Zug. Nun schau mal gut hin und sage dann: **Wer steht besser?** Wie kannst du das sehen? Indem du die Aktivität der Figuren beurteilst. Es fällt dann auf, daß die weißen Türme verbunden – verdoppelt auf der Zentrumslinie e stehen und ins gegnerische Lager schauen. Weiß kann z. B. **1.Te7** ziehen. Das ist sehr stark.

Du mußt nämlich wissen, daß die 2. und die 7. Reihe für Türme sehr wichtig sind.

Weißt du warum?
1. Dort kannst du oft Bauern angreifen.
2. Du bist in der Nähe des gegnerischen Königs, und das ist immer stark.

DIAGRAMM 88

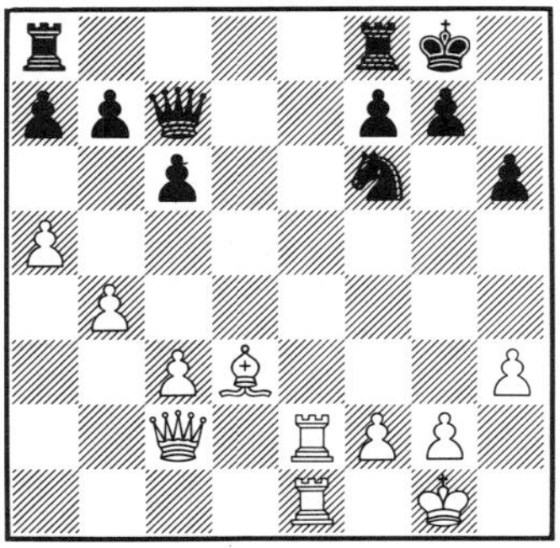

Nach **1.Te7** verfällt Schwarz in tiefes Denken. Zuerst zieht er **1. ..., Dc8,** denn er paßt ja auf. Was sieht er dann? Weiß zieht nach **1. ..., Dc8 2.Lf5,** und wieder ist die Dame angegriffen. Sie muß sich dann auf **b8** verstecken, um den Bauern **b7** gedeckt zu halten. Aber dann sind die schwarzen Türme wirklich traurige Gesellen: sie spielen gar nicht mehr mit.
Was macht Schwarz also? Er spielt **1. ..., Sd7.**
Aufgabe 1: Warum ist nach 1. Te7 auch die Erwiderung 1. ..., Sd7 verfehlt?

Das Beste für Schwarz war vielleicht noch 1. ..., Df4, aber nach 2. Te7 x b7 hat Weiß einen Bauern mehr und steht weiter aktiv. Weiß steht im DIAGRAMM 88 sehr gut, weil er die 7. Reihe mit einem Turm besetzen kann.

Das Endspiel

DIAGRAMM 89

DIAGRAMM 89. Mit Dame und König gegen König kannst du immer gewinnen, wenn du nur aufpaßt. Es gibt viele Arten, um Matt zu setzen. Eine lernen wir.
Du mußt wissen, daß du den König am Brettrand matt setzen mußt. Dort hat er weniger Ausweichmöglichkeiten. Also irgendwo zwischen **a1–a8–h8–h1–a1.** Im Kapitel 1 haben wir das gelernt, aber damals stand der König schon am Rand. Das erste, was wir also jetzt lernen, ist die Verjagung des Königs aus dem Zentrum. Wir ziehen also : **1. Dd2**... Durch diesen Zug haben wir dem schwarzen König schon die Hälfte des Brettes abgeschnitten. Er muß sich auf e1–e8–h8–h1–e1 beschränken, und selbst da kann er nicht auf alle Felder.
1. ..., Ke4 2.Dd6... aha, das geht prima. Nun ist es schon e1–e5 (was eigentlich nicht geht) –h5–h1–e1 geworden. **2. ..., Kf5 3.De7!** Wieder ein guter Zug. Das schwarze Königreich schrumpft immer mehr. Nur noch 3 Linien, die f-, g- und h-Linie sind ihm offen.
3. ..., Kf4 4.Kg2, Kf5 5.Kf3... Der weiße König beteiligt sich an der Jagd auf seinen Widersacher; dieser bekommt schon Atemnot.
5. ..., Kg6 6.Kg4, Kh6. Aufgepaßt, du mußt aufs Patt achten. **7.Dg5 +, Kh7 8.Kf5, Kh8 9.Kf6, Kh7 10.Dg7 matt.** Wenn du die Kunst begriffen hast, ist es nicht schwierig. Du mußt es gut üben und immer aufs Patt achten.
Merke gut: **Beim Jagen des Königs brauchst du beinahe nie Schach geben, du mußt ihm den Weg abschneiden. Das ist die Hauptsache.**

Schachbücher

Es gibt Tausende von Schachbüchern. Natürlich kannst du die nicht alle kaufen. Meist sind sie schwierig zu verstehen. Manche Vereine haben eine eigene Bücherei, denn jeder will mehr vom Spiel wissen. Viele Schachspieler legen sich auch selbst eine Bibliothek zu.
Du kannst Schachbücher über alles, was mit dem Schachspiel zusammenhängt, bekommen. Hauptsache sind natürlich Eröffnung, Mittelspiel und Endspiel, aber natürlich auch ganze Partien. Großmeister Wolfgang Unzicker hat mit seinem Schachbuch etwas geschrieben, was dir nach Erringen des Königsdiploms noch viele offene Fragen beantworten kann. Laß dir von deinem Jugendleiter sagen, welche Schachbücher

empfehlenswert sind. Wenn du nicht weiterkommst, schreib dem Deutschen Schachbund, der hilft dir dann weiter.

Großmeister Unzicker ist prächtig verheiratet und Vater von 3 strammen Jungen, von denen der eine selbst schon recht ordentlich Schach spielt. Vor seiner Heirat, beim Turnier in Dubrownik 1950, sagte er zu Dr. H. Staudte:

»Stellen Sie sich bitte vor, da war doch heute im Turniersaal ein Mädchen, das war so hübsch, daß es mich in der Konzentration auf meine Partie beinahe gestört hätte.«

Gedanken eines Schachspielers

DIAGRAMM 90

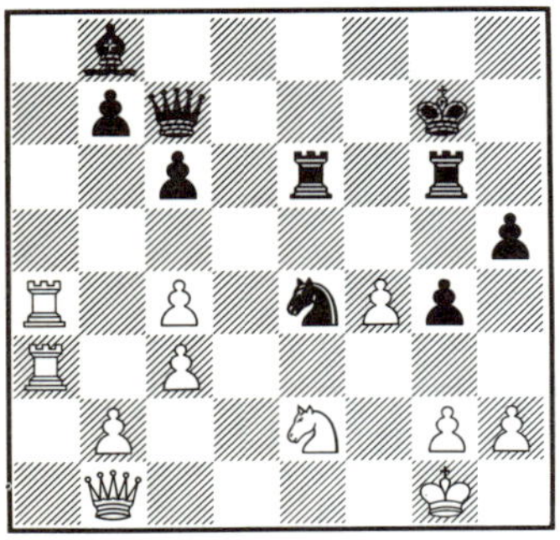

DIAGRAMM 91

Aufgaben

In diesem 3. Teil werden wir beinahe immer die Aufgaben an das Ende des Kapitels stellen. Alle Arten gehen jetzt durcheinander, es geht also nicht mehr nur um das Üben des Stoffes, den du gerade gelernt hast, sondern um dich an alles zu erinnern. In einer Schachpartie kommt natürlich alles vor – das hast du schon verstanden – und darum mußt du mit allen Wassern gewaschen sein. Freilich werden wir noch mehr lernen, aber das in den folgenden Kapiteln. Nun erstmal wieder schön lösen.

Aufgabe 2: DIAGRAMM 90. Ist 1.f5 ein starker Zug?

Aufgabe 3: Stellung – Weiß: Kh1, Da2, Tb2, Lc3, Se5, Sf3, Bg2, h2; Schwarz: Kh8, Dd6, Te8, Tf4, Lc7, Bf5, g7, h7. Weiß ist am Zug und kann gewinnen. Wie?

Aufgabe 4: Stellung – Weiß: Kh1, Df5, Tf3, Lf7, Ba2, b3, c4, g2, h2; Schwarz: Kh8, Dc6, Td8, La8, Ba3, b4, c5, f6, g7, h7. Wie kann Weiß am Zug gewinnen?
Wie kann Schwarz am Zug gewinnen?

Aufgabe 5: Stellung – Weiß: Kg1, Dh5, Sc4, Bc2, d3, e4, f5, g2, h2; Schwarz: Kb7, Td7, Tf7, Lc3, Ba7, b6, c7, e7, g5, h6. Schwarz spielt 1. . . . , e5. Ist nun 2.f5xe6 e.p. ein starker Zug?

Aufgabe 6: DIAGRAMM 91.
Weiß zieht und gewinnt; in einigen Zügen kann er matt setzen.

DIAGRAMM 92

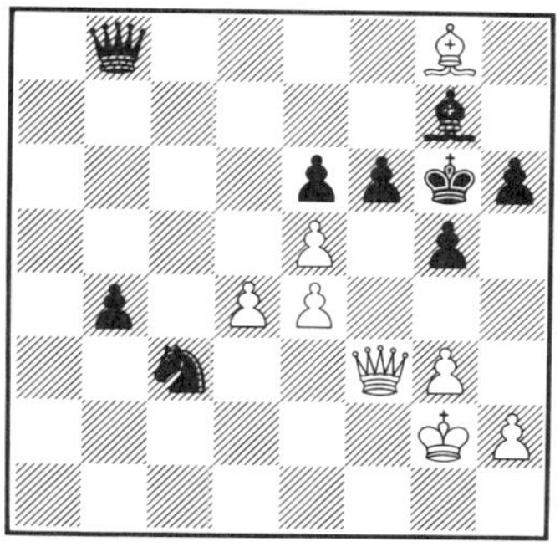

Aufgabe 7: DIAGRAMM 92.
Weiß setzt in 3 Zügen matt. Sehr schwierig!

Aufgabe 8: Stellung – Weiß: Ka1, Bf5, g5, h5; Schwarz: Ka8, Bf7, g7, h7. Weiß ist am Zug: In 5 Zügen holt er eine neue Dame.

Aufgabe 9: Stellung – Weiß: Ka1, Bf5, h5; Schwarz: Kc8, Bg7. Weiß zieht und holt in 4 Zügen eine neue Dame.

Aufgabe 10: DIAGRAMM 93.
In 5 Zügen bekommt Weiß eine Dame.

DIAGRAMM 93

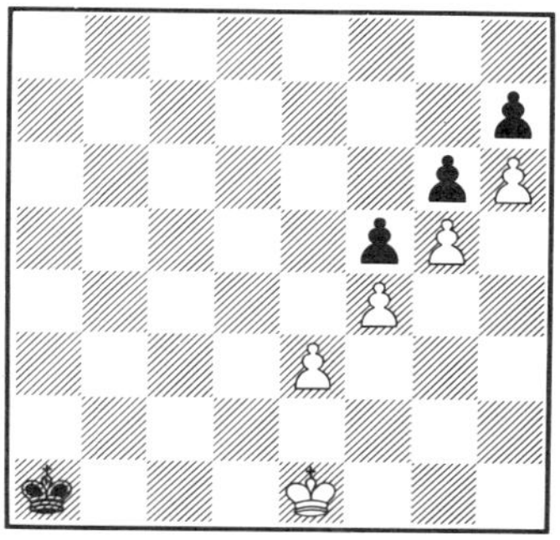

12

Im vorigen Kapitel hast du eine Eröffnung kennengelernt, die mit **1.e4, e5** begann. Eröffnungen, die mit diesen Bauernzügen beginnen, heißen »**Offene Spiele**«. Es gibt auch »**Halboffene Spiele**«, »**Halbgeschlossene Spiele**« und »**Geschlossene Spiele**«. Von allen wollen wir dir einiges zeigen.
Du mußt dann selbst wählen, welche Eröffnung dir am meisten behagt. Natürlich hat da auch dein Gegner ein gewichtiges Wörtlein mitzureden. Aber wenn du das bisher Gelernte beachtest, kannst du sicher sein, keinen Unsinn zu spielen.

Die Eröffnung

DIAGRAMM 94

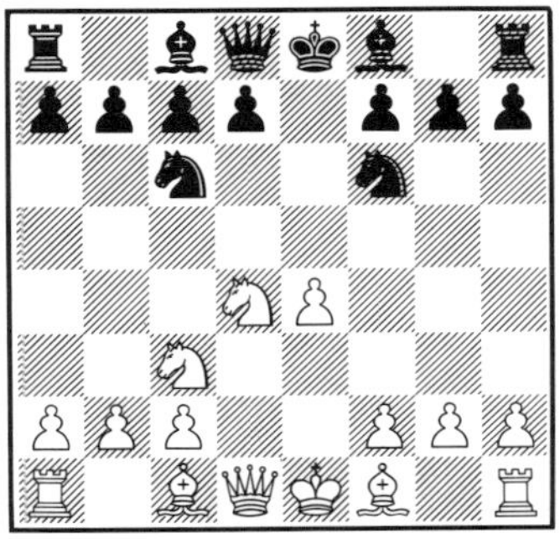

1.e2–e4, e7–e5. 2.Sg1–f3, Sb8–c6. Der gleiche Beginn wie bei der **Italienischen Partie** (Kapitel 11), aber nun geht es anders weiter.
3.Sb1–c3, Sg8–f6. Diese Eröffnung heißt **4-Springer-Spiel**. Sie ist schon sehr alt. Mit Weiß kannst du nun 2 Dinge tun: 4.Lb5 spielen oder 4.d4. Wir machen nach **4.d2–d4** noch etwas weiter ...; das ist das »schottische 4-Springer-Spiel«, was schon vor mehr als 100 Jahren gespielt wurde.
4. ..., e5xd4 5.Sf3xd4 (DIAGRAMM 94).
Die Züge 1–3 waren leicht verständlich. Weiß und Schwarz ließen ihre Springer aufs Kampffeld galoppieren, alle beteiligen sich am Zentrumskampf.
Der Zug d4 ist etwas schwieriger. Weiß greift den schwarzen Zentrumsbauern e5 an, eigentlich zweimal, denn auch der Springer auf f3 schaute schon hungrig. Schwarz denkt: »Weißt du was, ich tausche meinen Zentrumsbauern gegen den weißen auf d4, was kann mir geschehen?« Damit hat er recht. Aber auch der weiße Springer, der plötzlich auf d4 erscheint, wiehert zufrieden, er ist mitten im Kampfgetümmel.
Soweit zu den »offenen Spielen«, bei denen unmittelbar ein freies Spiel gesucht wird.

DIAGRAMM 95

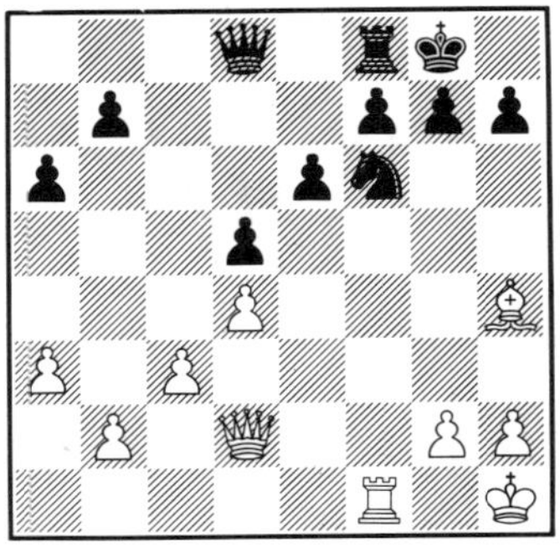

Das Mittelspiel

DIAGRAMM 95. Das ist interessant. Weiß hat einen Bauern weniger. Du könntest denken, daß er deshalb schlechter steht als Schwarz. Aber das ist nicht so! Der schwarze Springer ist gefesselt ... brrr. Der weiße Turm hat eine eigene offene Linie. Die weiße Dame kann ziemlich frei spazieren. Alle 3 weißen Figuren sind aktiver als die schwarzen. Dies ist mehr wert als ein Bauer. Kannst du dir vorstellen, daß Weiß auf Gewinn steht? Natürlich mußt du die Fesselung auszunutzen versuchen. Turm und Läufer greifen den schwarzen Springer f6 an. Nun,

DIAGRAMM 96

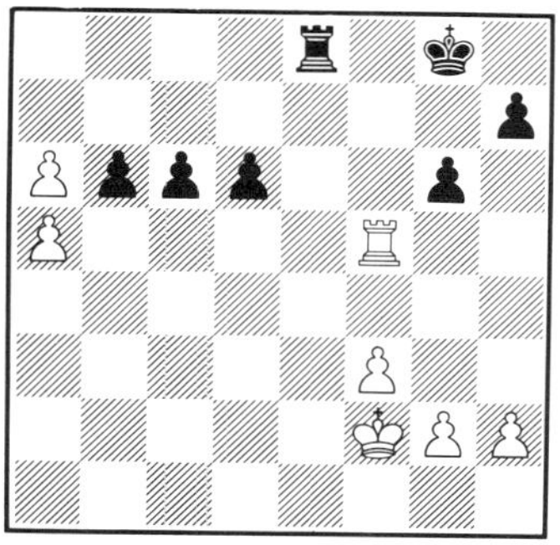

aufgepaßt: **1.Tf1xf6!**, **g7xf6** (was sonst?) **2.Dd2–h6** und gewinnt. Wie spielt Weiß weiter? Nun, das ist die **Aufgabe 1.**

Das Endspiel

DIAGRAMM 96. Weiß ist am Zug. Die Stellung ist äußerst scharf. Dies ist oft so in Turmendspielen mit **Freibauern** auf beiden Seiten. Bauern, die nebeneinander stehen, nennen wir **verbundene Bauern**. Diese sind sehr stark. Kannst du dir denken warum?

Weil sie einander decken können!

Wenn du verbundene Freibauern angreifen willst, mußt du das mit Figuren machen. Wenn du dann abtauschst, verlierst du immer Material. Der Bauer ist ja nur 1 Punkt wert, die leichteste Figur (Springer oder Läufer) in jedem Fall 3 Punkte.

Aber zurück zu den Freibauern. Die weißen Freibauern schauen nicht besonders furchterregend aus. Wenn der weiße Turm z. B. 1.Tf4 zieht, dann spielt Schwarz 1. ..., b5. Er hat dann 3 verbundene Freibauern, während Weiß mit den seinen wenig anfangen kann. Schwarz kann sie nämlich bequem mit ..., Ta8 angreifen. Dennoch steht Weiß in der Diagrammstellung auf Gewinn. Was macht er? Weiß spielt **1.a5xb6!**

Nun hat Weiß – und merke das für dein ganzes Leben – **2 verbundene Freibauern auf der 6. Reihe**. Solche Freibauern sind eine Gewalt! Vereint sind sie so stark, daß sie sogar gegen einen Turm gewinnen! Versuch es doch mal. Du wirst sehen, daß der schwarze Turm machtlos ist. In wenigen Zügen verwandelt sich einer der Bauern in eine Dame.

Das mit der 6. Reihe ist sehr wichtig. Erst dann kann der Turm sie nämlich nicht mehr beide nehmen. Wenn er einen erobert, kommt der andere auf die 8. Reihe. Der eine hat sich für den anderen aufgeopfert.

Nun verstehst du auch, warum ein Freibauer besonders stark ist, wenn er bereits fortgeschritten ist. Die schwarzen Freibauern würden auch mehr bedeuten, wenn sie nicht noch so einen weiten Weg vor sich hätten. In der Zeit hat Weiß schon lange eine neue Dame bekommen. Nun wissen wir also, was verbundene Bauern wert sind.

DIAGRAMM 97

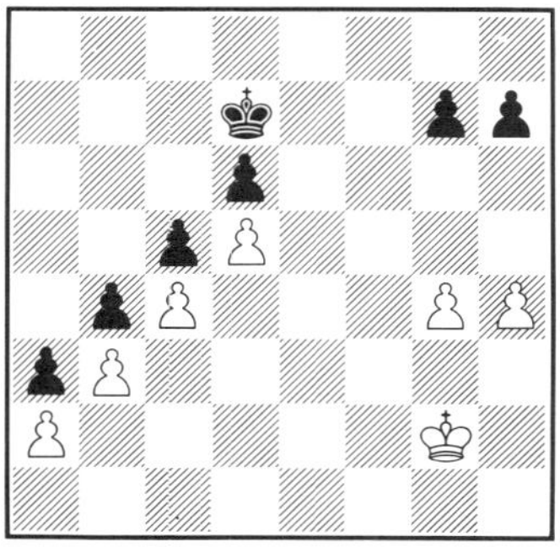

Schau mal DIAGRAMM 97 an. Da siehst du eine ganze Reihe von verbundenen weißen Bauern **a2–b3–c4–d5.** Solch eine Reihe heißt **Bauernkette**. Du wei't doch, was eine Kette ist? Ebenso wie beih Fahrrad. Jedes Glied hält das andere fest; bei einer Bauernkette ist das ebenso.

Auch Schwarz hat eine Bauernkette: **a3–b4–c5–d6**. Die weiße und die schwarze Bauernkette sind, wie die Schachspieler sagen, **ineinandergeschoben** – etwa wie beim Autozusammenstoß –, sie können sich dann nicht mehr rühren. Macht das das Spiel einfacher oder schwieriger? Das soll **Aufgabe 2** werden. Wir wollen wissen, ob du nun mit deinen Figuren mehr oder weniger auf dem Damenflügel machen kannst.

Simultanschach

Simultanschach

Du glaubst es vielleicht nicht, aber es gibt starke Schachspieler, die gegen 25–40 Leute zugleich spielen! Das heißt **Simultanschach**. Simultan bedeutet: gleichzeitig. So, wieder ein Fremdwort mehr. In einem großen Viereck von Tischen setzen sich z. B. 30 Menschen an die Außenseite der Tische, und jeder hat vor sich sein Schachbrett stehen. Innen läuft der Simultanspieler herum. Er beginnt bei Brett 1 und macht beim Herumgehen überall schnell einen Zug. Wenn eine Runde vorüber ist, macht er einen 2. Zug an Brett 1, Brett 2, Brett 3 usw. Wenn er wieder herum ist, macht er den 3. Zug usw. Die Spielregeln sind die gleichen wie bei normalen Spielen, aber ...

1. Du mußt ziehen, wenn der Simultanspieler ans Brett kommt. Das bedeutet, daß der starke Spieler immer schneller kommt, wenn er z. B. bereits 10 Partien beendet hat.
2. Anfassen bedeutet ziehen, das wußtest du ja schon. An einer Simultanvorstellung teilnehmen kann sehr spannend sein. Am Anfang hast du Zeit genug, später weißt du kaum noch, wo dir der Kopf steht.

Blindschach

Es gibt auch Schachspieler, die ohne Ansicht des Brettes spielen: Das nennen wir **Blindspiel**. Diese kennen natürlich alle Felder, viele Eröffnungen und alle möglichen Stellungen. Manchmal spielen sie 20 Partien gleichzeitig ... Blind-simultan ist sehr schwierig. Es gibt wenig Meister oder Großmeister, die es tun. In einigen Ländern ist es sogar verboten. Die Ärzte

Blindschach – nicht »blinde Kuh«!

sagen, daß es zu anstrengend und deshalb nicht gut für die Gesundheit sei.
Nachdem der argentinische Großmeister Najdorf einmal an 40 Brettern gleichzeitig blind spielte, war er tagelang so verwirrt, daß er sich schwor, dies nie wieder zu tun.
So, das war wieder was, wovon wir noch nicht gesprochen haben.

DIAGRAMM 98

DIAGRAMM 99

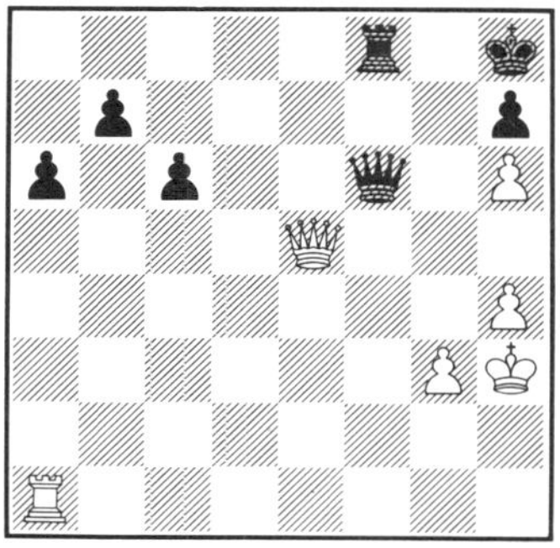

Aufgaben

Aufgabe 3: Stellung – Weiß: Kc2, Lh4, Bc6; Schwarz: Ka1, Le5. Weiß holt in 4 Zügen eine Dame. Wie kannst du hier den schwarzen Läufer e5 von der Kontrolle des Feldes c7 ablenken?

Aufgabe 4: Stellung – Weiß: Kf1, Td6, Bh7; Schwarz: Ka3, Th3. Weiß holt in 3 Zügen eine Dame.

Aufgabe 5: DIAGRAMM 98.
Kann Weiß gewinnen?

Aufgabe 6: Stellung – Weiß: Kh1, Tb6, Lb2, Bg3, h2; Schwarz: Kh8, Td8, Lh3, Bb7, g7, h6. Kann Weiß eine Figur gewinnen?

Aufgabe 7: DIAGRAMM 99. Wie gewinnt Weiß?

Aufgabe 8: Stellung – Weiß: Kb1, Th1, Se6, Ba3, b2, c3, d4; Schwarz: Kf7, Db7, Th8, Bh7. Weiß zieht und erreicht schnell eine Gewinnstellung.

Aufgabe 9: Stellung – Weiß: Kg1, Td4, Be5, f5; Schwarz: Kf7, Dc7. Weiß zieht und macht Remis.

DIAGRAMM 100

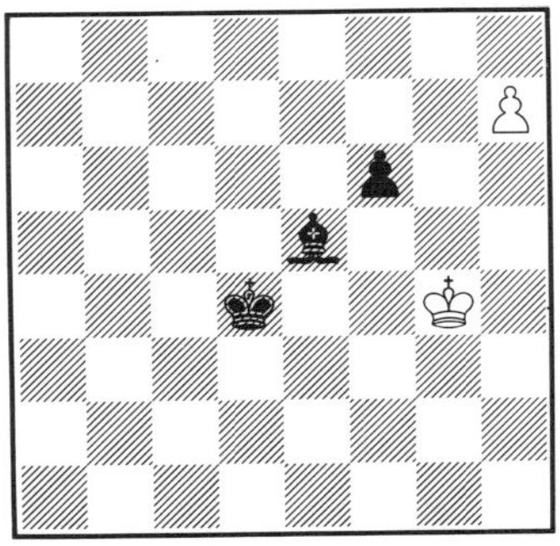

Aufgabe 10: DIAGRAMM 100.
Weiß zieht und gewinnt.

Aufgabe 11: Stellung – Weiß: Ke1, Ta1, Ba2, c2; Schwarz: Kd8, Tb2, Be7, f6. Weiß zieht und gewinnt. Welchen seltsamen Zug lernten wir doch?

Aufgabe 12: DIAGRAMM 101.
Weiß zieht und gewinnt.

DIAGRAMM 101

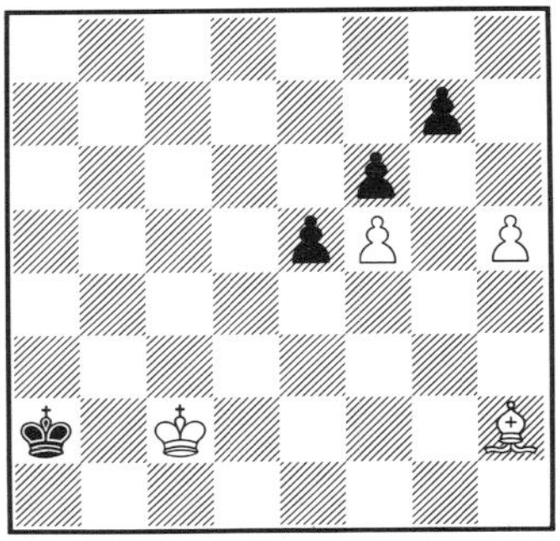

Der erst 10jährige Bernd Feustel (Bamberg) erreicht beim Simultanspiel gegen den damaligen Weltmeister Tigran Petrosjan (UdSSR) ein Remis. Bravo! Inzwischen ist Bernd Feustel mehrmals deutscher Jugendmeister geworden.

13

Die Eröffnung

Eine wichtige **Eröffnung** der **halboffenen Spiele** ist: **Sizilianisch. 1.e2–e4, c7–c5 2.Sg1–f3, Sb8–c6 3.d2–d4...**
Den Zug 1.e4 kennen wir bereits, aber der schwarze Zug 1. ..., c5 erscheint etwas eigenartig. Auch beim 2. Zug von Weiß und Schwarz scheint es, als ob jeder seine eigenen Wege geht. Weiß bemüht sich mehr um das Feld e5, Schwarz stärker um d4.
Der 3. Zug von Weiß gibt beiden etwas recht. Weiß will nicht, daß Schwarz sein Zentrumsfeld d4 beherrscht, gleichzeitig zwingt er den Bauern c5 zu einer Erklärung und macht die Diagonale für seinen schwarzen Läufer frei. Natürlich will Schwarz keine 2 weißen Zentrumsbauern zulassen. Du darfst dreimal raten, was er spielt.
3. ..., c5xd4 4.Sf3xd4, Sg8–f6.
Mit seinem letzten Zug greift Schwarz den ungedeckten Zentrumsbauern e4 an. Also
5.Sb1–c3, ... Du siehst auch in dieser Eröffnung wieder, daß starke Spieler meist ihre Springer früher ins Spiel bringen als ihre Läufer – die Dame bleibt lange daheim am häuslichen Herd. **5. ..., d7–d6**. Frische Luft für den Läufer c8 und Kontrolle des Zentrumsfeldes e5.
6.Lf1–e2, ... DIAGRAMM 102. Soweit, so gut. Sizilianisch ist eine sehr schwierige Eröffnung. Es gibt Bücher darüber, die 400 Seiten dick sind. Natürlich mußt du dies nicht alles kennen. Wenn du den Sinn des Spiels verstanden hast, weißt du immer so ungefähr den rechten Weg.

DIAGRAMM 102

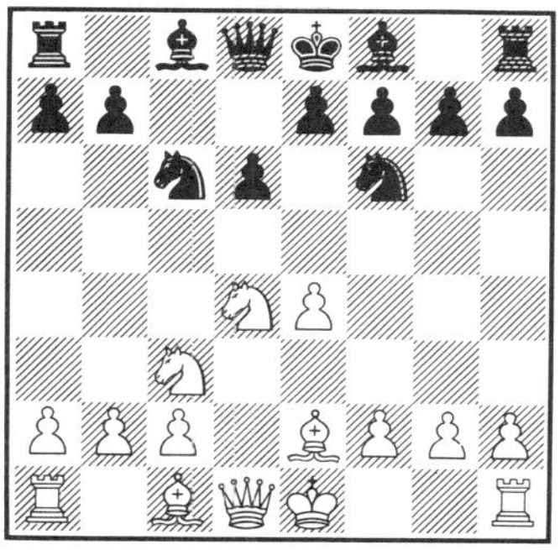

Das Mittelspiel

DIAGRAMM 103

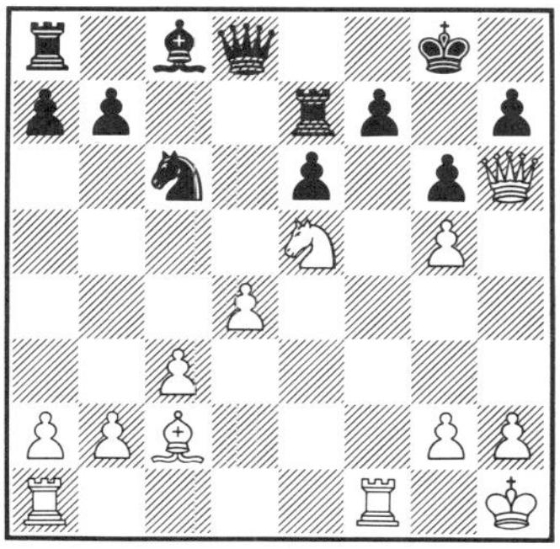

DIAGRAMM 103. Es ist nicht so schwierig zu sehen, daß **Weiß besser** steht. Alle seine Figuren stehen besser als die schwarzen. Aber ... das ist nun mal so ... »**aktiv**« kann sich schnell ändern. Könnte Schwarz einige Züge hintereinander machen, ständen seine Figuren auch gut. Du solltest also, wenn du in einem bestimmten Moment deine Figurenstellung nicht mehr verstärken kannst, nach einer schnellen Lösung Ausschau halten. Nun, paß auf:
1.Tf1xf7!, ... Dies droht Matt durch 2.Dh6xh7.
1. ..., Te7xf7 2.Se5xf7, ... So, nun hat Weiß noch einen Bauern gewonnen. Einer ist meist genug, zumindest wenn du vorsichtig weiterspielst. Der Extrabauer kann später zur Dame werden. Das weiß Schwarz auch, also nimmt er den Springer weg.

2. ..., Kg8xf7 3.Dh6xh7 +, ... Nun wird es schon deutlicher. Weiß hat einen Springer geopfert, aber dafür eroberte er bereits 2 Bauern, und die schwarzen Figuren stehen noch immer sehr passiv. Die weiße Dame indes ist sehr aktiv und kann noch etliche Ohrfeigen verteilen.
3. ..., Kf7–e8. Ja, wohin? Wenn er 3. ..., Kf8 zieht, kommt 4.Tf1 +, Ke8 5.Df7 matt.
4.Lc2xg6 +, ... der arme schwarze König. All seine Gefolgsleute stehen auf der verkehrten Seite. Du siehst, wie entscheidend die Figurenstellung ist.
4. ..., Ke8–f8 5.Dh7–f7 matt.

Du siehst hier wieder, daß das Feld f7 (also auch f2) ein gefährlicher Punkt ist. Wenn du DIAGRAMM 2 anschaust, wirst du entdecken, daß die Bauern f2 und f7 die einzigen sind, die zu Beginn nur vom König gedeckt werden. Kein Wunder, daß dieser sich gelegentlich überlastet fühlt. Diese Felder sollten immer dein besonderes Augenmerk verdienen.

Das Endspiel

Turm und König gewinnen immer gegen König.

DIAGRAMM 104

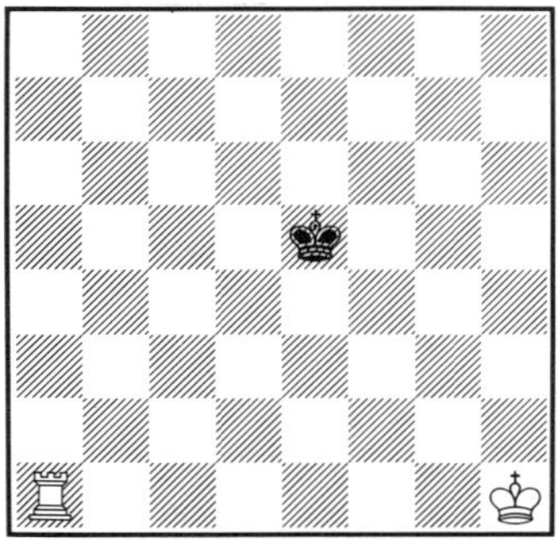

DIAGRAMM 104. Wir haben für den schwarzen König den bestmöglichen Stand ausgesucht. Weiß muß mit König und Turm zusammenspielen. Der schwarze König kann nämlich nur am Brettrand mattgesetzt werden; der Turm allein kann den König nicht dorthin treiben (Eine Dame kann das wohl, probier es mal, ein nettes Spielchen). Was der Turm natürlich gut kann, ist, dem schwarzen **König den Weg abschneiden**. Darum spielen wir im 1. Zug:
1.Ta1–d1, ... der sitzt. Aber Schwarz macht sich noch wenig Sorgen, deshalb
1. ..., Ke5–e4 2.Kh1–g2, ... Nicht 2.Td6 z. B. (wie wir es mit der Dame getan hätten), denn dann spielt Schwarz 2. ..., Ke5 und der Turm muß wieder weg gehen.
2. ..., Ke4–e3 3.Kg2–g3, ... Ein schlauer Zug. Wenn Schwarz nun 3. ..., Ke2 spielt, machen wir 4.Td4 und nach 4. ..., Ke3 5.Tf4, Ke2 6.Tf3, ...
Begreifst du es? Wir geben nicht allzuviel Schach. Merk dir das.
3. ..., Ke3–e4 4.Kg3–f2, ... So, nun ist der Aktionsbereich des schwarzen Königs schon kleiner geworden.
4. ..., Ke4–f4 5.Td1–d4 +, ... Denke dran, wir geben nur Schach, wenn wir den schwarzen König dadurch weiter »einkesseln« können.
5. ..., Kf4–e5. 6.Kf2–e3, Ke5–f5. 7.Td4–e4, Kf5–g5 8.Te4–f4. Siehst du, Schritt für Schritt wird dem König der Hals mehr zugeschnürt.

8. ..., Kg5–g6 9.Ke3–e4, Kg6–g5. Er will noch nicht ins Eck, aber die Übermacht ist zu stark.

10.Ke4–e5, Kg5–g6 11.Tf4–f5, Kg6–g7 12.Tf5–f6, Kg7–h7 13.Ke5–f5, Kh7–g7 14.Kf5–g5, Kg7–h7. 15.Tf6–f7 +, Kh7–h8 16.Kg5–g6, Kh8–g8 17.Tf7–f1, ...

Diesen Zug mußt du gut verstehen. Weiß hält den schwarzen Spielraum klein; es macht natürlich nichts aus, ob sein Turm nach f3 oder f1 geht. Es ist nur wichtig, daß der schwarze König nicht über f8 entrinnen kann.

17. ..., Kg8–h8. Wohin soll der Ärmste schon?

18.Tf1–f8 matt.

Nun, das war ein gehöriges Stück Arbeit. Du solltest dieses Endspiel fleißig üben. Natürlich nicht nur allein, denn es reizt dich ja wohl auch, mit dem schwarzen König zu entkommen zu versuchen. Wenn Weiß nicht aufpaßt, läufst du schnurstracks in die Brettmitte.

Ein Mensch sitzt da, ein schläfrig trüber,
ein anderer döst ihm gegenüber,
sie reden nichts, sie sitzen stumm,
Mein Gott, denkst du, sind die zwei dumm.
Der eine brummt, wie nebenbei
ganz langsam, Turm a sechs a zwei.
Der andere wird allmählich wach
und knurrt: Turm e drei d drei Schach!
Der erste, weiter nicht erregt,
starrt vor sich hin und überlegt.
Dann plötzlich, vor Erstaunen platt,
seufzt er ein einzig Wörtlein: Matt.
Und die du hieltst für niedre Geister –
erkennst du jetzt als hohe Meister!
Eugen Roth

DIAGRAMM 105

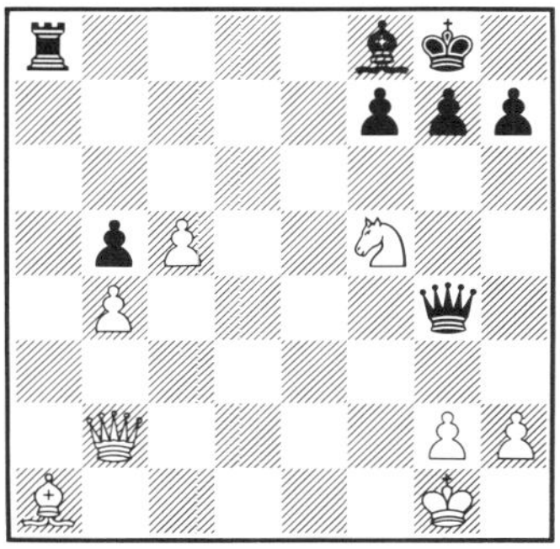

Aufgaben

Aufgabe 1: DIAGRAMM 105. Weiß zieht und gewinnt.
Aufgabe 2: Stellung – Weiß: Kg1, De2, Ta1, Tf1, Bb4, c3, g2, h2; Schwarz: Kg8, Dc8, Tb7, Tg5, Bb5, c4, d3, g7, h7. Weiß zieht und gewinnt.

DIAGRAMM 106

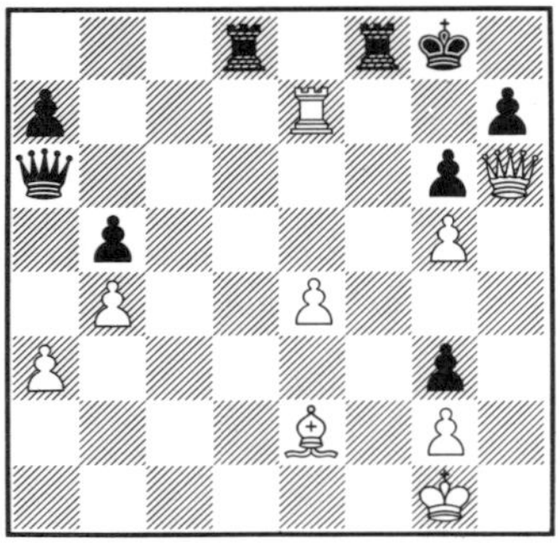

DIAGRAMM 107

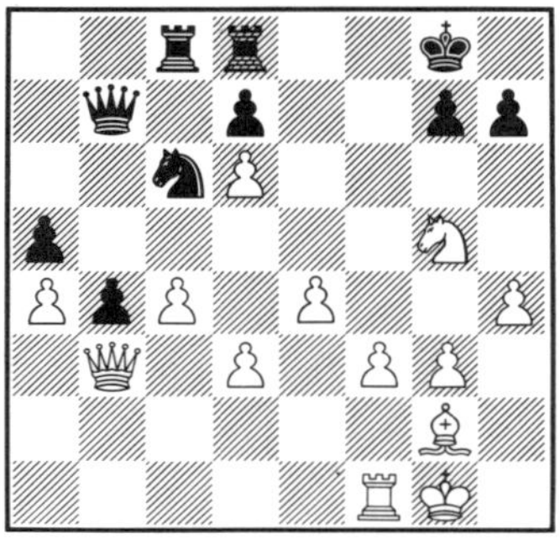

Aufgabe 3: Stellung – Weiß: Kh3, Tf1, Sg3, Bb2, e4, f2, g4; Schwarz: Kg8, Ta5, Tg5, Bb5, g6, h6. Weiß zieht und gewinnt einen Turm.

Aufgabe 4: Stellung – Weiß: Kc4, Te1, Lc2, Sg3, Ba4, b3, f3, g4 h4; Schwarz: Kg8, Tb6, Tc8, Sb7, Bc6, g7, h7. Schwarz spielte 1. ..., Sd6 +. War das ein guter Zug?

Aufgabe 5: DIAGRAMM 106. Schwarz setzt in 3 Zügen matt.

Aufgabe 6: Stellung – Weiß: Kg3, Lb2, Sf6, Ba3, b4, c5, d5, g5; Schwarz: Kg7, Ta6, Ta8, Ba7, f7, g6. Weiß zieht und gewinnt in einigen Zügen einen Turm.

Aufgabe 7: Stellung – Weiß: Kg4, Lb3, Le1, Bc6, g5; Schwarz: Ke7, Td8, Sg7, Bd4, f7, g6. Schwarz spielte 1. ..., f5 +. War das gut?

Aufgabe 8: Stellung – Weiß: Kg1, Dc2, Ta1, Tf1, Lb1, Sd3, Bb3, c4, e4, f2, g2, h2; Schwarz: Kg8, Db7, Td6, Tf8, Lb6, Ld7, Bb4, c5, d4, e6, f7, g7, h7. Weiß zieht und gewinnt Material oder setzt matt – in einigen Zügen.

Aufgabe 9: Stellung – Weiß: Kg1, Ba2, b2, g3, h4; Schwarz: Kc7, Ba6, b5, g5, h5. Weiß am Zug holt in 5 Zügen eine Dame. Höllisch aufpassen!

Aufgabe 10: DIAGRAMM 107. Weiß setzt in 5 Zügen matt.

»Früh übt sich«

14

Die Eröffnung

Die zweite Eröffnung der »**halboffenen Spiele**« ist »**Französisch**«. Du siehst, auch bei der Benennung ihrer Eröffnungen sind die Schachspieler recht erfinderisch. Es beginnt so:
1.e2–e4, e7–e6. Schwarz hält sich mit seinem Königsbauern etwas zurück, um den folgenden Vorstoß d5 zu unterstützen.
2.d2–d4, d7–d5. So zwingt er Weiß, sich um seinen Bauern e4 zu kümmern.
3.Sb1–c3, Lf8–b4. Der Kampf um den Bauern e4 geht weiter: Weiß stützt ihn mit seinem Rösselsprung, Schwarz hält den Gaul an der Leine (fesselt ihn).
4.e4–e5, . . . Weiß ist der Streiterei müde und versucht mit seinem Bauernvorstoß, den Schwarzen einzuengen. Aber der, nicht faul, »unterminiert« (greift an) das weiße Zentrum mit **4. . . ., c7–c5** (DIAGRAMM 108). So ist nach wenigen Zügen schon ein heftiger Kampf um das Zentrum entbrannt; von den deutschen Spielern sind vor allem Dr. Hübner und Hecht Meister dieser Eröffnung.

DIAGRAMM 108

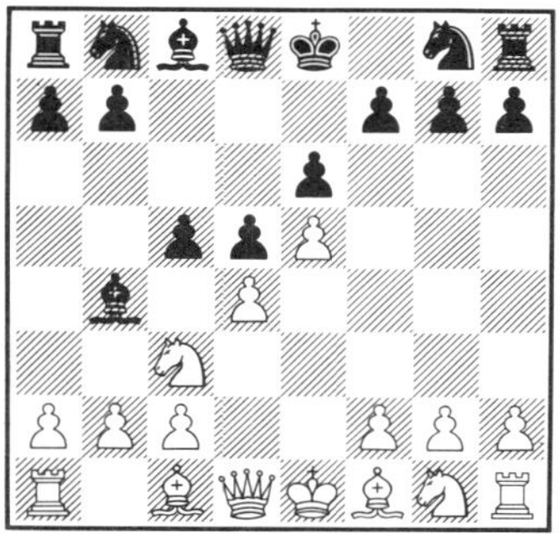

Das Mittelspiel

Stellung – Weiß: Kg1, Dc3, Ta5, Tg2, Lh1, Sd1, Sd2, Bc4, d4, e3, f4, g3, h4; Schwarz: Kh8, De8, Ta8, Tf8, Ld7, Sd3, Sf6, Bb5, c7, e4, f5, g7, h6.
Diese Stellung entstand nach dem 29. Zug von Weiß zwischen dem deutsch-russischen Großmeister Bogoljubow und dem damaligen Weltmeister Aljechin. Aljechin selbst bezeichnete sie als eine der **glänzendsten Kombinationen** seiner Turnierlaufbahn.
Aljechin als Schwarzer griff nun mit **29. . . ., b5–b4** die weiße Dame an.
Weiß glaubte nun, noch mit **30.Ta5xa8** die Türme abtauschen zu können. Er droht ja nun auch, die schwarze Dame zu nehmen.
30. . . ., b4xc3! Ein Donnerschlag! Fiel der massige Bogoljubow wirklich fast vom Stuhl vor Überraschung? Die wahre Pointe (Bedeutung) zeigt sich erst einen Zug später.

DIAGRAMM 109

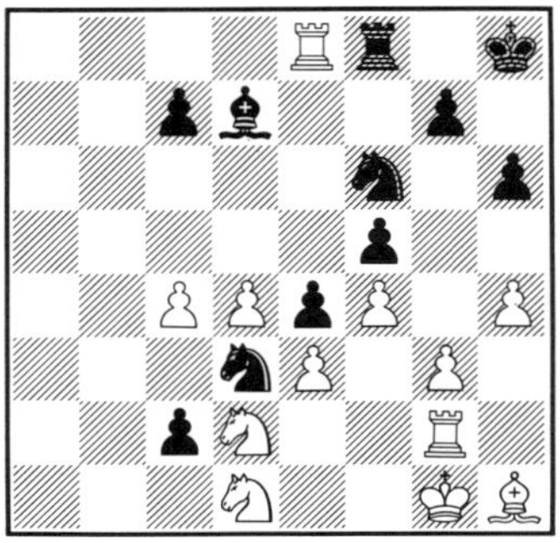

31.Ta8xe8, c3–c2!! (DIAGRAMM 109).
Aljechin kümmert sich nicht um Haus und Hof, der vor 2 Zügen so unscheinbare Bauer hat einen Siegesmarsch sondergleichen angetreten. Gleich verwandelt er sich wundersam in eine Dame – Weiß ist trotz seines Übergewichts von 2 Türmen hilflos dagegen. Prüfe es einmal nach!
32.Te8xf8 +, Kh8–h7
33.Sd1–f2, ... Er will wenigstens seine Kavallerie retten.
33. ..., c2–c1D. Am Ziel!
34.Sd2–f1, Sd3–e1! Er läßt dem Weißen keine Atempause. Nun droht 35. ... Se1–f3 matt! Dem zähen Bogoljubow half all sein »Sitzfleisch« (dieses launige deutsche Wort haben übrigens die russischen Schachspieler übernommen) nichts – im 53. Zug mußte er die Waffen strecken.

Aufgabe 1: Wie kann Weiß sich gegen das drohende Matt verteidigen?
Aufgabe 2: Ist 35.Sf1–h2 ein geeigneter Versuch gegen die »böse Absicht« des Schwarzen?
Aufgabe 3: Worunter leidet die weiße Stellung am meisten?

Das Endspiel

DIAGRAMM 110

DIAGRAMM 110. **Mit zwei Läufern und König gegen König kannst du immer matt setzen.** Ebenso wie mit König und Dame gegen König oder mit König und Turm gegen König muß das wieder am Brettrand geschehen. **Der von allen verlassene König wird wieder mit Hilfe der beiden Läufer und des Königs ins Eck getrieben.** Zuerst bringen wir den weißen König in die Nähe des schwarzen. Der schwarze König bleibt natürlich so lange wie möglich vom Rand weg.
1.Kh1–g2, Kf5–f4 2.Kg2–f2, Kf4–f5 3.Kf2–f3, ... Zurück, bitte schön. Was du nun auch siehst, daß die Läufer **zusammen** beieinanderliegende weiße und schwarze Felder bestreichen, das macht richtig Spaß.
3. ..., Kf5–e6 4.Kf3–e4, Ke6–d6. Der weiße Monarch ist im Zentrum angekommen, nicht zuletzt, weil die weißen Läufer die **Zentrumsfelder** beherrschten. Du kannst also immer zuerst die Läufer so aufstellen, daß sie die Zentrumsfelder kontrollieren, dann kannst du dich gemütlich mit deinem eigenen König auf den Weg machen.
5.La8–d5, Kd6–c5 6.La1–d4 +, ... Nun arbeiten alle weißen Figuren gut zusammen.
6. ..., Kc5–b4 7.Ke4–d3, Kb4–b5 8.Kd3–c3, ... Hurra, nun muß er an den Rand.
8. ..., Kb5–a5. Und nun folgt ein nettes Spielchen: Die Läufer jagen den armen schwarzen König in die Ecke.
9.Ld5–c4, Ka5–a4 10.Ld4–b6, Ka4–a3. Natürlich ist dir schon klar, daß du Patt vermeiden mußt, denn das ist das einzige,

worauf Schwarz noch hofft. Die Gefahr entsteht, wenn der König an den Rand oder in die Ecke kommt.
11.Lc4–b5, Ka3–a2 12.Kc3–c2, Ka2–a3 13.Lb6–c5 +, Ka3–a2 14.Lb5–c4 +, Ka2–a1 15.Lc5–d4 matt.
Du siehst, du kannst es leicht verstehen, aber du sollst es auch schnell machen können. Darum sagen wir zum letzten Mal ... üben, üben, mit Weiß und mit Schwarz, wenn möglich immer zu zweit.

Wie lange darfst du über einen Zug nachdenken?

Du darfst natürlich nicht so lange nachdenken wie du willst. Dann könntest du nie eine Partie verlieren. Du weißt bereits, daß es in den Klubs Wettkämpfe gibt gegen andere Vereine, auch sonst allerlei Turniere.
Die **Bedenkzeit** ist für beide Spieler gleich. Durchschnittlich darfst du etwa 3 Minuten über einen Zug nachdenken. Wenn du eine Eröffnung gut kennst, spielst du natürlich schnell. Im Mittelspiel mußt du manchmal schon ein Viertelstündchen für einen Zug nachdenken. Schau noch mal DIAGRAMM 103 an, dann weißt du, was wir meinen.
Nun haben die Turnierleiter gesagt: »Wenn du z. B. 5 Züge schnell machst, darfst du dir für 5 andere mehr Zeit lassen.« Jeder bekommt deshalb seine **eigene Bedenkzeit**. Du mußt meinetwegen 40 Züge in 2 Stunden machen: Dies sind 3 Minuten pro Zug.
Wenn Weiß und Schwarz beide gleichlang über jeden Zug nachdenken würden, wäre eine Uhr genug, aber das ist natürlich nicht so. Wenn Weiß die Eröffnung gut kennt, braucht er für die ersten 10 Züge vielleicht 5 Minuten. Wenn Schwarz die Eröffnung nicht so gut kennt, benötigt er mehr Zeit. Er braucht dann vielleicht 20 Minuten. Du darfst nämlich die 2 Stunden Bedenkzeit gerade so einteilen wie du willst. Wenn du über einen Zug 1 Stunde nachdenken willst, ist das deine Sache. Die anderen Züge mußt du dann viel schneller erledigen, sonst kommst du in **Zeitnot**. Das ist arg.
Wenn du die 40 Züge nicht in 2 Stunden geschafft hast, hast du die Partie verloren.
Um nun genau zu wissen, wieviel Zeit du verbrauchst, gibt es Schachuhren. Das ist ein Gehäuse mit 2 getrennten Uhren. Das Lustige daran ist, daß jeweils nur eine laufen kann. Wenn du Weiß hast, drückt Schwarz auf einen Knopf auf dem Deçkel seiner Uhr: Dann beginnt deine (Weiß) Uhr zu ticken. Wenn du gezogen hast, drückst du auf den Knopf an deiner Seite, und dann beginnt die Uhr des Gegners (Schwarz) zu laufen. Schau mal das Foto am Ende dieses Kapitels an.
Merk dir also, daß du innerhalb der festgesetzten Zeit eine bestimmte Anzahl Züge machen mußt. Diese Regelung wird durch den Turnierleiter kontrolliert. Dieser muß wissen

können, wieviel Züge du gemacht hast. Deshalb mußt du die Züge aufschreiben. Das kann in kurzer oder langer Notation sein, muß aber jeden Zug von Weiß und Schwarz enthalten.

DIAGRAMM 111

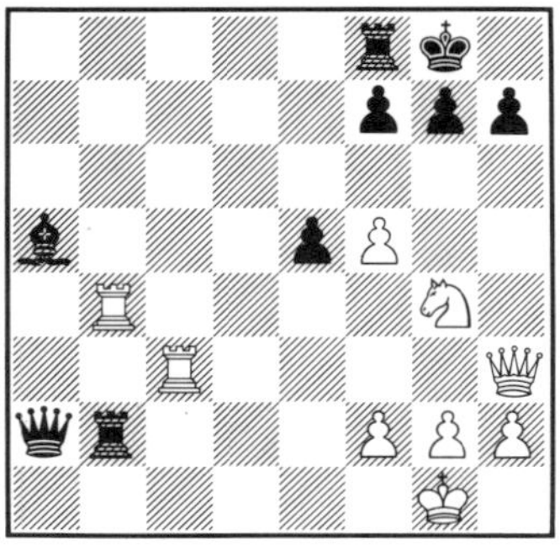

DIAGRAMM 112

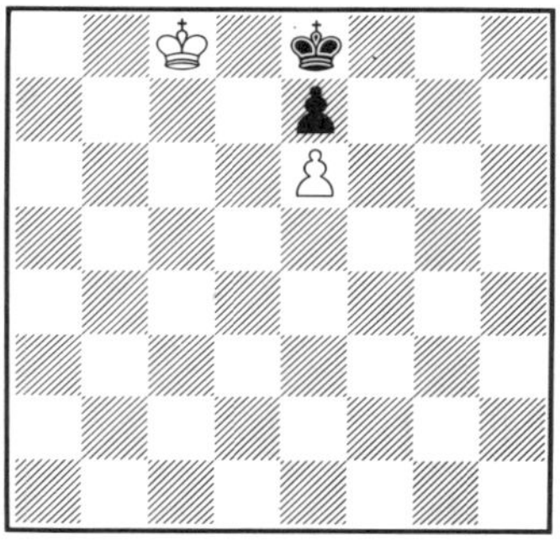

DIAGRAMM 113

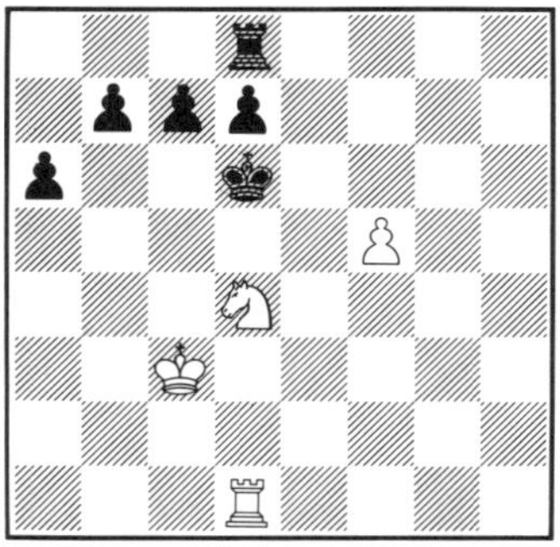

Aufgaben

Aufgabe 4: Stellung – Weiß: Kg1, Dn5, Te8, Be6, f2, g2, h2; Schwarz: Kg8, Dd6, Tf8, Be5, f6, g7, h7. Weiß setzt in 3 Zügen matt.
Aufgabe 5: DIAGRAMM 111. Weiß setzt in 4 Zügen matt.
Aufgabe 6: Stellung – Weiß: Kg1, Tf7, La2, Ba3, g2, h2; Schwarz: Kg8, Td4, Sb6, Bb5, g6, h7. Schwarz spielte 1. ..., Td1 +. War das sinnvoll?
Aufgabe 7: Stellung – Weiß: Kg1, Lc1, Sd5, Ba4, b3, g2, h2; Schwarz: Kh8, Tc8, Bb5, c4, g6, h7. Schwarz spielte 1. ..., c4xb3. Was kannst du nun mit Weiß spielen?
Aufgabe 8: DIAGRAMM 112. Kann Weiß am Zug gewinnen?
Aufgabe 9: Stellung – Weiß: Kg1, Dc1, Ta7, Ta8, Bf2, h4, h5; Schwarz: Kh7, Db6, Tb2, Tb4, Bc5, d6, g7, h6. Weiß setzt in 2 Zügen matt.
Aufgabe 10: Stellung – Weiß: Kh2, Tf3, Sf8, Bf2, g2, h5; Schwarz: Kh8, Tb4, Bb5, c4, d3, g7, h6. Weiß setzt in 3 Zügen matt.
Aufgabe 11: Stellung – Weiß: Kh4, Te2, Bg6; Schwarz: Kd6, Te6, Bf7. Weiß zieht und gewinnt.
Aufgabe 12: Stellung – Weiß: Kd3, Sg6, Bg7; Schwarz: Kd6, Te8. Weiß zieht und gewinnt.
Aufgabe 13: DIAGRAMM 113. Wie gewinnt Weiß?

Deutsches Mädchen-Mannschaftsturnier in Meschede, Dezember 1976. Auf dem Bild: Claudia Capelle, Angela Isigkeit, Susi Knüpfer, Susanne Mähl, Brigitte Hummel, Cornelia Biedermann.
(Foto Susanne Mähl)

15

Die Eröffnung

Jetzt wollen wir uns mit einem sogenannten »**geschlossenen Spiel**« befassen. Es heißt »**orthodoxes Damengambit**«. Dies ist eine Eröffnung, die schon sehr alt ist, aber vor allem in den ersten 25 Jahren unseres Jahrhunderts viel studiert und gespielt wurde.

Du liest plötzlich ein neues Wort: »Gambit«.

Unter den Schacheröffnungen gibt es viele Gambits. Bisher haben wir davon wenig gehört, aber wenn du mit dem Schachspiel weitermachst, werden dir Gambits noch häufig begegnen.

Ein **Gambit** ist eine Eröffnung, in der ein Spieler **Material opfert**. Meistens geht es um einen oder mehrere Bauern, zuweilen auch um eine oder mehrere Figuren. Die Seite, die Gambit spielt, hofft auf den Zeitverlust des Gegners – durch das Nehmen des geopferten Bauern oder der Figur–. So will er den Entwicklungsvorgang siegreich ausnützen.

Wenn jemand etwas schlägt, verliert er ja einen Zug, den er sonst hätte gebrauchen können, um eine Figur ins Spiel zu bringen.

Im orthodoxen Damengambit opfert Weiß seinen Bauern auf c4, den er freilich schnell zurückbekommen kann, aber das wirst du gleich lesen.

Zu den geschlossenen Spielen kannst du alle Eröffnungen rechnen, die mit

1.d2–d4, d7–d5 beginnen. Daß im Zentrum gespielt wird und es um den Einfluß auf das Zentrum geht, brauchen wir nicht mehr zu erklären. Auch, daß Bauernzüge in der Eröffnung den Sinn haben, Raum für die eigenen Figuren zu schaffen, weißt du allmählich auswendig. Was wir obendrein gelernt haben, daß beide Seiten solch ein Zentrum gerne angreifen und deshalb auch verteidigen. Dies erklärt den 2. Zug von Weiß:

2.c2–c4, e7–e6. Halte fest, daß Schwarz auch 2. ..., d5xc4 spielen kann. Dies heißt »das angenommene Damengambit«. Diese Eröffnung zeigen wir in diesem Buch nicht. Du brauchst dann den Bauern nicht zu verlieren. Wenn du 3.Da4 + spielst, kannst du im 4. Zug durch Da4xc4 den Bauern zurückerobern.

Aber wir sehen, daß Schwarz mit seinem 2. Zug den Zentrumsbauern verteidigt. Und, er bleibt hartnäckig. Weiß greift diesen wieder an.

3.Sb1–c3, ... und Schwarz verteidigt sich dagegen.

3. ..., Sg8–f6. Was kann Weiß nun noch aushecken, um d5 unter Beschuß zu nehmen?

DIAGRAMM 114

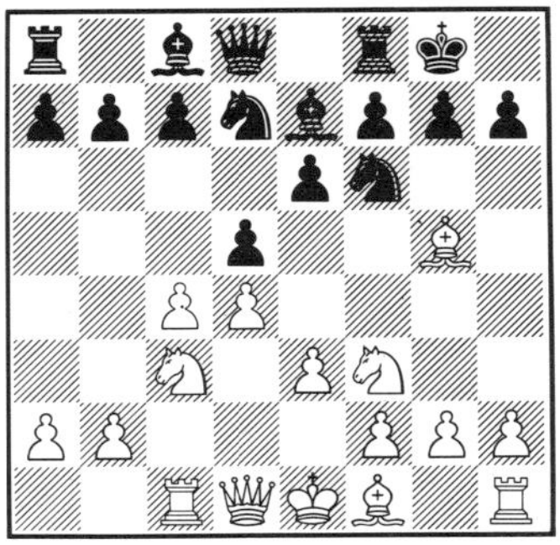

4.Lc1–g5, ... Er fesselt den schwarzen Springer, der so eigentlich nicht mehr wirklich d5 verteidigt. Darum antwortet Schwarz nun

4. ..., Lf8–e7. »Entfesselt« den Springer. Ist Schach nicht einfach? Weiß sieht nun, daß er d5 nicht mehr bedrohen kann und macht mit seiner Entwicklung weiter.

5.Sg1–f3,0–0. Aufgepaßt, nun kann Schwarz wohl auf c4 schlagen, denn die Antwort Da4 + steht Weiß nicht mehr zur Verfügung.

6.e2–e3, Sb8–d7 7.Ta1–c1, ... DIAGRAMM 114.

Bis hierher. Du siehst, daß diese Eröffnung ganz anders ausschaut als die bisherigen. Meist verläuft eine Partie, die so geschlossen beginnt, ruhiger als die offenen Spiele.

Das Mittelspiel

DIAGRAMM 115

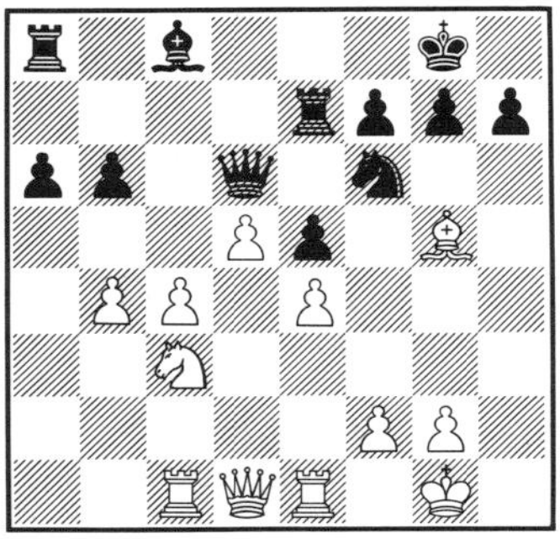

DIAGRAMM 115. Weiß ist am Zug. Was hältst du von der Stellung? Schauen wir es uns mal an. Die schwarzen Türme stehen weniger aktiv als die weißen; der schwarze Springer auf f6 ist gefesselt; der Läufer auf c8 steht passiv. Die weißen Bauern sind weiter vorgerückt als die schwarzen. Wir haben schon mehrmals gesehen, daß es dann höchste Zeit ist, die Ernte unter Dach und Fach zu bringen (den Vorteil zu realisieren).

In diesem Fall ist es nicht so schwierig. Was ist das **Trumpf-As** von Weiß? Sein **gedeckter Freibauer!** Nun, dann spielen wir auf diesen Vorteil hin. **1.c4–c5,** ... Einen Bauernzug über ein Feld hin, das öfter gedeckt als unterstützt ist, nennen wir einen **Durchbruch**. Der Bauer c4 bricht nach c5 durch. Eigentlich geht das gar nicht, denn der Bauer auf c5 wird nur von seinem Kompagnon auf b4 unterstützt, während ihn sowohl der schwarze b-Bauer als auch die Dame nehmen können. Aber Weiß hat gut gerechnet. Paß auf!

1. ..., b6xc5. Schwarz muß wohl, sonst hat Weiß ein starkes Bauernpaar, und dann wissen wir, wie spät es ist.

2.b4xc5, Dd6xc5. Schwarz muß wieder nehmen, weil ihn sonst die beiden Freibauern überrollen würden.

3.d5–d6!!?, ... Dies war der Sinn des Bauernopfers. Weiß gewinnt einen Zug, denn er greift den schwarzen Turm an. Dieser hat nicht so viel Felder, und obendrein sieht Schwarz, daß Weiß ihm durch Tausch auf f6 einen Doppelbauern besorgen kann, und das ist nicht so schön.

3. ..., Te7–e6 4.Sc3–d5!, ... Das ist nun der eigentliche Erfolg des Durchbruches. Der weiße Springer hüpft frohgemut ins Zentrum; er hat dem Turm auf der c–Linie freie Bahn gemacht; er kann, wenn er will, Schwarz doch einen Doppelbauern auf f6 besorgen und er droht Sc7, womit er beide Türme angreift. Junge, Junge und das alles für einen Bauern. Ein wahrer Tausendsassa, dieser Springer, nicht wahr?

Was kann Schwarz machen? Er muß natürlich mit der Dame wegziehen, aber schön ist alles nicht.

DIAGRAMM 116

DIAGRAMM 117

DIAGRAMM 118

Wir wollen hieraus keine Aufgabe machen; aber willst du die Stellung gut untersuchen, wenn es geht zu zweit.
Weißt du, daß das Untersuchen einer Stellung **»analysieren«** heißt?

Das Endspiel

Heute wollen wir uns über die »Opposition« unterhalten. Die **Opposition** (Gegenüberstellung) spielt in Endspielen eine große Rolle; es geht dabei um die **beiden Könige.** In der Eröffnung bringen wir den König mit der Rochade schnell in Sicherheit, auch im Mittelspiel kann er meist noch hinter seinem Bauernpolster verschnaufen.
Aber im Endspiel heißt es dann an die Arbeit. Wilhelm Steinitz, der erste deutsche Weltmeister, sagte: **»Der König ist im Endspiel die stärkste Figur.«**
Wir wissen, daß die Könige immer ein Feld voneinander getrennt bleiben müssen. Sie können einander sehr im Weg stehen.
Bei der Opposition geht es darum, ob du den feindlichen König zur Seite drängen kannst, oder ob du selbst ausweichen mußt.
Schau mal DIAGRAMM 116 an.
Kann Weiß mit dem König die 8. Reihe erreichen? Wozu das gut sein soll, sehen wir im nächsten Kapitel. Fangen wir mal an.
1.Ke2, Ke7 2.Ke3, Ke6 3.Ke4,... Jetzt sind wir bei DIAGRAMM 117. Schwarz ist am Zug. Die Stellung der Könige führt zur Frage: **»Wer hat die Opposition?«** Das klingt verwickelt, heißt aber einfach: »Wer ist **nicht** am Zug?«
Denn – probier das mal – wer am Zug ist, muß den anderen durchlassen. Er muß die **»Opposition aufgeben«.**
Schwarz zieht, z.B. **3. ...,Kf6.** Weiß erspäht die Chance – schnell **4.Kd5,...** Schwarz rennt noch hinterher, aber er kommt zu spät:
4. ...,Ke7 5.Kc6, Kd8 6.Kb7, und Weiß erreicht sein Ziel. DIAGRAMM 118.
Ja, wir machen es schwer. Weiß ist am Zug. Kann er die Opposition erreichen? Kann er gerade oder schräg – natürlich mit 1 Feld dazwischen – dem feindlichen König gegenüberstehen? Kann er die Opposition »nehmen«? Warum die **»schräge Opposition«** auch wichtig ist, lernen wir im nächsten Kapitel.
Nun wieder DIAGRAMM 118.
Weiß spielt z.B. **1.Ke3,...** wonach Schwarz fuchsesschlau **1. ...,Ke5** zieht und die Opposition nimmt. Was bedeutet das wieder? Genau, der andere muß ziehen und zur Seite weichen.
Fangen wir nochmal bei DIAGRAMM 118 an: **1.Kd3,...** Würdest du nun mit Schwarz 1. ...,Ke6 ziehen? Nein, das wäre dumm, denn dann nimmt Weiß die Opposition mit 2.Ke4.
Aber Schwarz spielt **1. ...,Kf5.** Nun hat er die »schräge Oppo-

sition« erobert. Wenn Weiß nun **2.Kd4,...** zieht, nimmt Schwarz mit **2...,Kf4** die **»horizontale Opposition«.** Hätte Weiß **2.Ke3,...** gespielt, hätte Schwarz **2. ...,Ke5** gemacht.
Beginnst du es etwas zu begreifen? Du siehst natürlich, daß es um 3 Felder geht, schräg oder gerade. Es kann auch um 5 Felder gehen oder sogar um 7, dann heißt es »Fernopposition«.
Du nimmst die Opposition, wenn du den Abstand 3, 5 oder 7 Felder entstehen lassen kannst.
Aber jetzt genug von der Opposition, da kann einem ja schwindlig davon werden. Aber glaube uns, nach kurzer Zeit weißt du nicht mehr, daß es so schwierig schien. Dann verstehst du auch, warum du es lernen mußtest. Es macht Spaß, wenn du deinen Gegner so »austricksen« kannst.

Die Weltmeister

In der langen Geschichte des Schachs finden wir ab und zu Erzählungen über Schachkämpfe zwischen den besten Spielern der Welt. Schon an den Höfen der arabischen Kalifen, besonders in Bagdad, fanden solche Kämpfe statt, und die Namen der damaligen Meisterspieler, Al-Adli oder As-Suli, werden in den Chroniken dieser Zeit mit Begeisterung zitiert.
Später, um 1576, wurde sogar vor Seiner Katholischen Majestät Philipp II. in Madrid ein kleines Turnier gespielt. Daran nahmen die besten Spieler von damals teil: die Italiener Leonardo da Cutri und Paolo Boi sowie die Spanier Ruy Lopez da Segura und Alfonso Serron. Leonardo siegte und bekam vom König einen schönen Ring als Preis. Er war sicherlich der beste Spieler seiner Zeit – wie später, im 18. Jahrhundert, der Franzose André Danican Philidor. Aber damals existierte kein organisiertes Schachleben, die Veranstaltungen waren rein zufällig, und es gab keine Schachtitel. So sind uns diese Namen nur wegen ihres damaligen Ruhms bekannt.
Viel später, im 19. Jahrhundert, begann das Schachleben, sich schnell zu entwickeln. In der 1. Hälfte lebten einige interessante Schachmeister: der fabelhafte napoleonische General Deschappelles und sein Schüler Mahé de Labourdonnais in Frankreich, MacDonnell und Staunton in England, Anderssen, Bledow, von der Lasa und Horwitz in Deutschland, Petrow in Rußland.
Die berühmten Wettkämpfe zwischen Labourdonnais und Mac Donnell, die 1834 in London stattfanden und insgesamt 85 Partien umfaßten, wurden allgemein als eine Art Weltmeisterschaftskampf angesehen. Labourdonnais gewann – zweifellos war er der beste Spieler seiner Zeit.
Mit dem ersten internationalen Schachturnier, das in London 1851 stattfand, beginnt eigentlich die moderne Periode der Schachgeschichte und auch ein eifriger Kampf um die Ehre des besten Schachspielers der Welt. In London gewann der deutsche Mathematiklehrer aus Breslau, **Adolf Anderssen,**

Der Weltmeister

brillant. Er wurde mit Recht als bester Schachspieler der Welt anerkannt. Weltmeister war er aber nicht. Einen solchen Titel gab es noch nicht. Auch das Schachgenie **Paul Morphy,** der 1858 aus Amerika nach Europa kam und während 1 1/2 Jahren die besten Spieler seiner Zeit mit erstaunlicher Leichtigkeit schlug, trug nicht den Titel eines Weltmeisters, wohl aber den Ruhm und die Ehre.

Der **erste offizielle Weltmeister** der Schachgeschichte war **Wilhelm Steinitz.** Nach einer Reihe von brillanten Turnier- und Wettkampfsiegen proklamierte er sich 1886, nach dem Sieg über J. Zukertort, als Weltmeister und wurde auch von der Schachwelt als solcher anerkannt. Mit Steinitz beginnt die Zeit der offiziellen Weltmeisterschaftswettkämpfe. Die Liste der Weltmeister enthält die berühmtesten Namen der modernen Schachgeschichte:

Wilhelm Steinitz (1886–1894)
Emanuel Lasker (1894–1921)
José Raul Capablanca (1921–1927)
Alexander Aljechin (1927–1935 und 1937–1946)
Max Euwe (1935–1937)
Michail Botwinnik (1948–1957, 1958–1960, 1961–1963)
V. Smyslow (1957–1958)
Michail Tal (1960–1961)
Tigran Petrosjan (1963–1969)
Boris Spasski (1969–1972)
Robert (Bobby) Fischer (1972–1975) und
Anatoli Karpow (seit 1975).

Alle diese hervorragenden Spieler haben ein Stück Schachgeschichte geschrieben (und manche schreiben es noch). Steinitz war nicht nur ein außerordentlich starker Spieler, sondern auch der Begründer der modernen Schachtheorie. Seine Prinzipien des positionellen Spiels sind noch heute eine Quelle von Schachweisheit.

Dr. Emanuel Lasker, Mathematiker, Philosoph und sogar Dramatiker, war ohne Zweifel eine der interessantesten Persönlichkeiten der Schachgeschichte. Geborener Kämpfer und feiner Psychologe, dominierte er in der Schacharena 27 Jahre lang.

Sein Nachfolger, der Kubaner José Raul Capablanca, verfeinerte die Schachtechnik bis zu einer bis dahin nicht gekannten Höhe. Er unterlag dem phantasievollen Aljechin in einem Riesenwettkampf (34 Partien) in Buenos Aires 1927.

Aljechin mit seiner komplexen Persönlichkeit, in der brillante Eigenschaften mit sehr menschlichen Schwächen gemischt waren, beeinflußte die Entwicklung des Schachs zwischen den zwei Weltkriegen (1920 – 1939). Er übernahm die geschliffene Technik Capablancas, den Kampfgeist Laskers und fügte ein Tröpfchen genialen Schöpfungsgeistes hinzu.

Sein großer Gegner, der Holländer Prof. Dr. Max Euwe (zur Zeit Präsident des Weltschachbundes), repräsentierte eine entgegengesetzte, methodische Tendenz. Das Aufeinander-

prallen dieser so verschiedenen Konzepte führte zu einem außerordentlich interessanten Kampf.
Mit Michail Botwinnik beginnt die »sowjetische Ära«. Seit 1948 dominieren die Profispieler aus der UdSSR (mit einem Intermezzo zwischen 1972–75) die Weltmeisterschaftsbühne. Botwinnik, Smyslow, Tal, Petrosjan, Spasski, Karpow – eine Schar von ausgezeichneten, hochklassigen Großmeistern. Eine großzügige Unterstützung des Staates gibt diesen Spielern alle Möglichkeiten, ihr Bestes zu leisten.
Während einer kurzen Periode war diese Vorherrschaft unterbrochen. Wie ein Meteor kam Robert J. Fischer aus Amerika. Er kam, sah und siegte! Und wie! 6 : 0 Siege gegen solche Weltmeisterschaftsanwärter wie Taimanow (UdSSR) und Larsen (Dänemark). So etwas hatte es noch nie gegeben. Der frühere Weltmeister Petrosjan wurde auch schrecklich geschlagen (5 : 1 bei 3 Remisen). Und endlich, im Weltmeisterschaftskampf in Reykjavik 1972, besiegte Bobby Fischer den bisher erfolgreichsten sowjetischen Weltmeister Boris Spasski, mit 7 : 3 bei 10 Remisen (eigentlich war es 7 : 2, weil Fischer eine Partie durch Nichtantreten verlor: ein Unikum in der Geschichte der Weltmeisterschaften). Und dann – verschwand er! Seit 1972 hat Fischer keine Turnierpartie mehr gespielt und verzichtete auch – wegen Meinungsverschiedenheiten über die Regeln des Wettkampfs – darauf, seinen Titel gegen den neuen Weltmeisterschaftsanwärter A. Karpow (UdSSR) zu verteidigen. Schade, daß die Schachwelt so die Möglichkeit verloren hat, den möglicherweise interessantesten Titelkampf aller Zeiten zu sehen.
Der jetzige Weltmeister, Anatoli Karpow, ist noch ein junger Mann, der viel und gut spielt. Im Gegensatz zu Fischer ist er ein »spielender Weltmeister« und ein ausgezeichneter Repräsentant des modernen Schachs: gute Technik, vortreffliche Vorbereitung und sportlicher Geist.
Ihr seht, die ersten Weltmeister waren Deutsche – vielleicht wird es bald wieder einen deutschen Weltmeister geben, vielleicht bist du es?!
Langsam, langsam – schau erst mal die nächsten Kapitel an.

DIAGRAMM 119

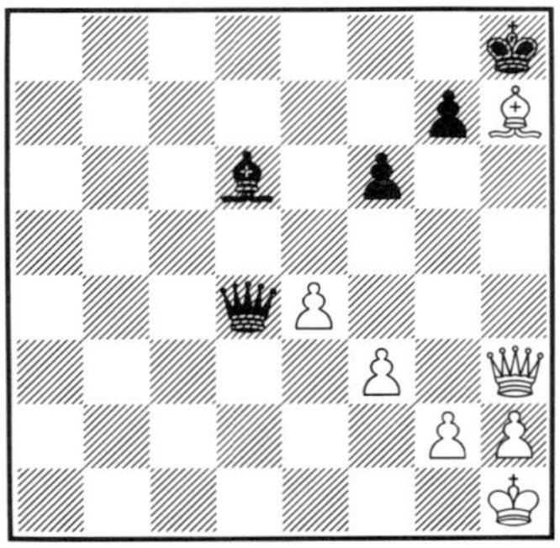

Aufgaben

Aufgabe 1: DIAGRAMM 119. In wieviel Zügen setzt Weiß matt?

Aufgabe 2: Stellung – Weiß: Kh1, Tc1, Sf4, Bf3, g2; Schwarz: Kg7, Dd7, Bf6. Weiß zieht und gewinnt schnell Material.

Aufgabe 3: Stellung – Weiß: Kh1, Ta1, Ta4, Sf2, Bg2, h3; Schwarz: Kg5, Dd6, Tg8, Bc5, f5. Weiß zieht und gewinnt schnell Material.

DIAGRAMM 120

DIAGRAMM 121

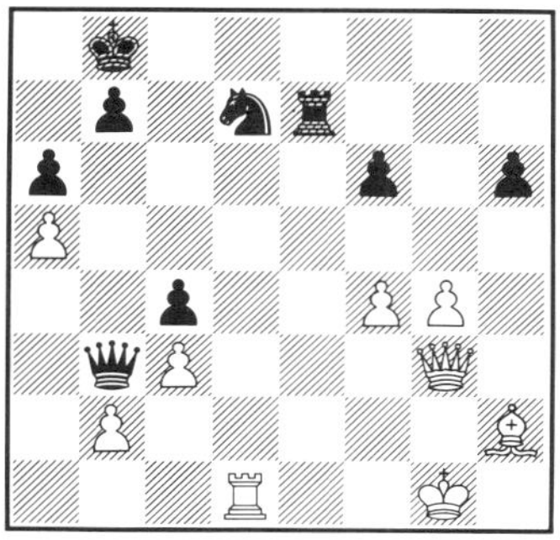

Aufgabe 4: Stellung – Weiß: Kh1, Dc1, Th8, Sf3, Bg2, h2; Schwarz: Kg6, Dg4, Tc7, Lg7, Bc6, f5, f7. Weiß setzt in 2 Zügen matt oder gewinnt die Dame.

Aufgabe 5: DIAGRAMM 120. Weiß zieht und gewinnt.

Aufgabe 6: Stellung – Weiß: Kg2, Tc1, Bd6, f2, g3; Schwarz: Kg8, Te8, Ba7, b7, g7, h7. Weiß zieht und gewinnt.

Aufgabe 7: Stellung – Weiß: Kg2, Tc7, Td7, Bf2, g3, h6; Schwarz: Kg8, Ta8, Te8, Ba3, b4, g6, h7. Weiß setzt in 4 Zügen matt.

Aufgabe 8: Stellung – Weiß: Kg1, Tg7, Lb2, Bb4, f2, g2; Schwarz: Kh8, Tb7, Te7, Sc7, Sf8, Ba4, b3, e4, g6, h7. Weiß ist am Zug. Steht er auf Gewinn oder Verlust?

Aufgabe 9: Stellung – Weiß: Kg1, Bb3, f4, h4; Schwarz: Kb5, Ba7, b7, g6. Weiß zieht und gewinnt.

Aufgabe 10: DIAGRAMM 121. Weiß zieht und gewinnt.

Gemach, gemach

16

Die Eröffnung

Heute wollen wir die »**englische**« Eröffnung etwas anschauen. Du siehst, oft haben die Eröffnungen Ländernamen. Wenn du recht erfinderisch bist, kannst du vielleicht eine »deutsche« Eröffnung schaffen, denn ausgerechnet die gibt es noch nicht. Aber jetzt erstmal zu »Merry old England«.
1.c2–c4; e7–e5. Weiß eröffnet mit dem c-Bauern, um gleichsam von der »Flanke« Einfluß aufs Zentrum zu nehmen.
2.Sb1–c3, Sg8–f6. Merkt ihr was? Es ist wie ein »umgedrehtes Sizilianisch«.
3.Sg1–f3, Sb8–c6. So, die Rösser sind schon munter auf der Kampffläche: Wir sind zu allem bereit, komme, was kommen mag.
4.g2–g3, ... Ja, was soll denn das? So etwas haben wir noch nicht gesehen. Nun, dieser kleine Schritt des Springbauern dient dazu, den weißen Läufer zu »**fianchettieren**« (pfui, schon wieder ein Fremdwort), das heißt, auf das Feld (g2) zu entwickeln, wo gerade noch der Bauer stand. »Aus dem Verborgenen heraus« wirkt er oft recht tückisch.
4...,d7–d5. Schwarz spielt im Zentrum, sucht den offenen Kampf. Jetzt droht auch d5–d4 mit Angriff auf den Springer c3.

Also:
5.c4xd5, Sf6xd5
6.d2–d3, Lf8–e7
7.Lf1–g2, Lc8–e6

DIAGRAMM 122

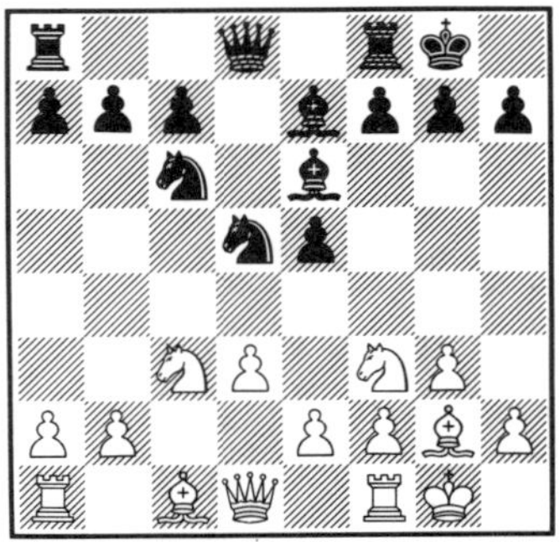

Beide Seiten entwickeln sich, nur macht es Weiß zurückhaltender. Nun noch die beiden Könige in Sicherheit: **8.0–0, 0–0** (DIAGRAMM 122).

Tja, so begann die Partie zwischen **Weltmeister Karpow** (Weiß) und den **deutschen Fernsehzuschauern,** die im Juni 1977 zur Überraschung aller mit einem **Remis** endete. Wer hätte das gedacht, daß wir dem Weltmeister ebenbürtigen Widerstand bieten?
36 Züge lang, also 36 Wochen, wurde jeder einzelne Zug im Fernsehen übertragen und von Großmeistern kommentiert. Weil diese Sendung überall so großes Interesse fand, wird im Weihnachtssonderprogramm 1977 ein Fernseh-Schachturnier übertragen, das in nahezu alle europäischen Länder ausgestrahlt wird. Von deutscher Seite nehmen die Großmeister Lothar Schmid und Dr. Helmut Pfleger teil.
Aber weißt du auch, wie es zu der Idee dieses Fernsehkampfes kam?

Der 17jährige Schüler Günter Hasenfuß spielte öfter mit dem Fernsehmoderator Helmut Jungwirth und erzählte diesem einmal beiläufig, daß er mit einem südamerikanischen Partner eine »Fernpartie« per Postkarten spiele. Da dachte sich Helmut Jungwirth: Warum nicht eine Partie im Fernsehen? Und warum nicht gegen den Weltmeister? Du siehst, was kleine Leute mit guten Ideen bewirken können!

Weltmeister Anatoli Karpow (UdSSR) spielt beim »Toreo del vino« in Montilla (Spanien) gegen Helmut Pfleger. Die Partie wird für die Zuschauer auf Demonstrationsbretter übertragen.

Das Mittelspiel

DIAGRAMM 123. Wenn du einen starken Spieler nach seiner Meinung über eine Stellung fragst, wird er dir sagen: »Wart mal – erst gut anschauen«. Er wird sich z.B. 5–10 Minuten Zeit nehmen, um das Diagramm hier zu beurteilen. Dann sagt er sicher: **»Weiß steht viel besser«**.

Wenn du selbst so weit bist, begreifst du vom Schach schon einiges. Wir wissen inzwischen, daß vor allem die Stellung der Figuren – die augenblickliche Aktivität – im Mittelspiel entscheidend ist. Im Endspiel geht es in erster Linie um die Position der Bauern. In unserem Diagramm sind die Könige rechtschaffen beschützt. Der weiße König vermißt wohl die trauten 3 Bauern, aber dafür sind viele weiße und wenig schwarze Figuren in seiner Nähe. Die weiße **Dame** und der weiße **Läufer** haben einen **Riesenaktionsraum.** Der weiße **Springer** kann ins **Zentrum** hüpfen. Der weiße Turm auf f1 ist angegriffen, das ist nicht so schön. Sein Bruder auf a1 ruht sich noch aus.

Und **Schwarz?** Vor allem der **Läufer** auf b4 ist ein **Nichtsnutz.** Du müßtest schon Lb4–a5–c7 spielen, um ihn wach zu rütteln; selbst dann sind seine Aussichten trübe, denn Weiß bestreicht die entsprechenden Felder.

DIAGRAMM 123

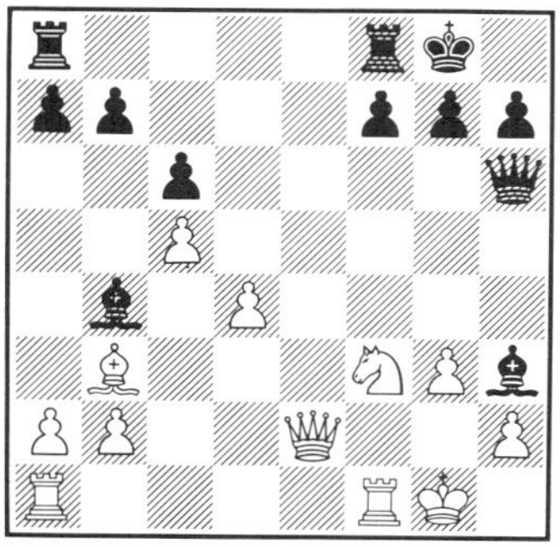

In diesem Augenblick hat Weiß eigentlich **eine Figur mehr** im Spiel.
Das ist die Mühe wert. Außer diesem »zeitweiligen Zustand« – denn Aktivität kann sich mit jedem Zug verändern – gibt es etwas einstweilen bleibend Nachteiliges für Schwarz: Das ist der **Bauer f7.** Wir haben schon einmal gesagt, daß die Punkte f2 und f7 meist die schwächsten des Schachbrettes sind. Das wissen starke Meister natürlich noch besser als wir. Der weiße Läufer auf b3 schaut auch schon hungrig hin. Nun spielen wir, oder besser gesagt, wir schauen zu, wie der amerikanische Großmeister Bobby Fischer mit Weiß gegen den jugoslawischen Großmeister Minic weiterspielte.
Fischer weiß natürlich, daß Schnelligkeit im Schach Gold wert ist. Wenn es dann Material kostet, ist das wohl schade, aber oft den Lohn wert.
1.Sf3–e5!, ... Mit einem Zug wird der Bauer (Punkt) f7 dreimal angegriffen. Was macht Schwarz? Tja, was kann er machen? Auf jeden Fall kann er die Stellung »unverändert« lassen – wenigstens einen Zug lang – bei mehr Material.
Recht hat er. Darum spielt er
1. ..., Lh3xf1. Der Läufer steht auf h3 nicht schlecht, aber der Turm ist mehr wert. Nach 1. ..7., Le6 gewinnt 2. Se5xf7!
2.Ta1xf1, Lb4–d2. Du siehst, daß Schwarz weiß, worum es geht. Der passive Läufer wird zum Leben erweckt. Wenn Schwarz z.B. auch noch Läufer e3+ spielen und den Bauern d4 schlagen kann, steht er plötzlich sehr gut. Dies vereitelt Fischer mit **3.Tf1–f3, Ta8–d8.** Schwarz gibt den Kampf noch nicht verloren. Siehst du, warum er nicht 3. ..., Lg5 ziehen kann? Genau, weil dann 4.Se5xf7 gewinnt.
4.Se5xf7!!, ... Wir scheinen wieder bei Teil 1 oder Teil 2 unseres Buches zu sein. Ein Doppelangriff des Springers und eine Abzugsschach-Drohung. Aber Schwarz kann ruhig etwas zurückgeben, er hat ja den weißen Turm auf f1 genommen. Deshalb
4. ..., Tf8xf7.
Aufgabe 1: Siehst du den Gewinnzug für Weiß?

Das Endspiel

DIAGRAMM 124

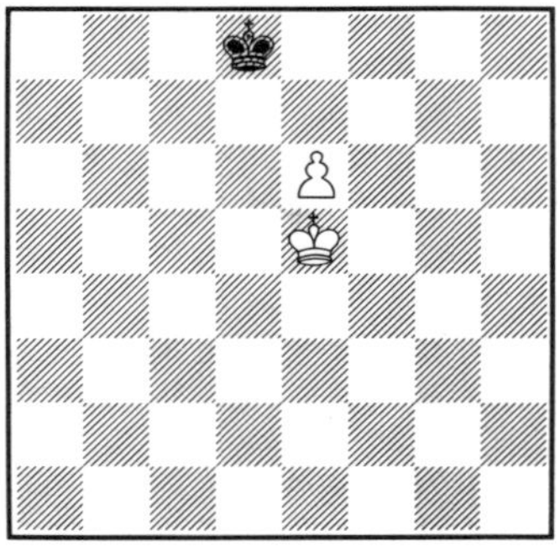

Im vorigen Kapitel haben wir die **Opposition** »in Angriff genommen«. Warum ist das so wichtig? Wie bei allem im Schach, mußt du dies am eigenen Leib erlernen.
DIAGRAMM 124. Weiß ist am Zug. Er zieht **1.Ke5–d6**. Weiß nimmt die Opposition. Dies bedeutet, daß Schwarz weichen muß. Also
1. ..., Kd8–e8 2.e6–e7, hurra. Was kann Schwarz machen? Er hat nur einen Zug. **2. ..., Ke8–f7**. Und nun: **3.Kd6–d7**. Weiß nimmt wieder die Opposition, diesmal horizontal. Schwarz kann nicht mehr nach e8 zurück, er kann dieses Feld auch nicht

DIAGRAMM 125

genügend verteidigen. Kurzum: Weiß holt eine Dame und gewinnt also die Partie.

DIAGRAMM 125. Denk dran, daß du das folgende langsam machst, bis du den Trick ganz verstanden hast. Bei Simultanveranstaltungen – du weißt ja, wenn jemand gegen 25 oder mehr Spieler gleichzeitig spielt – siehst du oft, daß selbst gute Vereinsspieler solch eine Stellung mit Schwarz verlieren. Warum? Weil sie die letzten Geheimnisse der Position nicht verstanden haben.

Wenn du die **Opposition nehmen** kannst, kann der andere nicht weiterkommen. Wir lassen nun Weiß beginnen. **1.Kd2, Ke5!** Sehr gut von Schwarz. Wenn Weiß nun 2.Kd3 zieht, kommt 2. ..., Kd5 und Schwarz **nimmt** die Opposition. Wenn Weiß 2. Ke2 wieder spielt, nimmt Schwarz mit 2. ..., Ke4 die Opposition (dies ist durch den weißen Bauern durchbetrachtet). **2.Kd3, Kd5 3.e4 +, Ke6 4.Kd4, Kd6!** (nimmt die Opposition). **5.e5 + , Ke7 6.Kd5, Kd7** (nimmt die Opposition). **7. e6 +, Ke8 8.Kd6, Kd8** (nimmt die Opposition). Langsam werden wir langweilig.

9.e7 +, Ke8. Tja, da steht Weiß in seiner Herrlichkeit. **Nach 10.Ke6 ist Schwarz patt.** Also Remis.

Aufgabe 2: Was machst du in DIAGRAMM 125, wenn du mit Schwarz am Zug bist?

DIAGRAMM 126

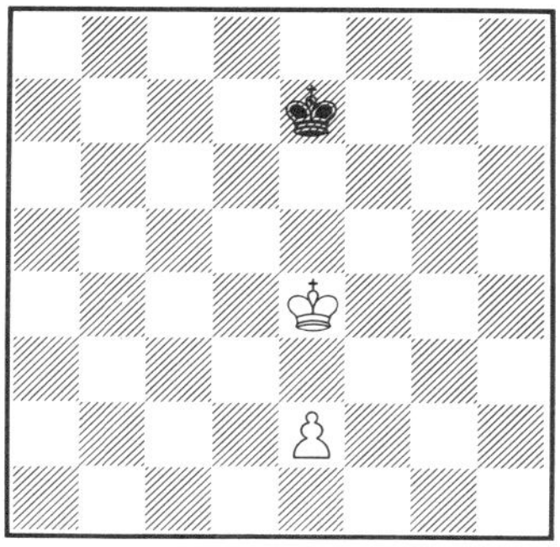

Aufgabe 3: DIAGRAMM 126. Wie geht es weiter mit Weiß am Zug? Wie geht es weiter mit Schwarz am Zug? Wenn du das Bisherige gut verstanden hast, ist die Aufgabe nicht so schwierig.

Aufgabe 4: Stellung – Weiß: Ka5, Ba2; Schwarz: Kb8. Weiß ist am Zug. Wie endet diese Partie?

Aufgabe 5: Stellung – Weiß: Ke6, Be5; Schwarz: Ke8. Wie endet diese Partie mit

1. Weiß am Zug?
2. Schwarz am Zug?

Berühmte Partien

Bis zum Ende dieses Buches wollen wir euch Partien zeigen, die in der ganzen Welt berühmt sind. Diese Partien haben glanzvolle Namen.

Eine der berühmtesten ist die **»Unsterbliche Partie«.** So waren die Schachspieler damals beeindruckt. Warum? Weiß opferte viel Material, um danach matt zu setzen. Die Menschen sagten: »Der Geist siegt über die Materie«.

Weiß: Anderssen **Schwarz: Kieseritzki**

gespielt in London 1851

1.e2–e4, e7–e5 2.f2–f4, e5xf4 3.Lf1–c4, Dd8–h4 + 4.Ke1–f1, b7–b5

DIAGRAMM 127

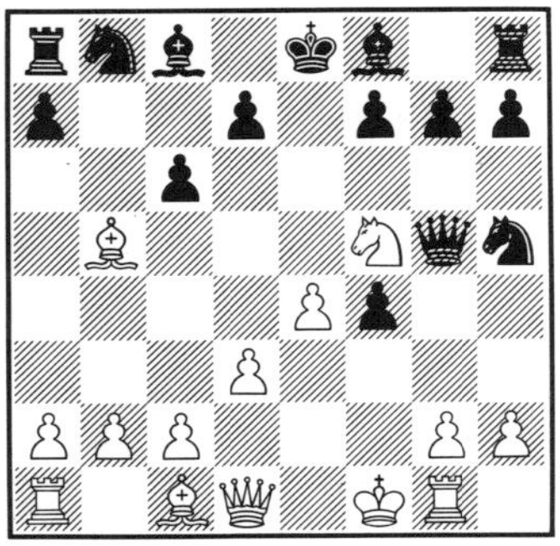

DIAGRAMM 128

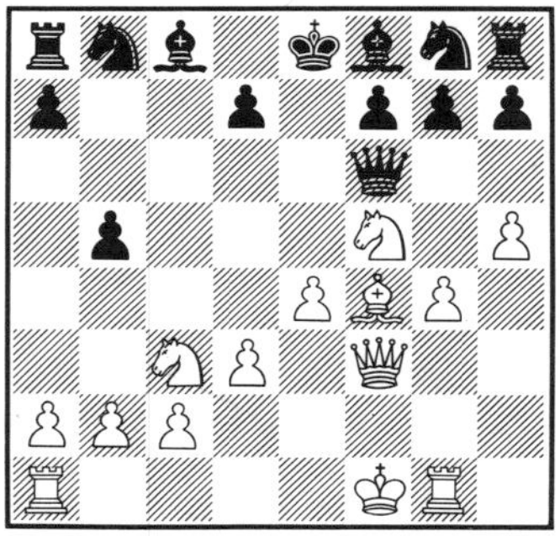

DIAGRAMM 129

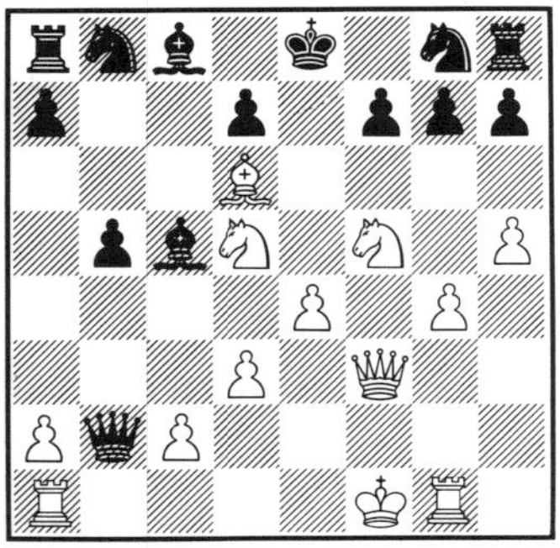

Diese Eröffnung heißt angenommenes Königsgambit. Weiß hat einen Bauern geopfert, um den schwarzen König schneller angreifen zu können. Schwarz beeilt sich, dieses Geschenk zurückzugeben.

5.Lc4xb5, Sg8–f6 6.Sg1–f3, Dh4–h6 7.d2–d3, Sf6–h5 8.Sf3–h4, Dh6–g5 9.Sh4–f5, c7–c6 10.Th1–g1,...

DIAGRAMM 127. Weiß **opfert** eine Figur, um einen gewaltigen **Entwicklungsvorsprung** zu bekommen. Das heißt: Er hofft auf soviel Aktivität für seine anderen Figuren, daß eine Figur weniger nicht so ins Gewicht fällt. Das kannst du natürlich nie genau ausrechnen – da würdest du verrückt dabei –, aber gute Schachspieler bekommen ein Gefühl dafür, ob sich so etwas auszahlt. Sie sprechen hier auch von **»Intuition«:** Etwas wissen, ohne daß du es beweisen kannst.

10. ..., c6xb5 11.g2–g4, Sh5–f6 12.h2–h4, Dg5–g6 13.h4–h5, Dg6–g5 14.Dd1–f3! Du siehst die gewaltige Aktivität der weißen Figuren. Er droht schon, mit 15.Lc1xf4 die schwarze Dame zu erobern. Die kann nirgends mehr hin. Darum **14. ..., Sf6–g8.** Nun kann die Dame wenigstens zurück, aber um die schwarze Entwicklung ist es traurig bestellt.

15.Lc1xf4, Dg5–f6 16.Sb1–c3.

DIAGRAMM 128. Du kannst nun besser verstehen, wie gut es ist, verständig Eröffnungen zu lernen. Weiß steht überall aktiv. Schwarz muß noch »aus den Löchern raus«. Das macht er denn auch, aber zu spät.

16. ..., Lf8–c5. Schlau gedacht. Wenn Weiß nun den Turm von g1 wegzieht und damit Zeit verliert, kann Schwarz noch eine Figur entwickeln. Aber denk noch mal an unser Mittelspiel – an DIAGRAMM 123, Fischer-Minic – da kam es Fischer auch nicht in den Kopf, Zeit zu verlieren. Er sprang mit seinem Springer ins Zentrum, den Angriff zu verstärken. Solch einen »Zug auf Gefühl« macht Weiß nun auch; natürlich schauen die Meister genau hin und rechnen viel, aber der Plan kommt aus ihrem Gefühl.

17.Sc3–d5, Df6xb2. Das ganze Brett steht in Flammen. Nun sind beide weiße Türme angegriffen. Aber der Weiße, Prof. Anderssen, der damals als der stärkste Spieler der Welt galt, hat starke Nerven.

18.Lf4–d6! ... DIAGRAMM 129. Was soll Schwarz machen? Wenn er den Läufer wegnimmt, ist er seine einzige aktive Leichtfigur los und Weiß spielt Sf5xd6+. Dann kann er sich immer noch um seine Türme kümmern. Darum frißt Schwarz, so viel er kann.

18. ..., Db2xa1 + 19.Kf1–e2, Lc5xg1 20.e4–e5, Sb8–a6.

Aufgabe 6: DIAGRAMM 130. Weiß setzt nun in 3 Zügen matt. Sehr schwierig, aber wunderschön.

DIAGRAMM 130

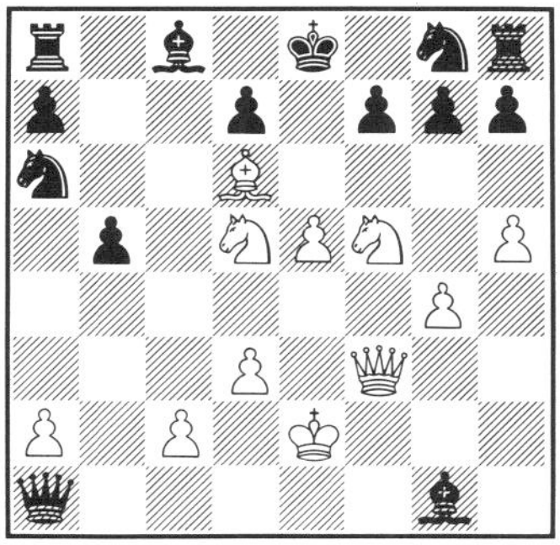

DIAGRAMM 131

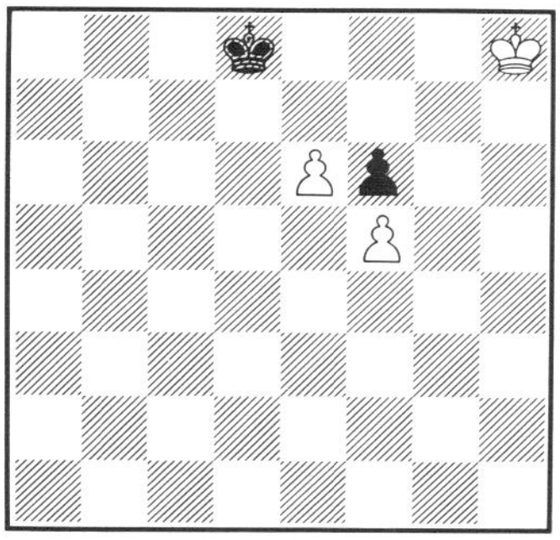

Aufgaben

Aufgabe 7: Stellung – Weiß: Kf1, Td1, Bf2, g3, h4; Schwarz: Kf3, Td8, Bd2, g4, h5. Schwarz zieht und gewinnt.
Aufgabe 8: Stellung – Weiß: Kc8, Lf8, Ba4, b6; Schwarz: Ka8, Ba5, b7. Weiß zieht und gewinnt.
Aufgabe 9: Stellung – Weiß: Kh2, Df1, Lg2, Ba2, b3, c3, g3, h4; Schwarz: Ka8, Dh6, Lb7, Ba7, b6, f5, f7, g6, h5. Weiß setzt in 2 Zügen matt.
Aufgabe 10: DIAGRAMM 131. Weiß zieht und gewinnt.

Schachanekdoten
Philidor und der junge Engländer

Philidor galt als der beste Schachspieler seiner Zeit. Er empfing Besucher aus allen Teilen der Welt, die darauf brannten, mit ihm zu spielen. Da Philidor jedoch vor allem Opernkomponist war und nicht immer Zeit zum Schachspielen fand, hatte er – so berichtet die Legende – einem Affen das Schachspielen beigebracht, der ihn gelegentlich, zumal gegen schwächere Gegner, vertrat.

Eines Tages erhielt Philidor den Besuch eines jungen Engländers, der ihn bat, mit ihm eine Partie zu spielen. Philidor entschuldigte sich, er habe viel zu arbeiten, und ersuchte den jungen Herrn, doch mit seinem Affen eine Schachpartie zu spielen. Nach einigem Zögern entschloß sich der junge Schachspieler, gegen diesen seltsamen Gegner eine Partie zu wagen. Unterdessen beschäftigte sich Philidor im Nebenzimmer mit seinen Kompositionen.
Plötzlich hörte er Lärm, der Affe heulte auf, und als der Meister ins Zimmer trat, saß der Affe ganz verängstigt auf dem Schrank. Der junge Engländer war verlegen. Er entschuldigte sich mit den Worten: »Ich verlor, nie hätte ich gedacht, daß ein Affe so gut Schach spielt, ich habe ihn unterschätzt, und als ich matt wurde, versetzte ich dem Armen eine Ohrfeige. Ich werde das wirklich nie wieder tun, rufen Sie den Affen doch herunter.« Doch der Affe traute dem Frieden nicht, und erst nach langem Zureden verließ er den Schrank und setzte sich zitternd an den Schachtisch. Zur Vorsicht aber blieb Philidor diesmal im Zimmer, um den Affen zu beruhigen.
Die Partie begann. Philidor schaute kaum hin, aber nach einer halben Stunde flüchtete der Affe mit einem Satz wieder auf den Schrank. Der junge Engländer war ganz verdutzt und sah zu Philidor: »Ich kann nicht begreifen, warum er wieder durchgegangen ist, ich habe ihm doch nichts getan«. Lächelnd vertiefte sich Philidor in die Stellung und sagte dann: »Sehen Sie, diesmal hat er nicht auf die Ohrfeige gewartet; denn Sie sind in drei Zügen matt.«

17

Die Eröffnung

Wir nähern uns dem Ende des Buches, zumindest was die Eröffnungstheorie anbetrifft. In diesem Kapitel beginnen wir mit der letzten Gruppe, den **halbgeschlossenen Spielen.** Damit meinen wir Eröffnungen, in denen 1.d4 nicht direkt mit 1. . . ., d5 beantwortet wird.

Nimzo-Indisch

Ein seltsamer Name. Nach dem 1. Weltkrieg – also nach 1918 – begannen Schachmeister andere Erwiderungen auf **1.d4** zu suchen als **1. . .,d5.** Der berühmte Großmeister Tartakower nannte all dies im Spaß **»Indisch«.** Verrückt genug, blieb sein Spottname. Inzwischen gibt es viele Formen von »Indisch«. Eine davon entwickelte der deutsche Großmeister Nimzowitsch – deshalb der Name »Nimzo-Indisch«.

1.d2–d4, Sg8–f6

2.c2–c4, e7–e6. Beide nehmen den Kampf ums Zentrum auf, Schwarz nur weniger offenkundig.

3.Sb1–c3, Lf8–b4. Wenn du genau hinsiehst, bemerkst du, daß der weiße Einfluß auf das Zentrumsfeld d5 durch die Fesselung vermindert wird. Bei Nimzo-Indisch geht es vor allem um die Zentrumsfelder d5 und e4, die die beiden Pferde auf c3 und auf f6 im Visier haben.

4.Sg1–f3, d7–d5

5.e2–e3, c7–c5

DIAGRAMM 132

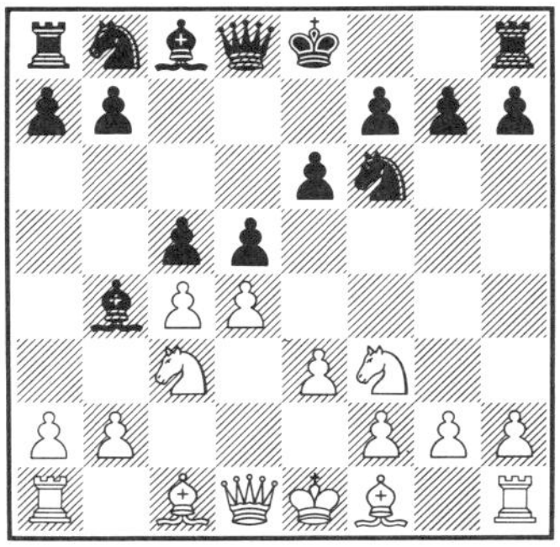

DIAGRAMM 132.Du siehst, die beiden Heere prallen zusammen, der Kampf ist schon entbrannt, wobei die Bauern die grimmige Vorhut bilden.

Nimzo-Indisch ist also eine sehr **kampfeslustige** Eröffnung, die schon in vielen Weltmeisterschaftskämpfen gespielt wurde. In Deutschland ist Großmeister Unzicker einer ihrer Anhänger.

Das Mittelspiel

DIAGRAMM 133. Diese Stellung ist aus einer Partie zwischen zwei Großmeistern, Bronstein (UdSSR) und Pilnik (Argentinien). Wir haben diese Stellung ausgewählt, um noch einmal über den **Durchbruch** zu reden. Davon profitiert die Seite, deren Figuren plötzlich viel mehr Raum bekommen. Schauen wir die Stellung mal an.

DIAGRAMM 133

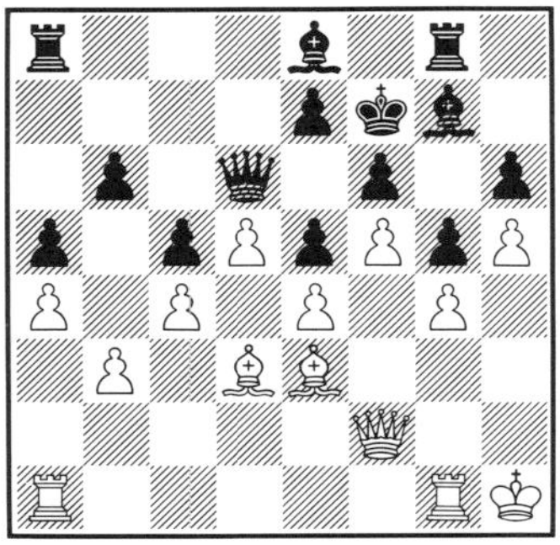

1. Die beiderseitigen Bauern sind wie eine Harmonika ineinandergeschoben.
2. Beide haben Türme, aber ... die weißen sind verbunden (decken einander), die schwarzen nicht (und das ist beinahe immer ein Nachteil).
3. Die weißen Läufer haben – bei einem Durchbruch – größere Chancen, aus ihrem halben Gefängnis zu entrinnen, als die schwarzen Läufer.
4. Der weiße König steht – wenn etwas passiert – weniger im Brennpunkt als der schwarze.
5. Weiß hat 3 vorgeschobene Bauern.

Das sah Großmeister Bronstein natürlich alles mit einem Augenaufschlag. Dann fand er einen **Plan.** Behalte dieses Wort »Plan« im Gedächtnis, wir kommen noch darauf zurück. Diesen Plan entdeckte er, als er seine Bauern betrachtete, denn **beinahe immer müssen Bauern den Durchbruch in die Wege leiten.** Dämmert es dir? Großmeister Bronstein zog

1.b3–b4!! ... Schwarz dachte nach. Er berechnete, daß 1. ..., c5xb4. 2.Le3xb6 und dann 3.c5 dem Weißen alle Chancen geben würde. Deshalb **1. ..., a5xb4.**

DIAGRAMM 134

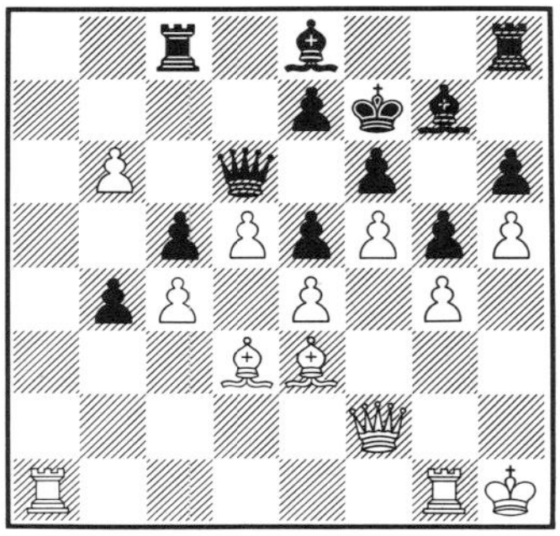

2.a4–a5! ... Natürlich hat Bronstein auch dies vorhergesehen. Was macht der arme Schwarze? Wenn er 2. ..., b6xa5 spielt, kommt wieder 3.Le3xc5. Nimm dir mal ruhig zum Analysieren Zeit, es ist sehr verwickelt. Denk z. B. gut daran, daß der weiße g-Turm schnell zu Hilfe kommen kann; der schwarze g-Turm nicht. Wenn Schwarz mit dem Turm auf a5 wieder nimmt, tauscht Weiß die Türme und schlägt zum lieben Schluß doch auf c5. Brr, wie schwierig ist das alles.

So, kannst du nun verstehen, warum Schwarz nach langem Nachdenken sich zu **2. ..., Ta8–c8** entschloß?

Nun kann Weiß weiterkommen. Paß auf:

3.a5xb6 (DIAGRAMM 134)

Schau nochmal DIAGRAMM 133 an. In drei Zügen hat der **Durchbruch** das Spiel völlig verändert.

3. ..., Dd6xb6 4.Df2–a2! Natürlich zieht Weiß seine Dame schnell nach a2. Es gibt ja nur eine offene Linie, und nur auf dieser kann Weiß in die schwarze Bretthälfte eindringen.

4. ..., Le8–d7. Schwarz verbindet schnell die Türme, aber er kommt nicht mehr rechtzeitig.

DIAGRAMM 135

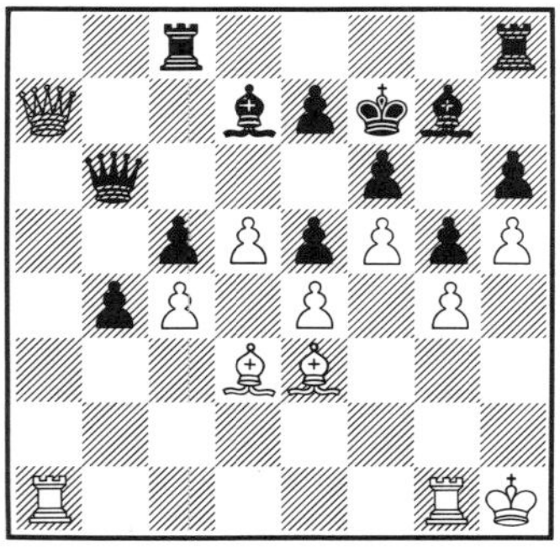

5.Da2–a7! ... Wieder ein gewaltiger Zug (DIAGRAMM 135). Wenn Schwarz die Damen tauscht, kann der weiße g-Turm den Platz seines Bruders auf a1 einnehmen. Weiß bleibt **Herrscher** auf der **einzig offenen a-Linie.** Er spielt dann weiter Ta5, gewinnt den Bauern c5 und bekommt so 2 verbundene Freibauern auf der c-Linie und der d-Linie.

Soweit dieser Durchbruch. Die Partie dauerte noch 31 Züge! So gut verteidigte sich Großmeister Pilnik, aber zum Schluß hat der quicklebendige Bronstein doch gewonnen. Wir raten dir, diesen Durchbruch noch mehrmals durchzuspielen. Nach Möglichkeit mit jemand anderem und denk dran: Mit Weiß und mit Schwarz spielen – immer abwechselnd.

Das Endspiel

DIAGRAMM 136

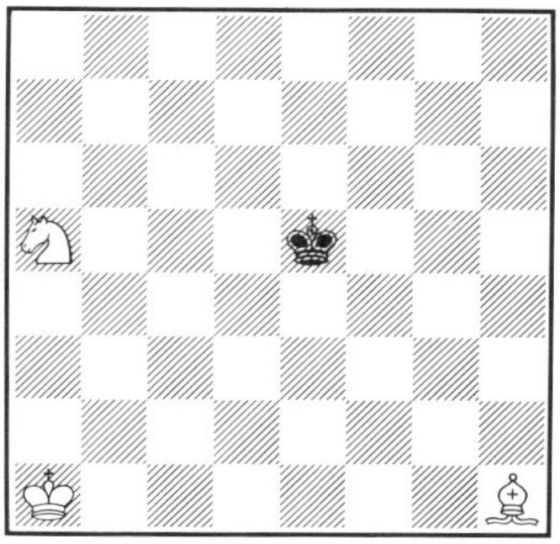

DIAGRAMM 136. Nun setzen wir mit **Läufer und Springer matt.** Das war früher ein entsetzlich schweres Unterfangen. Es gibt immer noch Tausende von Schachspielern, die nicht wissen, wie sie damit rechtzeitig klarkommen. Es gibt ja die **50-Züge-Regel.** Selbst Großmeister schauten früher, wenn ihre Partie abgebrochen war, in dicken Büchern nach, um damit zurechtzukommen. Dies ist nicht mehr nötig. Der Franzose Chéron, der vor 40 Jahren Meister von Frankreich war, hat einen Trick gefunden. Darauf kommen wir gleich zurück. Erst einmal mußt du eine Anzahl Dinge wissen:

1. Der König kann nur in einer Ecke mattgesetzt werden, aber es muß die Ecke der »Farbe des Läufers« sein. Also in Diagramm 136 nur in der Ecke a8 oder h1.
2. Der König muß viel arbeiten. Das verstehst du schnell, denn eigentlich ist dies die Grundlage des Tricks von Chéron.

DIAGRAMM 137

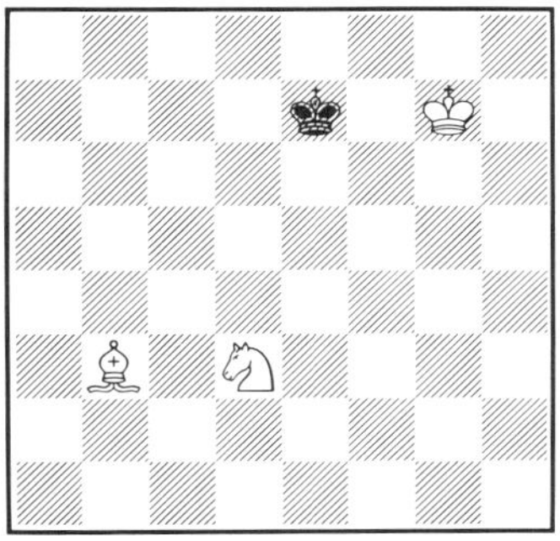

Wir beginnen also mit
1.Kb2, Kd4 (Schwarz bleibt so lange er kann im Zentrum).
2.Kc2, Ke5 3.Kd3, Ke6 4.Sc4, Kf5 5.Ke3, Kf6 6.Ke4, ... Mal Atem holen, aber es ging eigentlich ziemlich leicht. Du siehst, daß der Springer und der Läufer einander schön halfen, obwohl sie nicht allzuviel Schweißtropfen verloren. Der schwarze König ist nun vom Zentrum verjagt. Aber er bleibt schlau. Er weiß, daß er in der Nähe eines **weißen** Eckfeldes matt gesetzt werden kann. Also bleibt er in der Nähe eines schwarzen Eckfeldes. Wir machen weiter:
6. ..., Ke6 7.Kf4, Kf6 8.Ld5, Kg6 9.Se5 +, Kf6 10.Lb3, Kg7 11.Kg5, Kh7 12.Kf6, Kh8. Wenn Schwarz 12. ..., Kh6 zieht, spielen wir zuerst 13.Lc2, dann jagen wir ihn in die weiße Ecke h1.
13.Lc2, Kg8 14.Kg6, Kh8 15.Sf7 +, Kg8 16.Lb3, Kf8 17.Se5, Ke8 18.Kg7, Ke7 19. Sd3 (DIAGRAMM 137).
Nun kannst du soviel Züge mit dem schwarzen König machen wie du willst, du kannst nicht mehr in die Ecken a1, h1 oder h8 kommen. Der Läufer und der Springer – mit etwas Hilfe vom König – haben eine Art **Stacheldrahtzaun** errichtet, dieser zieht **von a5–b5–c6–d6–e7 nach e8.** Das wußten sie vor 100 Jahren nicht! Schau nun DIAGRAMM 138 an.

DIAGRAMM 138

Hier siehst du den 2. Trick von Chéron. Ohne König können der Läufer und der Springer den schwarzen König in einer kleinen Ecke festhalten. Was hat Weiß getan? Er ist mit seinen 2 Figuren 2 Felder nach vorn gegangen.
Um den schwarzen König aus seinem **großen Gefängnis** (Diagramm 137) in sein **kleines Gefängnis** (DIAGRAMM 138) zu bringen, benötigen wir die Hilfe des weißen Königs. Wir machen also weiter: **19. ..., Ke8 20.Le6, Ke7 21.Lf7, Kd6 22.Kf6, Kc6 23.Ke7, Kb5 24.Lb3!, Kc6 25.Ke6, Kb5 26.Kd6, Ka5 27.Kc5, Ka6 28.Sb4 +, Ka5 29.Sd5,** ... Hurra, der weiße Springer ist auf seinem Platz. Schau dir DIAGRAMM 138 an.

29. . . . ,Ka6 30.Kb4, Kb7 31.La4, Ka6 32.Lb5 +, . . . Wieder hurra, auch der Läufer ist angekommen; betrachte nun DIAGRAMM 138.
Hier hören wir auf. Du mußt nun üben, den König in seiner kleinen Ecke mattzusetzen. Der weiße König muß dabei helfen! Wir wollen nicht alles einpauken. Selbst entdecken macht mehr Spaß. Dieses **Endspiel** ist eines der **schwierigsten,** die du lernen konntest. Wenn du es nicht sofort verstehst, schau es in der nächsten Woche nochmal an. Wir werden davon auch Aufgaben machen. Hauptsache, du hast immer einen Plan zur Hand, in welcher Richtung ein Endspiel von König, Läufer und Springer gegen König laufen muß. Die Züge sind dann nicht so schwierig zu finden.
Nett ist es, zu zweit zu spielen und zu sehen, wer mit dem König allein 50 Züge am Leben bleiben kann oder wer immer innerhalb der 50 Züge mit Läufer und Springer gewinnt. Da sitzt du Stunden dran, das versichern wir dir.

Pfleger – Kortschnoi

Europamannschaftsmeisterschaft Hamburg 1965

Dies ist eine meiner schönsten Partien, die ich im Kampf Bundesrepublik Deutschland – UdSSR gewann. Mein Gegner verlor nur denkbar knapp den Kampf um die Weltmeisterschaft gegen Karpow. Danach flüchtete er und wird in Zukunft in Deutschland für den Schachklub Köln-Porz spielen.
Ich bin deshalb so stolz auf diese Partie, weil ich lange Zeit nach einem Springer – und anschließendem Qualitätsopfer (Opfer eines Turms für einen Läufer, mehr davon im Kapitel 19) einen Turm weniger hatte und doch meinen großen Gegner in einem schwierigen Endspiel besiegen konnte.
1.Sg1–f3, d7–d6 2.d2–d4, Lc8–g4 3.c2–c4, Sg8–f6 4.Sb1–c3, Lg4xf3 5.g2xf3, Sb8–d7.
Es ist eine »unregelmäßige« Eröffnung entstanden, die der Neigung beider Spieler entspricht.
6.e2–e3, e7–e5 7.d4xe5, d6xe5 8.Dd1–c2, c7–c6 9.Lc1–d2, Dd8–c7 10.0–0–0, 0–0–0.
Da die g-Linie offen, der Königsflügel also ein unsicherer Schutz ist, wählen beide die lange Rochade.
11.Th1–g1, g7–g6 12.Sc3–e4, Lf8–e7 13.Se4–g5, Th8–f8 14.Ld2–c3, h7–h6 15.Sg5–e4, Sf6–h7 16.Lf1–h3, f7–f5.
Hier stand ich am Scheideweg. Soll ich mich zurückziehen, auf die Verteidigung beschränken? Ich wählte den anderen Weg und opferte den Springer für 2 Bauern und freies Spiel (DIAGRAMM 139).
17.Tg1xg6!, f5xe4 18.Dc2xe4 Le7–f6 19.Tg6xh6, Sh7–g5 20.De4–g4, Sg5xh3 21.Dg4xh3, Tf8–f7 22.f3–f4, c6–c5.

DIAGRAMM 139

DIAGRAMM 140

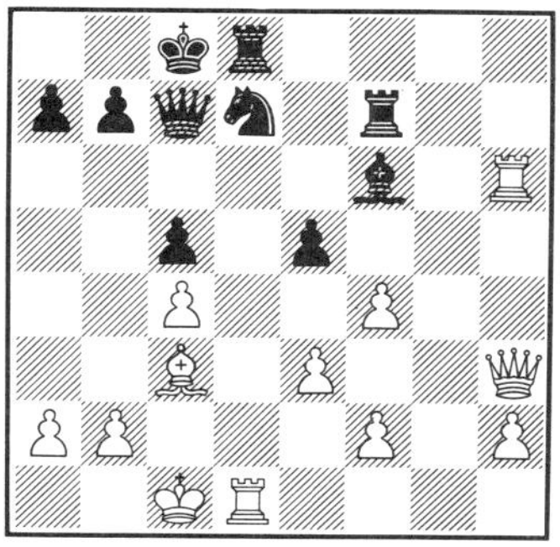

DIAGRAMM 141

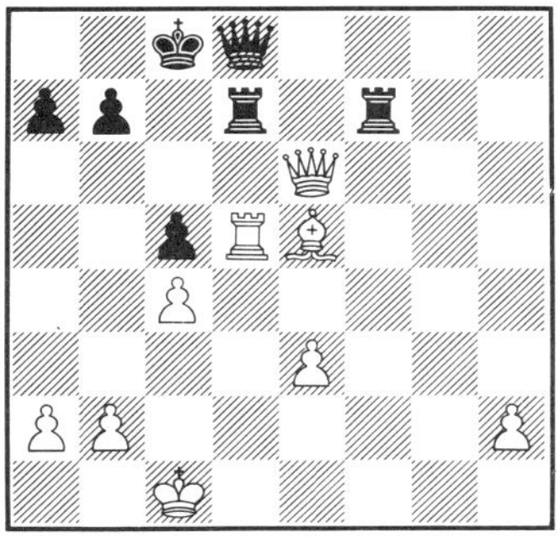

DIAGRAMM 142

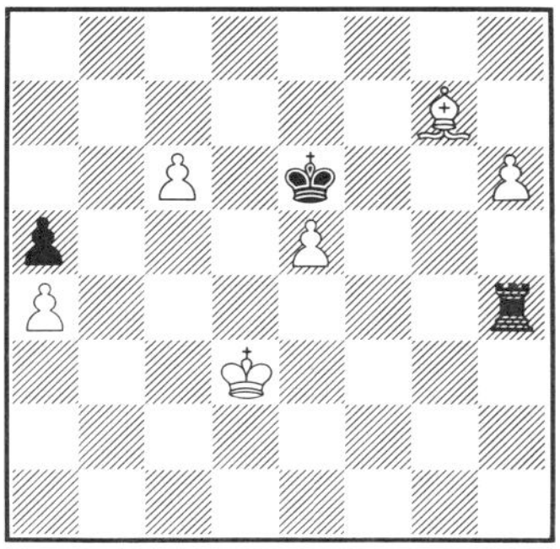

Zieht man Bilanz, so hat Weiß 3 Bauern für die Figur bei aktivem Figurenspiel. Hier war wieder ein kritischer Moment, aber wer A sagt, muß auch B sagen. So steckte ich noch die Qualität ins Geschäft (DIAGRAMM 140).

23.Th6xf6, Tf7xf6 24.f4xe5, Tf6xf2 25.e5–e6!

Der Springer darf nicht weghüpfen, sonst folgt e6–e7 + mit verheerenden Folgen.

25. ..., Dc7–c6 26.Dh3–h4, Tf2–f3 27.De4–e7, Dc6–c7 28.e6xd7 +, Td8xd7.

Bei fortdauerndem Angriff habe ich den Springer endlich zurückerobert.

29.De7–e6, Tf3–f7 30.Lc3–e5, Dc7–d8 31.Td1–d5!...
(DIAGRAMM 141)

Um sich zu befreien, muß Schwarz sich schweren Herzens auch vom Bauern c5 trennen. Danach hat Weiß einen gewinnbringenden Endspielvorteil, obwohl noch etliche Klippen zu überwinden sind.

31. ..., Dd8–e7 32.De6xe7, Td7xe7 33.Td5xc5 +, Kc8–d7 34.Le5–f4, b7–b6 35.Tc5–d5 +, Kd7–c6 36.h2–h4, Tf7–h7 37.h4–h5, Te7–d7 38.Td5–f5, Td7–f7 39.Tf5xf7, Th7xf7 40.Kc1–c2, a7–a5 41.h5–h6, Tf7–f5 42.Kc2–d3, Tf5–h5.

Kortschnoi hat seinen Turm bestmöglich hinter dem vorgerückten Freibauern postiert, aber die Übermacht ist zu groß. Der Schluß in kurzer Notation:

43.Kd4, Kd7 44.b3, Ke7 45.a3, Kd7 46.b4, Ke7 47.bxa5, bxa5 48.c5,...

Freibauer Nr. 3 marschiert los.

48. ..., Kd7 49.a4, Kc6 50.e4, Kd7 51.e5, Tf5 52.Ke4!, Ke6 53.c6, Tf7 54.Lg5, Tf1 55.Lf6, Th1 56.Lg7, Th4 + 57.Kd3,...

Schwarz gibt auf. (DIAGRAMM 142).

Er ist im **Zugzwang** (Du weißt ja noch: Der Zwang zu ziehen bringt Nachteile). Auf 57. ..., Ke7 folgt 58.Lf6 + mit Turmgewinn, auf andere Königszüge läuft der c-Bauer durch. Verläßt der Turm die h-Linie, folgt h6–h7–h8D; gibt er die 4. Reihe frei, dringt der weiße König ein.

Verlieren ist schwer

DIAGRAMM 143

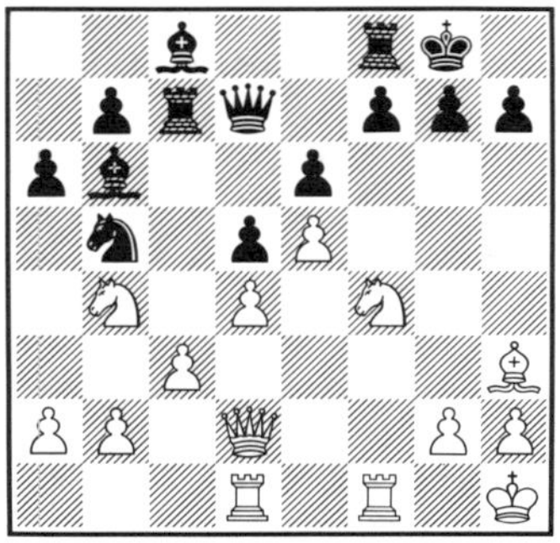

DIAGRAMM 144

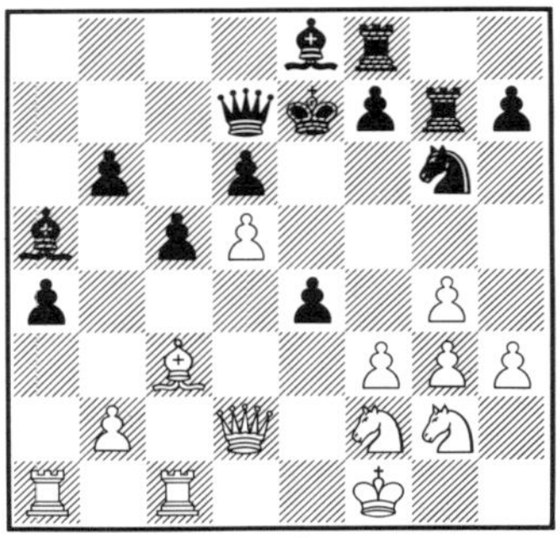

DIAGRAMM 145

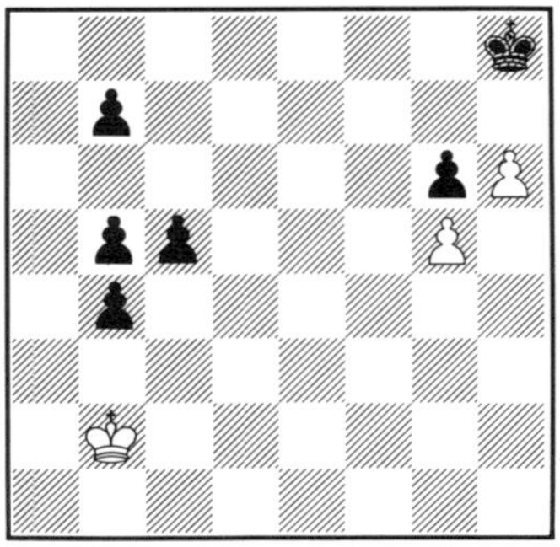

Aufgaben

Aufgabe 1: Stellung – Weiß: Ka2, Th8, Ba3, b2, e2, g7, h6; Schwarz: Kf7, Tg4, Sd7, Ba7, e6. Schwarz spielte hier Sf6. War das gut?
Aufgabe 2: Stellung – Weiß: Kc7, Lb5, Sd5; Schwarz: Ka8. Weiß setzt in 3 Zügen matt.
Aufgabe 3: Stellung – Weiß: Kc7, Lb5, Sd5; Schwarz: Ka7. Weiß setzt in 4 Zügen matt.
Aufgabe 4: DIAGRAMM 143. Weiß zieht und gewinnt.
Aufgabe 5: Stellung – Weiß: Kg5, Bg3; Schwarz: Kg7. Weiß zieht und gewinnt.
Aufgabe 6: Stellung – Weiß: Kg1, Ba4, b4, f3; Schwarz: Ke5, Bb5, f4, g3. Weiß zieht und macht Remis.
Aufgabe 7: DIAGRAMM 144. Weiß setzt in 6 Zügen matt (Magnet-Kombination). Hier wird der schwarze König in das weiße Lager »hineingezogen«.
Aufgabe 8: Stellung – Weiß: Kb6, Lh3, Se5; Schwarz: Kb8. Weiß setzt in 4 Zügen matt.
Aufgabe 9: Stellung – Weiß: Kg1, Dc4, Tc1, Tf1, Sb5, Ba2, d3, e4, g2, h2; Schwarz: Kh8, Db7, Tb8, Ta5, Sh7, Ba6, b6, d7, g7, h6. Weiß setzt in 5 Zügen matt oder gewinnt die Dame.
Aufgabe 10: DIAGRAMM 145. Wie geht diese Partie weiter? Schwarz ist am Zug.

Jugendmannschaft des Schach-Club Kreuzberg, Berliner Jugend-Mannschaftsmeister 1976. Sind das nicht pfiffige Berliner Jungens? Nur mit einem Handicap müssen sie kämpfen: Was machen sie mit ihrer »Berliner Schnauze« beim lautlosen Schachspiel? (Foto Horst Metzing)

18

Magnet-Matt

DIAGRAMM 146

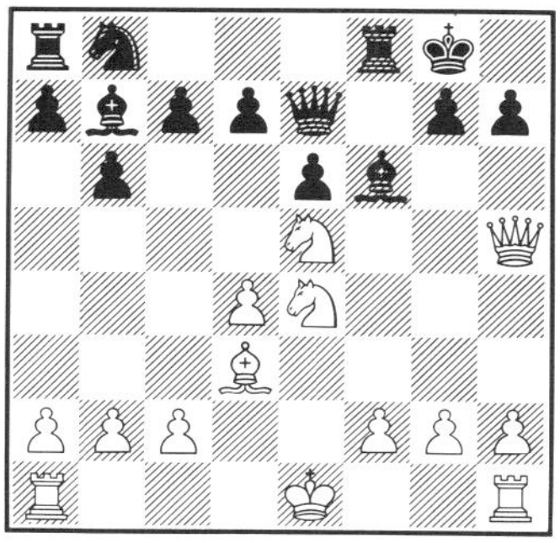

Eine der schönsten Kombinationen aller Zeiten gelang beim Turnier in London 1913 dem heute über 90jährigen deutschen Großmeister Eduard Lasker gegen Sir George Thomas (DIAGRAMM 146).

Kannst du dir vorstellen, daß in der Diagrammstellung der **schwarze König** in wenigen Zügen auf das Feld **g1** gelangt und dort **matt** gesetzt wird? Ein solch phantastischer Gedanke würde wohl niemandem kommen: Auf dem Schachbrett passieren jedoch die unwahrscheinlichsten Dinge:

1.Dxh7 +!!.

Es beginnt mit einem Paukenschlag: Die weiße Dame opfert sich.

1. ....,Kxh7 2.Sxf6+.

Ein entsetzliches Doppelschach, vor dem sich der schwarze König nicht verstecken kann. Ihm bleibt nur die Flucht. Doch wohin? Ein Zurück gibt es nicht: 2. ...,Kh8 führt zu einem effektvollen Zweispringermatt: 3.Sg6! Er muß seinem Schicksal entgegengehen.

2. ...Kh6 3.Seg4 +, Kg5 4.h4 +, Kf4 5.g3 +, Kf3.

Oh weh, wohin hat er sich verirrt.

6.Le2 +, Kg2 7.Th2 + , Kg1 8.0–0–0 matt.

So etwas wirst du wohl nicht noch einmal sehen. Alle Züge mußte Lasker natürlich vorausberechnen.

Magnet-Matt

DIAGRAMM 147

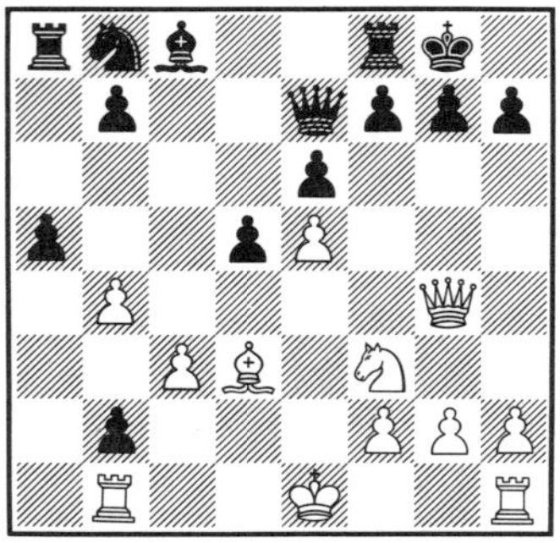

DIAGRAMM 148

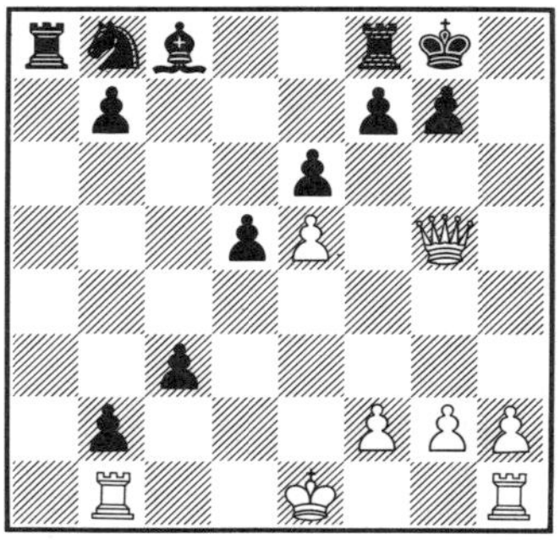

Das Mittelspiel

In unserem 3. Teil schneiden wir in jedem Kapitel ein neues Gebiet des Schachspiels an. Natürlich können wir nicht alles erzählen, aber du hast ja in deinem Verständnis schon viele Fortschritte gemacht. Es gibt noch etwas sehr Schwieriges im Schachspiel. Lies erst mal das folgende:

»Tausche verteidigende Figuren weg. Wenn du dafür etwas opfern mußt, nun, dann rechne es gut aus; denn oft kannst du Material entbehren, um so mehr Aktivität für deine eigenen Figuren zu gewinnen.«

DIAGRAMM 147 ist ein prächtiges Beispiel. Schwarz ist am Zug. Er sieht folgendes:

1. Wenn ich zweimal mit dem a-Bauern schlagen kann – also a5xb4xc3 – habe ich zwei gewaltig starke Freibauern; die sind gut einen Turm wert.
2. Weiß beabsichtigt: 1.Lh7 +, Kh7; 2.Dh5 +, Kg8 3.Sg5 und dann droht Matt durch 4.Dh7. Wir haben diesen Angriff mit dem Läuferopfer auf h7 schon früher gesehen.

Was macht Schwarz?

1. ..., ab4: 2.Lh7 +, Kh7 3.Dh5 +, Kg8 4.Sg5, ...

Was nun? Weiß hat für den Angriff eine Figur geopfert. Das hat Schwarz natürlich vorausgesehen, denn das Läuferopfer auf h7 ist jedem stärkeren Schachspieler bekannt.

4. ..., Dg5:!! Tja, daran hatte Weiß nicht gedacht. Er hat 2 Figuren weniger, also

5.Dg5: ... und nun kommt Schwarz mit seinem Plan.

5. ..., bc3: (DIAGRAMM 148).

Wenn du jetzt wieder DIAGRAMM 147 betrachtest, scheint sich ein Erdbeben ereignet zu haben. Schwarz hat seine Dame für 2 weiße Figuren und 2 Bauern (bei Verlust des Bauern h7) geopfert. Was hat er erreicht?

1. Die weißen Angriffsfiguren gegen seinen Königsflügel – der Springer und der Läufer – sind weg.
2. Weiß hat keine Bauern mehr auf dem Bauernflügel. Er schaut aus wie jemand ohne Zähne.
3. Weiß konnte 5 Züge lang nichts für die Entwicklung tun; er muß z.B. noch immer rochieren.
4. Schwarz hat 2 sehr starke Freibauern.
5. Er kann daraus 3 verbundene Freibauern machen, wenn er ...d4 zieht.
6. Er hat eine offene Linie.
7. Weiß muß sich verteidigen; sonst laufen die Freibauern schnell durch – also kann Schwarz mit all seinen Figuren den Freibauern auf dem Damenflügel helfen.

Schwarz hat also zwei Dinge getan:

a) er hat geopfert, um den weißen Angriff zu stoppen,
b) er konnte die verteidigenden Figuren (das waren in DIAGRAMM 147 die Bauern b4 und c3) durch das Damenopfer wegräumen.

Natürlich ist das eine sehr schöne Kombination. Sie ist aus einer Partie Chariton gegen Rosenberg, Olympiade 1956. Wir wollen euch noch zeigen, wie es weiterging, aber das ist nicht so wichtig. Wenn du verstanden hast, wie Schwarz gedacht hat, bist du ein Stück stärker geworden.

6.0–0, Sc6 7.h4, f6 8.ef6:, Tf6: 9.f4, Ta2 10.Dg3, Sd4 11.Dd3, e5 12.fe5:, Tf1: + 13.Df1:, c2 14.Kh2, Sf3 +! 15.gf3:, Lf5. Hier gab Weiß auf.

Wenn du die ganze Partie von DIAGRAMM 147 ab mit einem starken Spieler analysieren kannst, wirst du sehen, wie blendend Schwarz seine Figuren **aktiviert** hat. Deshalb gewann er.

Das Endspiel

DIAGRAMM 149

Wir beginnen mit dem Endspiel **König und Dame** gegen **König und Bauer** auf der **7. Reihe** (DIAGRAMM 149). Wir wissen, daß die 2. und die 7. Reihe wichtig sind. Ein Bauer auf der 7. Reihe, unterstützt von seinem König, kann oft eine Dame holen. Und du weißt ja, daß König und Dame gegen König und Dame beinahe immer Remis wird. Weiß ist am Zug, das verstehst du. Wenn Schwarz am Zug wäre, würde er e2–e1D spielen. Also Weiß beginnt.

Nun mußt du wissen, daß du mit König und Dame erst gewinnen kannst, wenn du den **König** in der **Nähe** hast. Aber der steht auf a5. Wir müssen also einen Weg finden, um ab und zu einen Königszug machen zu können. Natürlich in Richtung des schwarzen Freibauern. Diesen Bauern müssen wir nämlich erobern.

1.De4–d4 +, ... Schwarz denkt nach. Wenn er 1. ..., Ke1 spielt, hat Weiß Zeit für einen Königszug. Der schwarze König steht ja dann vor seinem eigenen Bauern. Darum zieht Schwarz **1. ...,Kd2–c2.** Was nun? Wenn Weiß wieder 2.De4 + spielt, geht Schwarz lustig pfeifend zurück: 2. ..., Kd2 und dann sind wir wieder beim DIAGRAMM 149. Aber Weiß nähert sich mit seiner Dame. Merk dir also: Du mußt nicht nur den eigenen König heranbringen, sondern auch mit der Dame dem schwarzen etwas auf die Zehen treten.

2.Dd4–e3, Kc2–d1 3.De3–d3 +!... Aha, das ist der Trick. Nun kann Schwarz nicht nach c1, denn dann nimmt Weiß den Bauern und gewinnt schnell. Darum muß Schwarz spielen.

3. ..., Kd1–e1. Hurra, wir haben Zeit. Der schwarze Bauer kann nicht vorrücken, also ...

4.Ka5–b4, Ke1–f2. Natürlich nicht 4. ..., Kf1, denn dann fesselt sich der König selbst. Nun droht Schwarz wieder, eine Dame zu holen, also jagen wir ihn wieder nach e1; das kostet etwas Zeit. Paß auf:

5.Dd3–d4 + ... Sehr schlau. Wenn Schwarz nun 5. ..., Kf3 zieht, machen wir 6. Dg1 und dann De1, nähern uns mit dem weißen König, und Schwarz kann nichts mehr machen. Deshalb zieht Schwarz .

5. ..., Kf2–g2. Verstehst du es nun schon?

6.Dd4–e3!, Kg2–f1 7.De3–f3 + ... wieder hurra, der schwarze König muß wieder nach e1. Also

7. ..., Kf1–e1. Weiß hat Zeit für einen Königszug.

8.Kb4–c3,... Der arme Schwarze. Nun hat er gerade noch einen Zug.

8. ..., Ke1–d1. Er muß sich selbst fesseln.

9.Kc3–d3! und gewinnt, denn Weiß nimmt mit dem folgenden Zug den Bauern. Natürlich mußt du höllisch aufs Patt aufpassen, aber das machst du ja bereits.

Aber nun kommt ein echter Leckerbissen dieses Endspiels, denn wir sind noch nicht damit fertig.

DIAGRAMM 150

DIAGRAMM 150. Wenn du das mit DIAGRAMM 149 vergleichst, siehst du, daß wir alle Figuren eine Linie verschoben haben. Soll das einen Unterschied machen? Jawohl! Paß mal auf! Wir beginnen mit dem eben gelernten Spielchen:

1.Df4–e4 +, Ke2–d2 2.De4–f3, Kd2–e1 3.Df3–e3 +, Ke1–f1 4.Kb5–c4, Kf1–g2 5.De3–e4 +, Kg2–g1 6.De4–g4 +, Kg1–h2 6.Dg4–f3, Kh2–g1 7.Df3–g3 +. Wohin soll sich nun der Monarch wenden?

7. ..., Kg1–h1!! Der Schlaukopf. Wenn wir nun nehmen, also

8.De3xf2, dann ist Schwarz **patt!** Remis!

Was haben wir nun gelernt:

Wenn der Bauer auf der d-Linie (oder der e-Linie) steht, kann die Partei mit der Dame gewinnen. Mit dem Bauern auf der c-Linie oder f-Linie wird es Remis. Der König der Bauernpartei kriecht dann ins Eck.

Wir wollen gleich verraten, daß auch Bauern auf der g– und b-Linie immer verlieren, auf der a- und h-Linie Remis machen.

Natürlich gilt dies alles nur für Bauern auf der 2. oder 7. Reihe. Bauern, die noch nicht so weit vorgerückt sind, verlieren immer. Übe das mal selbst. Auch im Schachspiel macht Übung den Meister.

Berühmte Partien: »Die Immergrüne«

DIAGRAMM 151

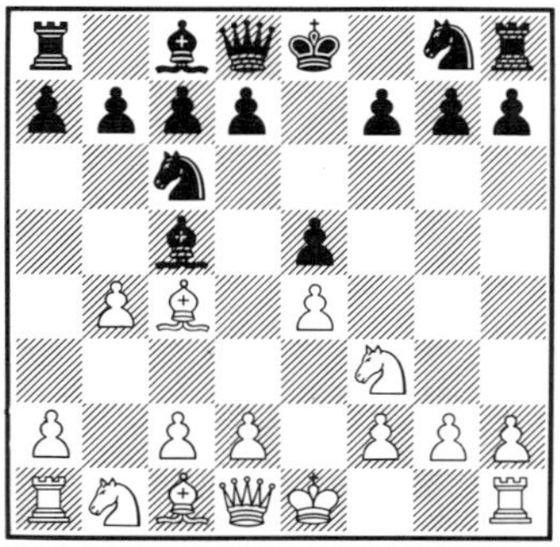

Diese Partie wurde die »**Immergrüne**« genannt, weil sie winters wie sommers die Schachherzen erfreuen kann wie ein immer blühender Strauch. Diese Partie ist von Hunderttausenden von Menschen immer wieder nachgespielt worden. Sie ist sehr alt und wurde 1852 in Berlin gespielt. Die weißen Steine führte Anderssen, die schwarzen der Schachmeister Dufresne.

1.e2–e4, e7–e5 2.Sg1–f3, Sb8–c6 3.Lf1–c4, Lf8–c5 4.b2–b4, Lc5xb4. Diese Eröffnung heißt **Evans-Gambit.** Evans war ein englischer Seekapitän, der 1824 dieses Bauernopfer ausheckte. Er opferte den Bauern, um so schnell wie möglich seine Figuren ins Spiel bringen zu können.

DIAGRAMM 152

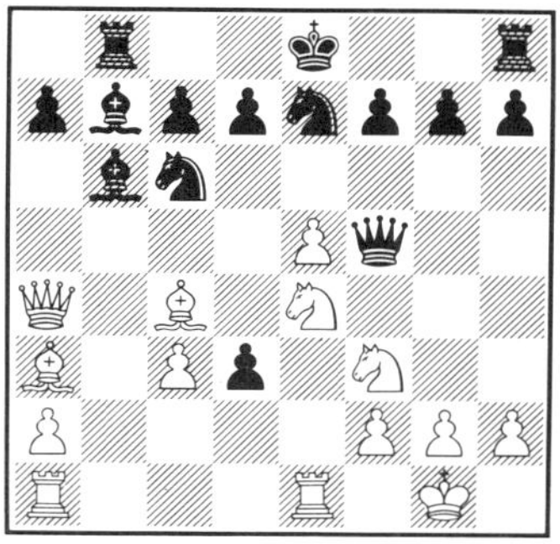

DIAGRAMM 153

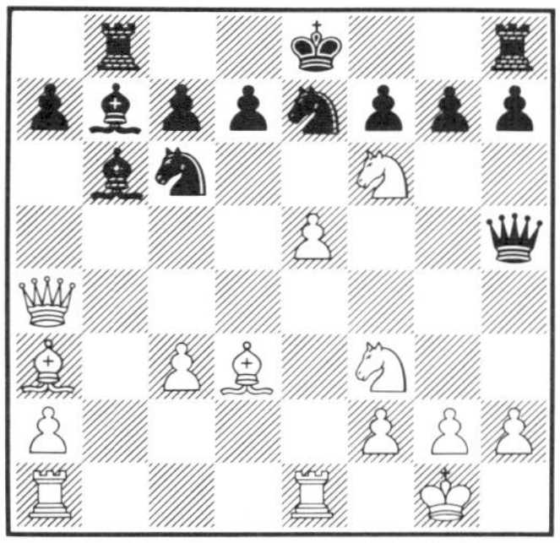

DIAGRAMM 154

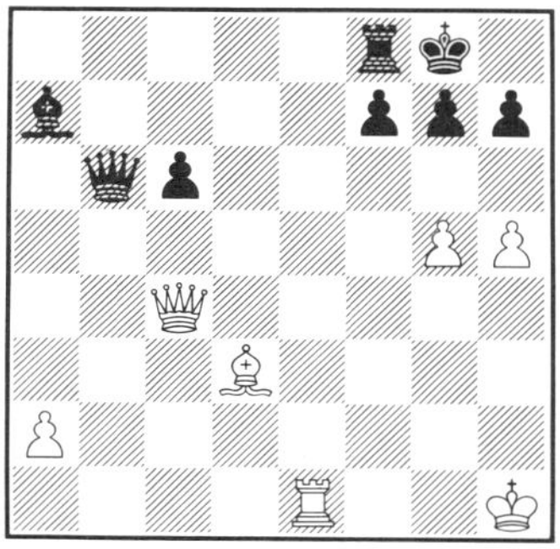

5.c2–c3, Lb4–a5 6.d2–d4, e5xd4 7.0–0, d4–d3 8.Dd1–b3, Dd8–f6 9.e4–e5, Df6–g6 10.Tf1–e1, Sg8–e7 11.Lc1–a3, b7–b5. Nun gibt Schwarz einen Bauern zurück. Auch er will so schnell wie möglich seine Figuren ins Spiel bringen.

12.Db3xb5, Ta8–b8 13.Db5–a4, La5–b6 14.Sb1–d2, Lc8–b7 15.Sd2–e4, Dg6–f5? (DIAGRAMM 152)

Wie gaben dem vorigen Zug von Schwarz ein Fragezeichen. Du verstehst wohl warum? Schwarz hätte rochieren müssen. Das wußte Meister Dufresne auch, aber er dachte, daß er noch etwas damit warten kann. Du wirst sehen, daß sogar Meister verlieren, wenn sie nicht vorsichtig sind. Also ... immer rochieren so schnell du kannst!

16.Lc4xd3, Df5–h5. Hast du gesehen, daß ein Abzugsschach mit dem Springer drohte, wobei Weiß dann die Dame gewinnen konnte?

17.Se4–f6 +!!! ... DIAGRAMM 153.

Dies ist der Beginn einer prächtigen Kombination. Eine **Kombination** ist eine Anzahl Züge, die mehr oder minder **zwangsläufig** erfolgen. Die eine Partei zwingt der anderen deren Antworten auf. Wenn du die Varianten finden kannst, ist das sehr schön. Aber jetzt spielen wir weiter:

17. ..., g7xf6 18.e5xf6, Th8–g8 19.Ta1–d1 !!, Dh5xf3? Das war die weiße Absicht. Nun kommt ein wunderschönes Schlußspiel:

20.Te1xe7 + !, Sc6xe7 (Schwarz wäre besser mit dem König nach d8 gegangen) **21.Da4xd7 + ! Ke8xd7 22.Ld3–f5 ++ , Kd7–e8 23.Lf5–d7 +, Ke8–f8 24.La3xe7 matt.** Ja, so spielten es die Alten!

Aufgaben

Aufgabe 1: Stellung – Weiß: Kh1, Df2, Tc1, Tf1, Lc2, Ba2, b2, c3, f3, g2, h2; Schwarz: Kg8, Db5, Te7, Tf8, Sc7, Ba7, b7, c6, f7, g7, h7. Weiß gewinnt einen Turm oder gibt schnell matt.

Aufgabe 2: Stellung – Weiß: Kh1, Tf1, Lb3, Ba2, g2, h2; Schwarz: Kg8, Tf8, Lh4, Be6, g7, h7. Weiß gewinnt schnell einen Turm.

Aufgabe 3: Stellung – Weiß: Kh1, Dc4, Te2, Lb3, Ba2, g2, h2; Schwarz: Kg8, Db6, Tf8, La7, Bc6, f7, g7, h7. Weiß setzt in 2 Zügen matt.

Aufgabe 4: DIAGRAMM 154. Weiß setzt in 4 Zügen matt.

Aufgabe 5: Stellung – Weiß: Kg1, Df3, Ta1, Te1, Lc2, Lg5, Ba2, b2, c3, f2, g2, h2; Schwarz: Kg8, Dd8, Ta8, Tf8, La6, Sf6, Ba7, b6, b7, d5, f7, g7, h7. Weiß zieht und gewinnt schnell Material.

DIAGRAMM 155

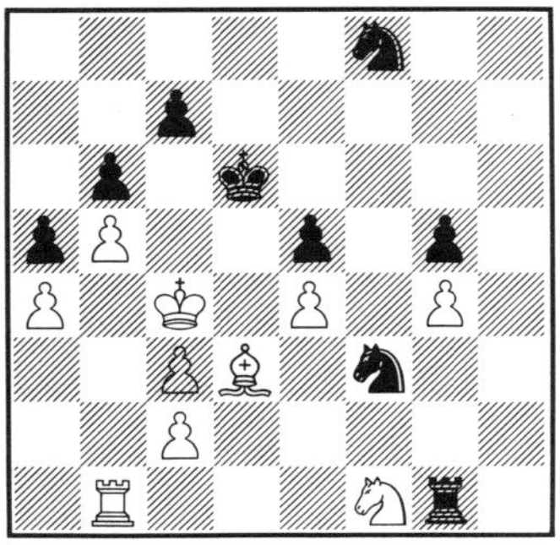

DIAGRAMM 156

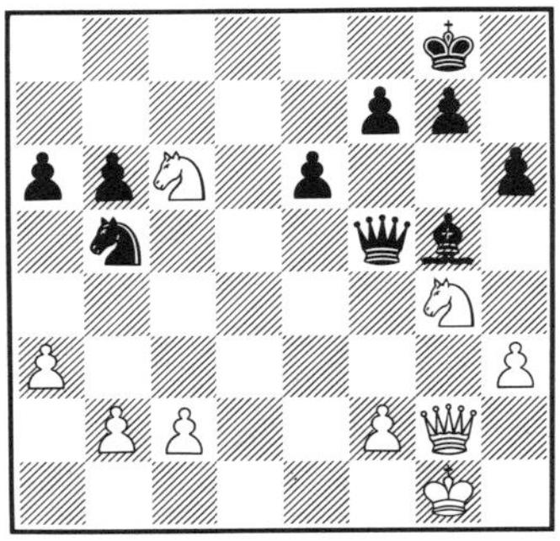

Aufgabe 6: Stellung – Weiß: Kg1, Dg2, Tc1, Te2, Bb3, c4, f2, g3, h2; Schwarz: Kh8, Dd6, Tc6, Tf7, Bb4, c5, c7, g7, h7. Weiß zieht und gewinnt Material.

Aufgabe 7: DIAGRAMM 155. Schwarz zieht und gewinnt eine Figur.

Aufgabe 8: Stellung – Weiß: Kh1, Tc1, Te2, Lb3, Ba3, b2, d4, e5, f4, g2, h2; Schwarz: Kf7, Te8, Le7, Sd5, Sd7, Ba7, b7, e6, f5, g6. Weiß zieht und gewinnt eine Figur.

Aufgabe 9: Stellung – Weiß: Kh1, Dd2, Tc1, Tf1, Lb2, Sg3, Ba2, b3, c2, d3, f5, g2, h2; Schwarz: Kf8, De7, Tg8, Th7, Lb6, Sb5, Ba7, b7, d6, g7.

a) Schwarz spielte 1. ..., g5, was hältst du davon?

b) Wüßtest du für Schwarz einen besseren Zug?

Aufgabe 10: DIAGRAMM 156. Weiß zieht und gewinnt in einigen Zügen die schwarze Dame (auf 2 Arten).

Einigkeit macht stark

19

Die Qualität

DIAGRAMM 157

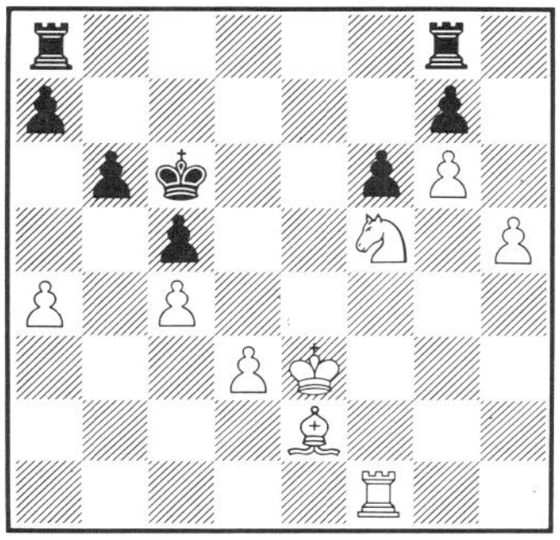

Hurra, wir habens beinahe! Hie und da fehlt noch der letzte Schliff: Was wir etwas vergessen haben oder wovon wir noch zu wenig hörten.

DIAGRAMM 157. Wir nehmen ein einfaches Beispiel. Weiß kann **1.Lf3** + ziehen und danach den schwarzen **Turm** auf **a8** schlagen. Er kann somit einen Turm gegen einen Läufer gewinnen. Er könnte auch mit **1.Se7** + beginnen und danach den **Turm** auf **g8** schlagen. In beiden Fällen sagen wir:
Weiß hat die **Qualität** gewonnen.
Er hat also einen **Turm gegen Läufer oder Springer** gewonnen (2 Punkte).
Das Wort »Qualität« gibt es seit ein paar hundert Jahren. Der deutsche Großmeister Tarrasch, der um 1900 einer der besten Spieler der Welt war, gebrauchte auch den Ausdruck »kleine Qualität«.

DIAGRAMM 158

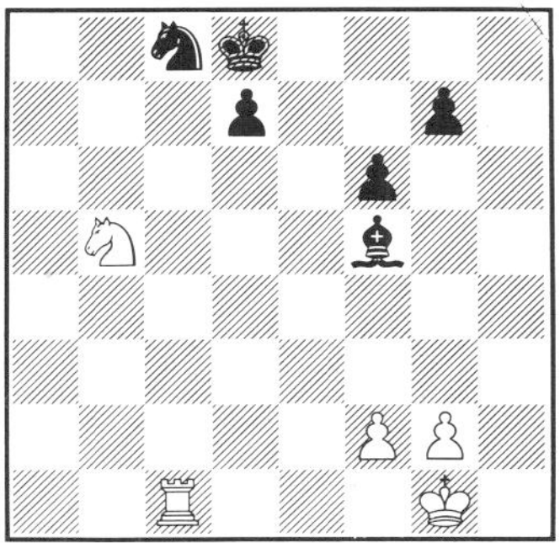

Schau mal DIAGRAMM 158 an.
Weiß ist am Zug und spielt **1.Tc1xc8 +, Kd8xc8 2.Sd6 +, Kc7 3.Sd6xf5.** Im Tausch für seinen Turm hat Weiß 2 Leichtfiguren gewonnen. Diesen Unterschied nennen wir kleine Qualität. Nach unserer Rechnung hat er 6 gegen 5 Punkte gewonnen.
Das Gewinnen der **Qualität** oder der **kleinen Qualität** kommt in Schachpartien häufig vor; ebenso das Opfern der Qualität. Seltener wird die kleine Qualität geopfert. Wir wollen dies erklären.
Im **Mittelspiel** ist ein Turm oft weniger aktiv als ein Springer oder ein Läufer. Das Opfern einer Qualität im Mittelspiel kann deshalb häufig einen zeitweiligen Vorteil bedeuten. Die Leichtfiguren (Läufer, Springer) sind fast immer aktiver als die Türme und deshalb zeitweilig mehr wert. Im **Endspiel** hat ein Turm meist mehr Raum, kann kann er sehr aktiv werden. Dann ist er beinahe immer stärker als ein Springer oder ein Läufer. Darum überlege dreimal, bevor du im Endspiel eine Qualität opferst.
Das Gewinnen der kleinen Qualität – also deinen Turm gegen 2 gegnerische Leichtfiguren geben – bedeutet beinahe immer Gewinn. Wenn du im Mittelspiel zwei Leichtfiguren bekommen kannst, dann kann dein Herz ruhig höher schlagen. Auch im Endspiel vermögen sie einiges. Sie können z.B. vereint sehr gut Bauern gleichzeitig angreifen.

Eine Geschichte mit »Qualität«

Prof. Dr. M. Euwe spielte als Weltmeister einmal gegen die damals beste Damenschachspielerin, Miss Vera Menchik. Wohl war er entschlossen zu gewinnen, aber als Geste der Höflichkeit stellte er ein Väschen mit Blumen auf den Spieltisch.
Aber ... dabei sollte es leider bleiben, Miss Menchik wollte das Duell offenbar Mann gegen Mann ausfechten. Sie sah die Blumen und – entfernte sie sofort mit einer Geste, die etwa besagen sollte: »Reizend, aber unsachlich.« Und es wurde, da genannter M. Euwe die Höflichkeit zu weit trieb, eine Partie, von der Hans Kmoch schrieb: »Dr. Euwe wandelte mit Frl. Menchik anziehenderweise und daher ein wenig traumverloren und sorglos auf den altgepflegten Pfaden eines orthodoxen Damengambits, als ihm seine Partnerin unvermittelt die Pistole auf die durch nichts geschwellte Brust setzte: Qualität oder Leben. Das peinliche Erlebnis endete schließlich mit einem 50prozentigen Ausgleich: Euwe gab die Qualität, Frl. Menchik das Leben.«
Aber nun noch etwas über den Turm im Endspiel.

DIAGRAMM 159

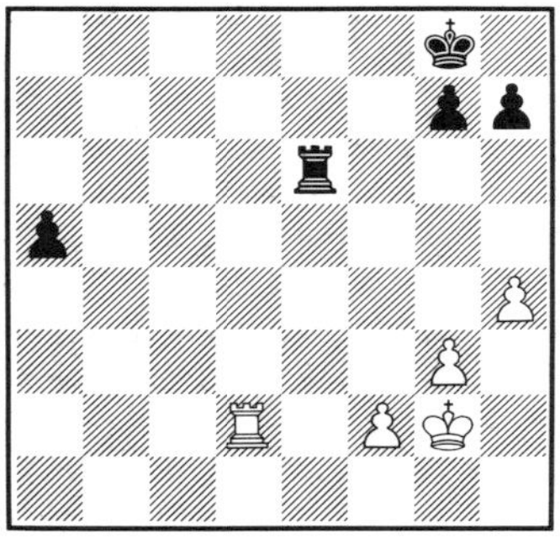

DIAGRAMM 159
Höre erst einmal gut zu. Im **Turmendspiel** gibt es eine allgemeine Regel:
Der Turm gehört hinter den Freibauern, hinter den eigenen und auch hinter den gegnerischen.
Was macht also Weiß am Zug?
Er versucht , hinter den Freibauern a5 zu kommen. Darum:
1.Td8 +, Kf7 2.Ta8,...
Nun hat Weiß sein Ziel erreicht. Schwarz muß den Bauern a5 nun mit 2. ..., Te5 decken; der a-Bauer kann nicht vorrücken.
Falsch wäre 1.Ta2, Ta6 gewesen; nun unterstützt Schwarz den freien a-Bauern von hinten mit dem Turm.

Das Quadrat

DIAGRAMM 160

DIAGRAMM 160. Das »Quadrat« ist beim Schach ein ebenso normaler Begriff wie »eine Dame mehr«, »einen Bauern weniger«, »Qualitätsgewinn« oder was immer du willst. Das **Quadrat,** ein etwas seltsames Wort für Nichtschachspieler, spielt bei uns im Endspiel eine große Rolle. Wir sprechen viel vom Endspiel. Natürlich, weil – wenn du immer mehr vom Schach verstehst – du siehst, daß die Partie erst nach vielen Täuschen entschieden wird. Und, davon haben wir schon oft gesprochen, **im Endspiel spielen Bauern und Könige eine große Rolle. Beim Quadrat geht es um König gegen Bauer.**
Zuerst lassen wir **Schwarz** am Zug sein. Er zieht natürlich **1. ..., a4,** um sich eine Dame zu holen. Versuch nun mal, mit dem weißen König rechtzeitig zu kommen: Das mißlingt.

Nun lassen wir **Weiß** am Zug sein. Wenn er so schnell wie möglich zum Eckfeld a1 rennt, kommt er gerade rechtzeitig.
Aber wie können wir nun sehr schnell sehen, ob ein König noch rechtzeitig kommt oder trotz aller Mühe zu spät? **Dann denkst du an das Quadrat. Das Quadrat eines Bauern ist genausoviel Felder horizontal wie vertikal.**
Etwas einfacher ausgedrückt: Ebenso viel Felder nach vorne wie zur Seite.
Das Quadrat des Bauern a5 (DIAGRAMM 160) ist **a5–e5–e1–a1–(a5).**
Wenn nun der König in das Quadrat kommen kann, vermag er den Bauern aufzuhalten. Paß mal auf: **1.Ke5,a4 2.Kd4,**... (er bleibt innerhalb des **neuen** Quadrats) **2. ..., a3 3.Kc3, a2 4.Kb2 ...,** nun hab ich dich.
Es geht also darum, daß der König das Quadrat betreten kann. Wenn du das Spielchen mit dem Quadrat gefressen hast, brauchst du nicht mehr viel zu zählen oder zu rechnen; z.B. ein weißer Bauer auf a3, ein schwarzer König auf g8. Weiß am Zug spielt natürlich a4; Schwarz spielt ....
Nun, das spielt keine große Rolle, denn das Quadrat des Bauern a4 ist **a4–a8–e8–e4– (a4).** Der schwarze König kann aber nur noch f7 oder f8. Er steht noch außerhalb des Quadrats. So gewinnt Weiß.

Berühmte Partien: Zwei Opfer

Der russische Großmeister Botwinnik war dreimal Weltmeister. Im AVRO-Turnier 1938 gewann er eine wunderschöne Partie gegen den vormaligen Weltmeister Capablanca.
Weiß: M. Botwinnik (Sowjetunion) Schwarz: **J. R. Capablanca** (Kuba)
Nimzo – Indisch
Diese Eröffnung haben wir ja bereits im Kapitel 17 kennengelernt.
1.d2–d4, Sg8–f6 2.c2–c4, e7–e6 3.Sb1–c3, Lf8–b4 4.e2–e3, d7–d5 5.a2–a3, Lb4xc3 + 6.b2xc3, c7–c5 7.c4xd5, e6xd5 8.Lf1–d3, 0–0 9.Sg1–e2,.... Weiß springt mit seinem »Pferd« nicht nach f3. Er will versuchen, f3 und dann e4 zu spielen und so ein starkes Bauernzentrum zu bekommen.

DIAGRAMM 161

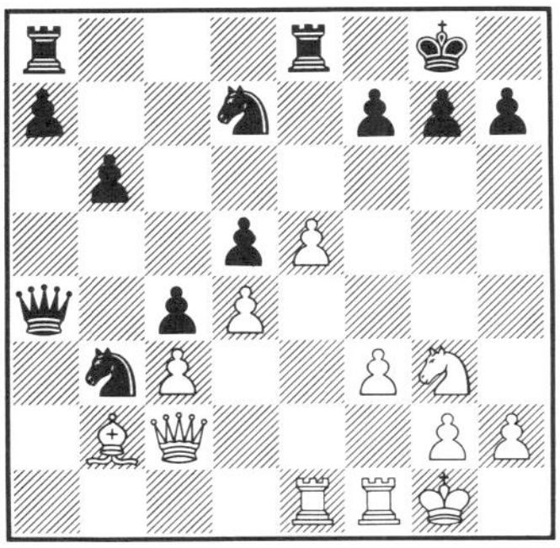

9. ..., b7–b6 10.0–0, Lc8–a6 11.Ld3xa6, Sb8xa6 12.Lc1–b2, Dd8–d7 13.a3–a4, Tf8–e8 14.Dd1–d3, c5–c4 15.Dd3–c2, Sa6–b8 16.Ta1–e1, Sb8–c6 17.Se2–g3, Sc6–a5.
Du verstehst natürlich, daß Weiß mit seinem Springerzug g3 den Bauern e4 decken will. Schwarz will mit seinem Springer über a5 nach b3 gelangen, um sein Übergewicht am Damenflügel zu verstärken. In diesem Fall gilt nicht das Sprichwort: »Springer am Rand ist eine Schand«.
18.f2–f3, Sa5–b3 19.e3–e4, Dd7xa4 20.e4–e5, Sf6–d7.
(DIAGRAMM 161)

DIAGRAMM 162

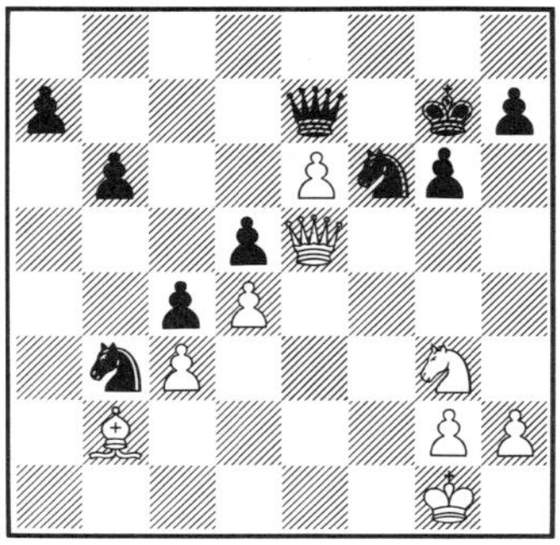

Weiß opferte einen Bauern, um Herr im Zentrum zu werden. Nun wirds spannend.

21.Dc2–f2, g7–g6 22.f3–f4, f7–f5 23.e5xf6e.p., Sd7xf6 24.f4–f5,...

Weiß will sich freie Bahn zum schwarzen König verschaffen.

24. ..., Te8xe1 25.Tf1xe1, Ta8–e8 26.Te1–e6, Te8xe6 27.f5xe6, Kg8–g7 28.Df2–f4, Da4–e8 29.Df4–e5, De8–e7 (DIAGRAMM 162)

Weiß hat nun einen Bauern weniger, aber er hat einen Freibauern. Seine Dame fesselt den schwarzen Springer f6. Auch der weiße Springer auf g3 hält sich zum Sprung auf den schwarzen König bereit. Der schwarze Springer auf b3 ist »weit weg vom Schuß«. Wie kann Weiß nun weiterkommen? Die folgende Kombination ist eine der schönsten der Schachgeschichte. Paß mal auf:

30.Lb2–a3!, De7xa3. Weiß hat einen Läufer geopfert. Der Sinn ist, daß der e-Bauer jetzt zur Dame wird. Das ist natürlich nicht so einfach, Schwarz kann mit der Dame nach c1 kommen und vielleicht **ewiges Schach** (Remis) geben. Jedoch hat Weiß genau ausgerechnet, wie er gewinnen kann; spiel es mal langsam mit.

31.Sg3–h5 +!,...Noch ein Opfer.

31. ..., g6xh5 32.De5–g5 +, Kg7–f8 33.Dg5xf6 +, Kf8–g8 34.e6–e7, ...Nun scheint es gewonnen. Weiß droht 35.Df8 matt.

34. ..., Da3–c1 + 35.Kg1–f2, Dc1–c2 + 36.Kf2–g3, Dc2–d3 +.

Spannend, nicht wahr? Wird der weiße König den Schachgeboten entrinnen? Botwinnik hat all dies und noch viel mehr bei seinem 30. Zug berechnet; schau noch mal DIAGRAMM 162 an.

37.Kg3–h4, Dd3–e4 + 38.Kh4xh5, De4–e2 + 39.Kh5–h4, De2–e4 + 40.g2–g4, De4–e1 + 41.Kh4–h5. Schwarz gibt auf. Er kann kein Schach mehr geben und auch nichts mehr gegen das Matt f8 ersinnen. Du verstehst, daß nur starke Schachspieler solche Kombinationen ausrechnen können, aber ... es geht nicht um das Rechnen in erster Linie. Es geht darum, daß deine Figuren aktiv sind und daß du versuchst, das Zentrum zu beherrschen. Wenn du das machst und du dann besser stehst, dann entdeckst du von selbst, wann du eine **Kombination** (das Eintauschen eines Vorteiles gegen einen anderen, weißt du noch) ausführen kannst.

DIAGRAMM 163

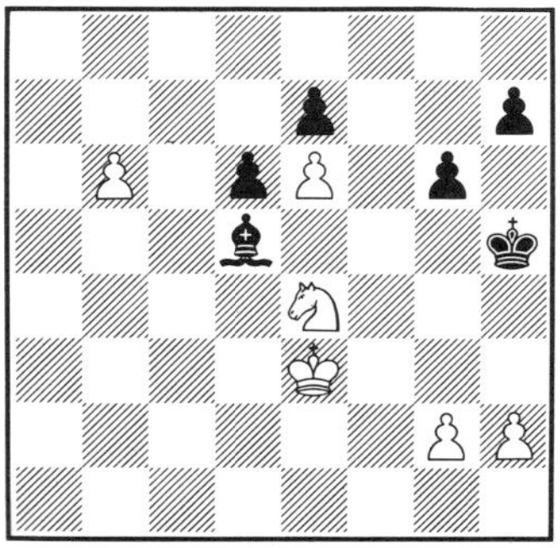

Aufgaben

Aufgabe 1: DIAGRAMM 163. Weiß zieht und gewinnt.

Aufgabe 2: Stellung – Weiß: Kc3, Ld2, Sc5; Schwarz: Ka3. Weiß setzt in 5 Zügen matt.

DIAGRAMM 164

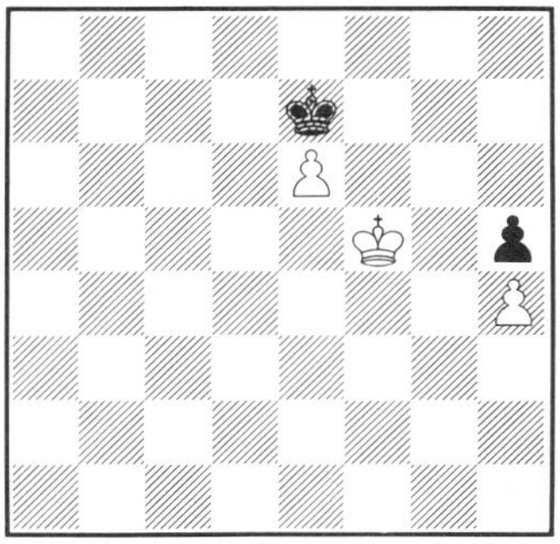

DIAGRAMM 165

DIAGRAMM 166

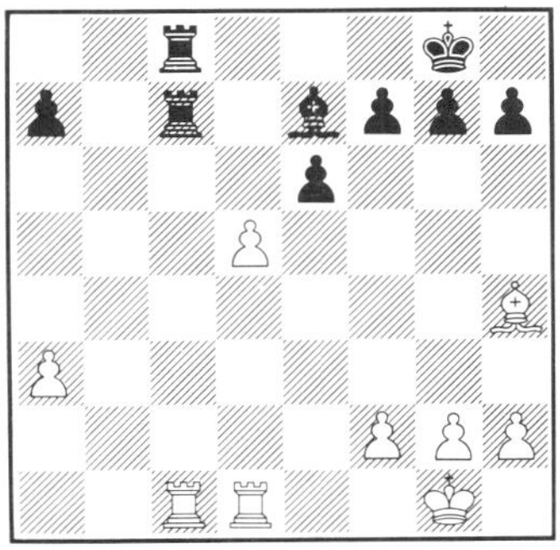

Aufgabe 3: Stellung – Weiß: Kg3, Ld1, Lh6; Schwarz: Kh1. Weiß setzt in 3 Zügen matt.
Aufgabe 4: DIAGRAMM 164. Weiß ist am Zug; wie geht es weiter?
Aufgabe 5: Stellung – Weiß: Kf2, Lb1, Lg5; Schwarz: Kh1. Weiß setzt in 3 Zügen matt.
Aufgabe 6: DIGAGRAMM 165. Weiß ist am Zug; wie geht es weiter?
Aufgabe 7: Stellung – Weiß: Ke5, Tb1, Bc5, d6; Schwarz: Kh7, Tg7, Bb7. Weiß zieht und gewinnt.
Aufgabe 8: Stellung – Weiß: Kh8, Dc8; Schwarz: Ke2, Bf3. Wie erreicht Weiß Gewinnstellung?
Aufgabe 9: Stellung – Weiß: Kg1, Dh3, Tf6, Tf1, Lb2, Bb3, c4, d5, e3, f4, g3; Schwarz: Kg8, Da7, Tc8, Tf8, Lg7, Sa6, Bb7, c5, d6, f7, g6, h7. Weiß zieht Kg2. Kann Schwarz die Qualität auf f6 nehmen?
Aufgabe 10: DIAGRAMM 166. Weiß zieht und gewinnt Material. Das ist eine ganz harte Nuß.

»Schachhähnchen« auf dem Höhenflug. Die Bamberger Jugendmannschaft (auch »Schachhähnchen« genannt) wird bei der Deutschen Jugendmannschaftsmeisterschaft in Büsum (Nordsee) Vizemeister. Gewinner wurde Nordrhein-Westfalen. Von links: E. R. Kadesreuther 1. Vorsitzender der Deutschen Schachjugend, der Bürgermeister der Stadt Büsum, H. Eggert, R. Treppner, Vorsitzender der Bayerischen Schachjugend, Wolfram Hartmann, Ernst Schubart mit Siegespreis!, Hans Baumgärtner, Gerald Hartmann, Gerd Treppner, Bernhard Feustel.

(Foto Knüppel, Büsum)

20

Tempo, Tempo

Dem letzten Kapitel wollten wir die Überschrift »Tempo, Tempo« geben. Im Schach gibt es das Wort »Tempo«. Das ist der letzte Stein, der in deinem Mosaik des Schachspiels noch fehlt. Gemeint ist, du sollst – wenn du besser stehst – so schnell wie möglich aktiv werden. **Aber nur, wenn du besser stehst.** Du kannst einen Ringkampf nur gewinnen, wenn du stärker bist. Wenn du mit dem Verstand kämpfst – und das tun Schachspieler –, kannst du erst auf Gewinn spielen, wenn du einen Vorteil hast. Tempo, Tempo bedeutet: Nun warte keine Sekunde mehr. Also einen Vorteil gegen einen anderen eintauschen. Denken an einen »Durchbruch«, ein »Opfer«, eine »Kombination«, einen »Abtausch«, was offene Linien oder Freibauern oder was auch immer einbringt. Wir haben nun genug vom Schachspiel gelernt, um Ausschau zu halten. Du weißt natürlich schon lange, daß es nicht nur aufs Rechnen ankommt, sondern vor allem auf das richtige Betrachten. Das ist des Pudels Kern.

Tempo, Tempo

Das andere Tempo

Wovon wir jetzt sprechen wollen: »Wieviel mußt du jede Woche vom Schach lernen?« »Wieviel mußt du noch dazulernen?« »Wie schnell, in welchem Tempo, kannst du ein guter Schachspieler werden?« **Das kann niemand beantworten.** Es ist ebenso wie mit den Schulfächern. Das eine kannst du gemächlich lernen, das andere fällt schwer. Aber wenn du etwas verstanden hast, **solltest du weiterlernen.**
Es kann gut sein, daß du über Teil 1 drei Monate gesessen hast, über Teil 2 sechs Monate und über Teil 3 zwei Monate. Es kann auch sein, daß du für die ersten Teile 1 Jahr brauchtest und Teil 3 in einem halben Jahr »geschluckt« hast.
In der Einleitung haben wir etwas über den Gebrauch dieses Buches gesagt. Nun wollen wir vor allem über das »Weiterlernen« etwas erzählen. Nach diesem Buch gehst du eigentlich in eine andere Schule – eine Schachschule. Diese besteht vor allem aus dem Spielen von Partien. Das ist die beste Art, um dahinterzukommen, was du noch nicht weißt. Dann **entdeckst** du, was in diesem Buch nicht steht. Das ist ziemlich viel.

Weiße Fahne – ich ergebe mich

Du solltest mit einem Vereinsmitglied oder Schachlehrer überlegen, welche Bücher du kaufen oder ausleihen sollst, um deine schwachen Punkte auszumerzen. Aber natürlich kannst du Schach nicht nur aus Büchern lernen. Das kannst du mit Französisch-Wörtern oder mit einem Teil der Schacheröffnungen oder mit Geschichtsjahreszahlen, aber **Verstehen** ist wichtiger.
Ein Weltmeister hat natürlich mehr vom Schach verstanden als jemand, der nur zum Vergnügen spielt. Das macht ja auch nichts. Du spielst Schach zu deinem Vergnügen; aber wie jeder, der gerne schwimmt, das gerne gut macht, so willst du natürlich auch so gut wie möglich spielen. Das Tempo, mit dem du Fortschritte machen kannst, hängt mit deiner Begabung für das Schachspiel zusammen. Diese kennt niemand. Es gibt freilich Menschen, die erst nach ihrem 25. Lebensjahr stark wurden; andere waren mit 18 Jahren schon Großmeister.
Und nun das »Tempo« in der Schachpartie.

DIAGRAMM 167

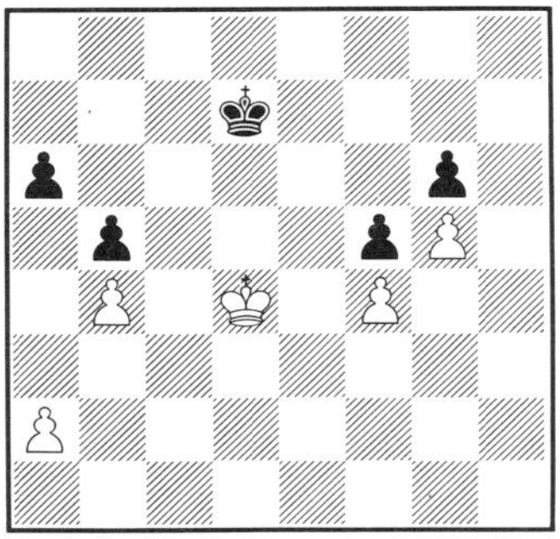

DIAGRAMM 167. Schwarz ist am Zug. Wenn Weiß am Zuge wäre, wäre es einfach. Dann würde er **1.Kd5 (nimmt die Opposition)** spielen und Schwarz muß mit dem König nach c7 oder e7 weichen. Geht er nach **e7,** dann zieht Weiß **2.Kc6** und erobert die Bauern auf dem Bauernflügel; wenn Schwarz mit dem König nach **c7** geht, zieht Weiß **2.Ke6** und tut sich an den schwarzen Bauern des Königsflügels gütlich. Aber Weiß ist nicht am Zug. Was tut Schwarz im ersten Zug? Natürlich **1. ..., Kd7–d6.** Stop! Weiß kommt mit seinem König nicht durch. Aber ... und da kommt das Kaninchen aus dem Ärmel:
Er hat noch ein Tempo.
Wir meinen: **Er hat einen Zug übrig.** Er kann einen Zug machen, der eigentlich nichts an der Sache verändert. Er gibt gewissermaßen den Ball (den Zug) an Schwarz zurück.
Er spielt **2.a2–a3, ...** Schwarz erschrickt, denn nun muß er die Opposition aufgeben. Aber noch gibt er sich nicht verloren und spielt schlau **2. ..., Kd7.** Wenn Weiß nun dumm ist, spielt er 3.Kc5 oder 3.Ke5. Dann kann Schwarz wieder die Opposition nehmen. Aber Weiß beherrscht seine Lektion. Er spielt **3.Kd5** und damit nimmt er die Opposition. Nun muß Schwarz weichen und der weiße König marschiert freudestrahlend nach links oder rechts und entscheidet – genüßlich Bauern fressend – die Partie.
Wir sagen in diesem Fall: **»Weiß hat ein Tempo gewonnen«** (a2–a3). Wenn du zum vorigen Kapitel zurückblätterst und dort Aufgabe 3 betrachtest, dann verstehst du den »Gewinn eines Tempos« noch besser. Schwarz mußte erst mit dem König nach g1, dann konnte Weiß nacheinander Schach und Matt geben. Weiß brauchte ein **Tempo,** um Patt zu vermeiden. Ein **»Tempozug«** ist also nichts anderes als »den anderen zwei Züge hintereinander machen lassen« – ein Trick, um der Regel auszuweichen, abwechselnd zu ziehen. Es wird auch oft davon geredet, **»ein Tempo verlieren«.** Das ist meist dumm. Du erinnerst dich noch an das orthodoxe Damengambit. Stell dir vor,

DIAGRAMM 168

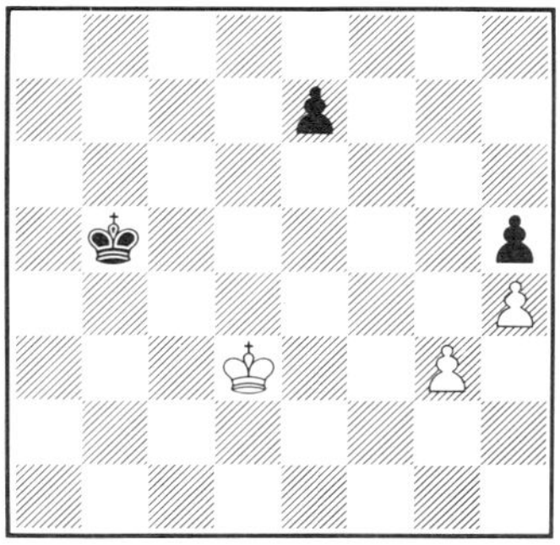

DIAGRAMM 169

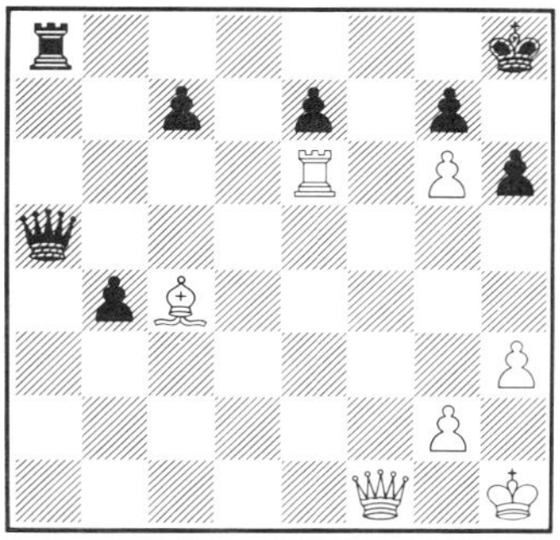

DIAGRAMM 170

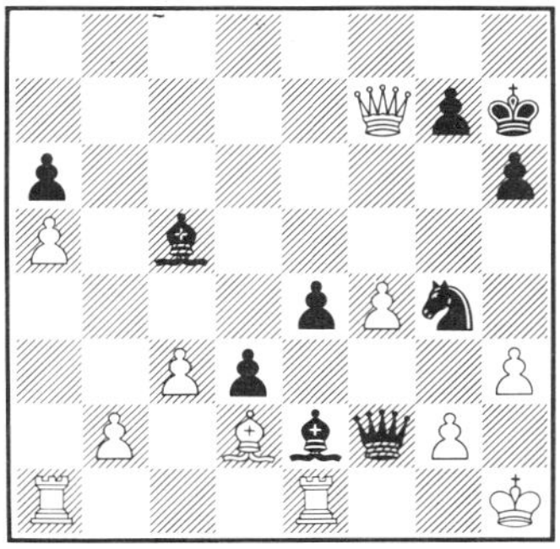

du ziehst den Läufer von c1 zuerst nach f4 und dann nach g5. Dann hast du **ein Tempo verloren,** einen Zug verloren. Darauf mußt du natürlich achten. **Vor allem im Endspiel** kann das ganz entscheidend sein.

Um jetzt auch noch die letzte Weisheit loszuwerden: Achte im Endspiel gut darauf, **wenn du einen Bauernzug machst.** Du weißt nie, ob du solch einen einfachen Zug nicht später gut als Tempozug gebrauchen kannst.

Aufgaben

Aufgabe 1: DIAGRAMM 168. Weiß zieht und gewinnt.
Aufgabe 2: Stellung – Weiß: Kd3, Le4, Lf4, Bh2; Schwarz: Kd7, Sd6. Ist 1.Lf4xd6 ein guter Zug?
Aufgabe 3: Stellung – Weiß: Kh2, Be4, f3; Schwarz: Kh5, Be5. Was ist besser: 1.Kg3 oder 1.Kh3?
Aufgabe 4: DIAGRAMM 169. Weiß zieht und gewinnt.
Aufgabe 5: Stellung – Weiß: Ka4, Bb3, c4, d5; Schwarz: Kf3, Ba7, c5, d6. Weiß zieht und gewinnt.
Aufgabe 6: Stellung – Weiß: Kb1, Dg5, Tf1, Tg1, Ld4, Lh3, Ba2, b2, c2, f4, h4; Schwarz: Kh8, De7, Te6, Tf8, Lc8, Lf6, Ba6, b7, d5, f5, f7, h7. Weiß setzt in 3 Zügen matt (aus einer Partie Sjurawlow-Romanow).
Aufgabe 7: Stellung – Weiß: Kg1, Db3, Td6, Te4, Bb2, c5, f2, g3, h2; Schwarz: Kg8, Df6, Ta8, Lh3, Bb4, c6, f7, g7, h7. Schwarz zieht und gewinnt (aus einer Partie Kortschnoj-Löwenfisch).
Aufgabe 8: Stellung – Weiß: Kc1, Tf3, Lh2, Sa3, Ba2, b2, c3, e4, g2, h3; Schwarz: Kc8, Td7, Le7, Sd8, Ba6, b7, c5, e6, f6, h7. Weiß zieht und gewinnt Material (aus einer Partie Euwe-Löhr).
Aufgabe 9: Stellung – Weiß: Kg2, Dd3, Bd7, g3; Schwarz: Kh8, Dd8, Ba7, h7. Weiß zieht und gewinnt.
Aufgabe 10: DIAGRAMM 170. Schwarz zieht und gewinnt (aus einer Partie Arnoldi–Tschigorin).

DIAGRAMM 171

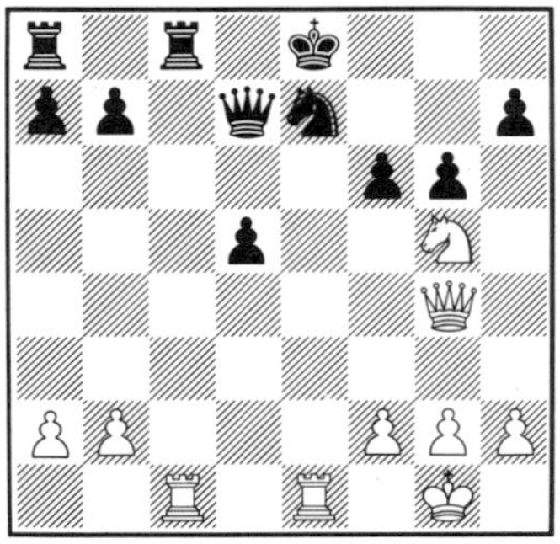

DIAGRAMM 172

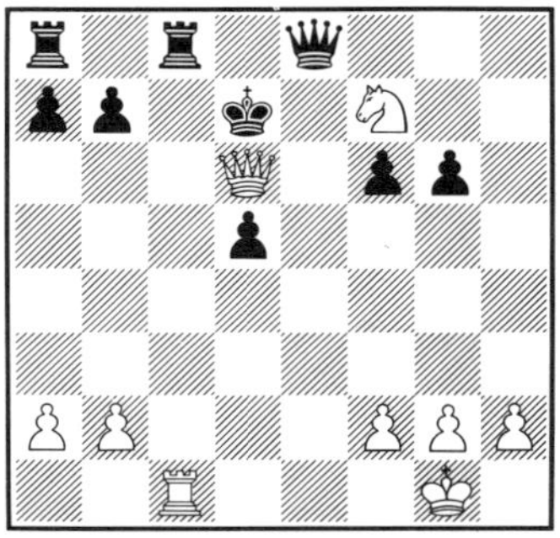

So schön ist Schach

DIAGRAMM 171 ist eine Stellung aus einer der berühmtesten Partien der Schachgeschichte. Weiß war **Steinitz,** der erste deutsche Weltmeister, Schwarz **von Bardeleben,** damals ein junger Meister. Sie spielten **1895** in **Hastings.** Dieses Turnier gibt es heute noch und wird jedes Jahr um Neujahr abgehalten. Ich selbst habe dreimal dort gespielt und die eigenartig-englische Atmosphäre dort sehr genossen.

Steinitz führte eine Kombination aus, die in vielen Büchern zu finden ist. Die Schachspieler können nicht genug davon kriegen. Wir machen obendrein unsere letzte Aufgabe daraus, ohne Auflösung. Wir wollen, daß du die Züge im Verein oder in der Schule erklärst. Du magst da ruhig – mit einem anderen – Stunden danach suchen. Wenn du es verstehen kannst, sehr schön. Nun weißt du auch, wie stark Weltmeister wie Steinitz, Lasker, Capablanca, Aljechin, Euwe, Botwinnik – gespielt haben. Die fanden das alles am Brett, während die Schachuhr die Minuten wegtickte.

1.Te1xe7 +, Ke8–f8! 2.Te7–f7 +, Kf8–g8 3.Tf7–g7 +, Kg8–h8 4.Tg7xh7 +, Kg8 5.Tg7 +!, Kh8 6.Dh4 +, Kg7: 7.Dh7 +, Kf8 8.Dh8 +, Ke7 9.Dg7 +, Ke8 10.Dg8 +, Ke7 11.Df7 +, Kd8 12. Df8 +, De8 13.Sf7 +, Kd7 14.Dd6 matt (DIAGRAMM 172).

Nach den ersten 4 Zügen lief von Bardeleben vom Brett weg und kam nicht mehr zurück. Jetzt hatte auch er gesehen, wie Steinitz ihn matt setzen wollte. Das war sehr unsportlich von ihm.

Jeder will gern gewinnen, aber wenn du auf Verlust stehst, mußt du aufgeben oder dem Gegner Gelegenheit geben, seine Gedanken aufs Brett zu bringen.

Ein guter Schachspieler ist sportlich!

Ein Glas Wein und eine Partie Schach – gibt's was Schöneres im Leben?

Stilleben

DEUTSCHER SCHACHBUND e.V.

Name ______________________________

geboren am ______________ in ______________

hat am ______________________ das

KÖNIGSDIPLOM

erworben.

DEUTSCHER SCHACHBUND e.V.

____
Präsident

____
Jugendwart

Antworten zu den Aufgaben aus Teil 1

Kapitel 1

1 Die Felder heißen b3, e7, g5

2 Die Kunst als Schwarzer war, »von der Gegenseite aus« zu zählen.

3 Wenn der König auf a4 steht, kann er auf 5 Felder gehen; nach a3, a5, b3, b4 oder b5.

4 Der König kann in 5 Zügen nach g2 gehen; Kb7 – c6 – d5 – e4 – f3 – g2.

5 Zu diesem Spaziergang brauchst du 27 Züge. Zähl mal eben nach: Ka2 – a3 – a4 – a5 – b6 – c5 – d4 – e3 – f2 – g1 – g2 – f3 – e4 – d5 – d6 – d7 – d8 – e8 – f8 – g7 – h6 – g5 – f4 – e3 – d2 – c2 – b2 – a2.
Du hast sicher entdeckt, daß der König bei gleicher Schnelligkeit auch über andere Felder laufen kann. Schräg oder geradeaus ist beim Schach ein gleich langer Schritt.

6 Die schwarze Dame schaut nach (bestreicht): d1, c1, b1, a1, d2, c3, b4, a5, e2, e3, e4, e5, f2, g3, h4, f1, g1, h1. Du hast natürlich verstanden, daß die Dame nicht nach e6, e7 und e8 schaut. Das lernst du bald noch genau. Vergiß es nochmal.

7 Schwarz gibt matt, indem er die Dame von b6 nach b1 oder von b6 nach g1 zieht.

8 Schwarz kann matt geben, indem er die Dame von f1 nach a1 oder von f1 nach a6 zieht.

9 Weiß gibt mit dem Damenzug nach h4 matt.

10 Weiß zieht die Dame nach d1 und setzt so matt.

Kapitel 2

1 Wenn Schwarz die Dame nach b3 zieht, ist Weiß patt (1/2–1/2, Remis).

2 Schwarz kann gewinnen. Er kann matt setzen, wenn er die Dame nach a4 oder nach a6 zieht (0–1).

3 DIAGRAMM 13. Weiß setzt matt, wenn er die Dame nach d7 zieht (durch den weißen König gedeckt) oder nach f8, g8 und h8.

4 Matt durch Ziehen der Dame nach g2 (vom König gedeckt).

5 Matt durch Ziehen der Dame nach d7 (vom König gedeckt).

6 Matt durch Ziehen der Dame nach b1, c1 oder d1 (für uns fast schon ein alter Zopf) oder durch einen Damenzug nach g2 oder h2 (vom König gedeckt).

7 Der Turm kann auch nach a8 kommen mit 1.Te4–e8 und 2.Te8–a8.

8 Ja, versuch es mal auf die Art der Frage 7.

9 1.Tc4–c1 matt.

Antworten zu den Aufgaben aus Teil 1

10 1.Kf3–f2!,.. (Ein Ausrufezeichen bedeutet, daß dies ein sehr guter Zug ist. Nicht mehr vergessen!). 1. ..., Kh1–h2 (der arme Mann kann nicht anders) 2.Tf5–h5, matt.

11 1.Ta3–a1 matt oder 1.Ta3–h3 matt. Sehr schön. Du siehst, daß alle weißen Figuren prächtig zusammenwirken. Der weiße König deckt seinen Turm auf g2. Der Turm auf g2 sorgt dafür, daß der schwarze König nicht nach g1 oder h2 kann, und der andere weiße Turm schießt den Ball ins Tor.

12 1.Tg4–h4 matt. Wieder ein Beispiel von Zusammenarbeit. Der König schaut auf die Felder g2 und g3. Der weiße Turm auf a1 hält das Feld g1 im Auge, während der weiße Turm auf g4 den Gnadenstoß versetzt.

13 DIAGRAMM 17. 1.Tb2–h2 +, Kh1–g1 (er kann den Turm nicht nehmen, denn dieser ist durch seinen Bruder gedeckt). 2.Ta2–g2 matt. Du siehst wieder, daß alle (weißen) Figuren zusammenarbeiten. Ganz schlau bist du, wenn du gesehen hast, daß auch 1.Tb2–f2, Kh1–g1, 2.Tf2–f1 matt möglich ist.

14 DIAGRAMM 18. Wer das gefunden hat, verdient ein Extralob.
1.Tb2–f2... nun droht auf 2 Arten matt: 2.Ta2–a1 und durch 2.Tf2–f1. Aber Schwarz erwidert gut. Er denkt erst an 1. ..., Kc1–d1? (Ein Fragezeichen bedeutet, daß ein Zug schlecht ist. Merk das auch.) Ja, es muß Vieles in deinen Kopf, aber dadurch wird das Spiel auch immer schöner und spannender. (Das Fragezeichen steht deshalb da, weil Weiß mit 2.Ta2–a1 matt geben könnte). Aber Schwarz spielt sehr schlau. Er zieht 1. ..., Kc1–b1! Und nun ist Weiß wieder am Grübeln. Wenn er 2.Tf2–f1 + spielt, nimmt Schwarz mit 2. ..., Kb1xa2 den Turm vom Brett. Der ist ja nicht mehr gedeckt.
2.Ta2–e2! ... Aber das ist noch viel schlauer. Nun droht er auf 2 Arten matt. Das siehst du hoffentlich bereits selbst. Schwarz kann sich nicht mehr verteidigen. Der König hat zu kurze Beine. Er kann nur einen Schritt nach links oder rechts gehen, also entweder 2. ..., Kb1–a1 oder 2. ..., Kb1–c1. Weiß spielt nun entweder 3.Te2–e1 matt oder 3.Tf2–f1 matt. Noch gerade DIAGRAMM 16. Weiß kann auch in 2 Zügen matt setzen. Paß auf: 1.Th4–b4, Ka6–a7 und nun 2.Tg5–a5 matt. In Aufgabe 14, DIAGRAMM 18 kann Weiß auf 22 (!) Arten in 2 Zügen matt geben. Wir haben das nicht direkt gesagt. Z. B.: 1.Kg2–h3, Kc1–d1 2.Ta2–a1 matt, oder z. B.: 1.Tb1–b7, Kc1–d1, 2.Tb7–b1 matt. In DIAGRAMM 16 und 18 siehst du also, daß Schwarz matt wird, weil er ziehen muß; mit einem schönen Wort heißt das Zugzwang. Dieses eigenartige Wort Zugzwang benützen sogar die Engländer und Russen in ihrer Sprache. Du siehst, wie wichtig das deutsche Schach in der Welt war. Das Wort Zugzwang kannst du aber einstweilen wieder vergessen; wenn du besser spielst, wirst du es von selbst verstehen.

15 DIAGRAMM 19. 1 ..., Dd5–b5 (b7)+ 2.Kb2–a2 (a3), Tc8–a8 matt.

Kapitel 3

1 Der Läufer kann nach b2, a1, b4, a5, d2, e1, d4, e5, f6, g7 und h8.

2 Der Läufer zieht wie folgt: La8–b7; La8–c6; La8–d5; La8–e4; La8–f3; La8–g2; La8–h1.

3 Der Läufer von e5 kann nach: d4, c3, b2, a1, d6, c7, b8, f4, g3, h2, f6, g7 und h8.

4 Der Läufer in Aufgabe 1 konnte aus 11 Zügen wählen, der aus Aufgabe 2 aus 7, der aus Aufgabe 3 aus 13. Der letzte Läufer stand also am aktivsten.

5 DIAGRAMM 23. Weiß kann matt setzen mit: 1.Kd2; 2.Ke2 3.Kd3 4.Ke4 5.Kf3 6.Kf4. Siehst du, wie schön die Dame und der Läufer zusammenwirken?

6 DIAGRAMM 24. Die erste Art kennen wir schon lange: Dg2 matt. Schwierig war natürlich die zweite Art: Ld4 matt.

7 Weiß setzt mit Tb1 matt.

8 Weiß setzt mit Dc5 matt. Du siehst, daß matt auf jedem Feld des Brettes vorkommen kann, auch in der Mitte.

9 Weiß setzt mit Dd4 matt.

10 Weiß setzt mit Lc6 matt.

11 DIAGRAMM 25. Weiß setzt mit Kb6 matt. Es ähnelt etwas dem Trick in Aufgabe 5 (DIAGRAMM 23).

12 Weiß setzt mit Kb6 matt.

13 DIAGRAMM 26. Weiß kann matt geben mit Lg1 oder Le5.

14 Weiß kann matt setzen mit Da1 oder Dd4.

15 Der Springer von a1 kann nach b3 oder c2 hüpfen.

16 Der Springer kann von d3 nach c1, b2, b4, c5, e5, f4, f2 oder e1 springen.

17 Der Springer in DIAGRAMM 28 kann nach c3, b4, b6, c7, e7, f6, f4 oder e3 springen.

18 Weiß setzt mit De7 matt.

19 Weiß setzt matt mit Sg6.

20 Weiß setzt matt mit Kc7.

21 Weiß setzt matt mit Te8.

22 DIAGRAMM 29. Ja, das war sehr schwierig. Die eine Lösung ist: 1.Kf2 +, Kh2 2.Sf3 matt. Die andere Lösung ist: 1.Ta3, Kh2 2.Th3 matt.

Kapitel 4

1 Weiß hat mit seinem Bauern, der auf g2 stand, als ersten Zug eine Figur von Schwarz auf f3 geschlagen.

Antworten zu den Aufgaben aus Teil 1

2 Schwarz kann gespielt haben: 1. ..., a5 und dann mit dem gleichen Bauern 2. ..., a5xb4 und danach 3. ..., b5. Insgesamt also 3 Züge. Er kann auch erst 1. ..., a6 gespielt haben, dann hat er also einen Zug mehr gemacht, um die Bauern nach b4 und b5 zu bringen: 4 Züge.
Er kann auch anstelle von ...b5 zwei Züge gemacht haben, also erst..., b6 und dann..., b5. Dann kommst du auf 5 Züge; aber du wirst wohl gesehen haben, daß es auch noch anders möglich ist. Vergleich es mal mit deinem Freund oder deiner Freundin.

3 Nein! Am Rand des Brettes kann Weiß mit seinem Extra-Bauern nichts anfangen.

4 Weiß kann wählen zwischen: 1.d2–d3 oder 1.d2–d4 oder 1.d2xc3 oder 1.d2xe3.

5 DIAGRAMM 32. In der kurzen Notation schreiben wir: 1.fg6:+, Kg6:. In der langen Notation schreiben wir: 1.f5xg6 +, Kh7xg6.

6 DIAGRAMM 33. Weiß kann in 2 Zügen den schwarzen Bauern gewinnen. Paß mal auf: 1.b3, a4 (Schwarz kann nicht anders) 2.ba4:.

7 DIAGRAMM 34. Weiß kann nun in 2 Zügen den schwarzen Bauern gewinnen. Paß mal auf. 1.b4, a5 (Schwarz kann wieder nicht anders) 2.ba5:. Nun verstehst du, daß du mit dem 1. Bauernzug aufpassen mußt. Es ist aber nicht immer sinnvoll, mit einem Doppelsprung zu beginnen.

8 DIAGRAMM 35. Wenn du 1.d3 ziehst, greifst du die schwarzen Springer an. Der Bauer schaut immer schräg voraus. Schwarz kann nur mit einem Springer weghüpfen, dann kannst du den anderen schlagen. Aber wenn du 1.d4 spielst, greifst du 2 schwarze Türme zugleich an. Auch von denen kann sich natürlich nur einer aus dem Staub machen, den anderen kannst du verspeisen. Wir wissen, daß ein Turm mehr wert ist als ein Springer. Also ist 1.d4 ein stärkerer Zug als 1.d3.

9 Weiß verliert immer. Paß mal auf: Wenn er mit 1.h4 beginnt, dann zieht Schwarz 1. ..., g6. Nun muß Weiß ziehen: Also 2.h5 und Schwarz denkt »Happ, ich hab dich« und zieht 2. ..., gh5:.
Mal anders versuchen. Weiß beginnt mit 1.h2–h3, ... Ist das schlauer? Etwas wohl, aber Schwarz ist vorsichtig und zieht 1. ..., g7–g5. Ach, da geht der arme weiße Bauer. Denn er muß nun wohl 2.h3–h4 ... spielen, wonach Schwarz mit 2. ..., g5xh4 diesen Unglücksraben einkassiert. Es ähnelt etwas dem DIAGRAMM 33, aber wohl etwas schwieriger.

10 DIAGRAMM 38. Das war schwierig. Du mußtest 1.f7–f8S spielen und damit mattsetzen. Also nicht gleich nach dem Rockzipfel der Königin greifen, sondern auf dein Sprungtier vertrauen.

11 DIAGRAMM 39. 1.d8S + ... Wieder eine Springerumwandlung. Das ist ja auch etwas Leckeres. Schwarz muß nun mit seinem König weichen – er darf nun mal nicht im

Schach stehenbleiben – also z. B. 1. ..., Kg8, und dann lacht Weiß sich ins Fäustchen, denn mit seinem 2. Zug kann er die hochmütige schwarze Dame vom Brett werfen.

12 1.g2–g4 +, Kh5–h4 2.Lb6–f2 matt.

13 1.Lf7+, Kg4 2.h3 matt. Sind die weißen Bauern aber stark!

14 DIAGRAMM 40. 1.c4 –c 5 +, Kb6 – a6 2.b4 – b5 matt.

15 Nach 1.d2–d4 kann Schwarz folgendes machen: 1. ..., c3 oder 1. ..., cd3:ep. oder 1. ..., e3 oder 1. ..., ed3:ep.
Und nun die Antworten in der langen Notation: 1. ..., c4–c3, oder 1. ..., c4xd3ep. oder 1. ..., e4–e3 oder 1. ..., e4xd3ep.

16 DIAGRAMM 45. Nach 1. ..., e5 kann Weiß diesen Bauern mit 2.fe6:e.p. schlagen. In der langen Notation schreiben wir 1. ..., e7–e5 2.f5xe6ep. Weiß kann noch 2 andere Züge machen, nämlich (in kurzer Notation) 2.d7 oder 2.f6; in langer Notation 2.d6–d7 oder 2.f5–f6.

17 Weiß kann spielen (kurze Notation) 1.c7 oder 1.ed6: oder 1.e6 ... in der langen Notation: 1.c6–c7 oder 1.e5xd6 oder 1.e5–e6.

18 DIAGRAMM 46.
Frage 1: Mit Weiß mußt du spielen: b6 matt!
Frage 2: Ich hätte mit Schwarz nicht 1. ..., c5 gespielt, sondern 1. ..., Dh3 matt!

19 Läßt du die Antwort von einem Lehrer oder einem Schachklubmitglied lösen?

Kapitel 5

1 Bei Weiß geht es um den Turm a1. Bei Schwarz geht es aus denselben Gründen um den Turm a8, aber auch um Th8.

2 DIAGRAMM 49. Wir wissen, daß es sehr gut ist, zu rochieren. Wenn du also die gegnerische Rochade vereiteln kannst, hast du Gewinnchancen. Der weiße Springer auf e6 sorgt dafür, daß der schwarze König noch in der Mitte bleiben und zittern muß. Also wird Weiß sein Pferd auf e6 lassen.

3 DIAGRAMM 50. Wenn du mit Weiß lang rochierst, ist das eine große Dummheit. Schau mal:
1.0–0–0, Db2: matt oder – in langer Notation – 1.0–0–0, De5xb2 matt.
Weiß muß kurz rochieren. Paß mal auf: 1.0–0 +,.. nun kann der arme schwarze König nicht weg. Er muß z. B. 1. ..., Lh8–f6 ziehen, wonach 2.Tf1xf6+ folgt, und wieder ist für Schwarz guter Rat teuer, denn auf 2. ..., Kf8–e7 folgt 3.Tf6–f5 +, mit Damengewinn. So gewinnt Weiß natürlich. Wenn Schwarz aber mit der Dame den Turm schlägt, so schaut es in der kurzen Notation so aus: 1.0–0 +, Lf6 2.Tf6:+, Df6: 3.Df6:+.

Antworten zu den Aufgaben aus Teil 2

Kapitel 6

1 DIAGRAMM 52. Schwarz will den weißen Läufer schlagen. Dieser steht schön im Zentrum. Dahin will er natürlich auch weiterhin schauen. Darum ist 1.Le4–f3 ein guter Zug. Der Läufer ist dann auch noch vom Bauern gedeckt, und das ist immer gut.

Ein gedeckter Bauer oder eine gedeckte Figur sind stärker als ein ungedeckter Bauer oder eine ungedeckte Figur.

2 DIAGRAMM 53. Tja, darauf können wir nicht richtig antworten. Du solltest deine Antworten auf die Punkte 1–6 denjenigen lesen lassen, durch den du das Schachspiel lernst, oder durch ein Vereinsmitglied.

3 DIAGRAMM 54. Weiß gewinnt mit 1.De8:+, Te8: 2.Te8:matt

Kapitel 7

1 DIAGRAMM 58. Schwarz gewinnt mit 1. ..., Dg2:matt. Weiß gewinnt in 2 Zügen durch 1.De8 +, Kh7 2.Dh8matt.

2 DIAGRAMM 59. Schwarz gewinnt mit 1. ..., Lf1–h3 matt. Weiß gewinnt mit 1.Sf6 +, Kg7 2.Tg8 matt.

3 Weiß gewinnt mit 1.Dh8 +, Kf7 2.De8 matt. Nun siehst du erst, wie stark eine Dame und ein Läufer sind, wenn sie aktiv stehen. Der schwarze König schaute nach 1. ..., Kf7 auf 8 Felder, aber ... er schaute nur Weiß in die Augen, brrr.

4 Weiß zieht 1.Th8 +, Kh8: 2.Sf7+ und nimmt dann die schwarze Dame.

5 DIAGRAMM 60. Schwarz steht besser. Sogar noch mehr: Er kann die weiße Dame gewinnen. Er zieht 1. ..., Dc4:! Wenn Weiß nun mit 2.Lc4: zurücknehmen will, setzt Schwarz ihn nach 2. ..., Td1 + in einigen Zügen matt.

6 1.De8 +, Le8: 2.Te8: +, Te8: 3.Te8: matt.

7 1.Lf6 +, Kg8 2.Th8 matt.

8 Weiß gewinnt mit 1.h6–h7 +, Kg8–h8 2.Sd8–f7 matt.

9 Schwarz muß 1. ..., Tb3: + spielen. Wenn nun der König weggeht, nimmt Schwarz mit seinem Turm die Dame auf f3. Deshalb also 2.Kb3:. Aber nun siehst du, wie gut Figuren zusammenwirken können. Schwarz galoppiert nun mit seinem Springer nach d4, gibt Schach und nimmt im folgenden die weiße Dame. Das hat der schwarze Turm natürlich schon zuvor gewußt oder vielleicht hat ihm das der schwarze Springer eingeflüstert.

10 DIAGRAMM 61. War das aber schwer. Schwarz gewinnt mit 1. ..., Dh3 +. Zieht Weiß nun 2.Kg1, dann folgt matt durch 2. ..., Dg2. Wenn Weiß die Dame nimmt, also 2.Kh3:, dann gewinnt Schwarz mit 2. ..., Th8 matt.

Kapitel 8

1 Schwarz hätte 3. ..., De7 spielen können. Dann hätte er die Bauern e5 und f7 gedeckt, die von Weiß angegriffen wurden. Danach hätte er mit ..., Sf6 die weiße Dame angreifen können.

2 Hierauf antworten wir nicht genau. Es sind natürlich viele Züge möglich. Aber wenn du bedacht hast, daß die Springer nach c3 und f3 gehen müßten, die Läufer nach c4/b5 oder f4/g5, und daß du rochieren mußtest, dann sind wir schon sehr froh. Natürlich mußtest du die Zentrumsbauern (so heißen die d- und die e-Bauern) nach vorn spielen, sonst hätten die Läufer nicht an die frische Luft gekonnt. Schau noch mal DIAGRAMM 53 an. Dann weißt du noch besser, was wir meinen.

3 DIAGRAMM 62. Eine Gabel mit 1.g6 würde natürlich nichts ergeben. Schwarz könnte den Bauern mit der Dame oder mit dem Läufer nehmen.

4 DIAGRAMM 63. Der Zug 1.e6 ist ein großer Fehler. Wohl hat Schwarz eine Gabel bekommen, aber das kümmert ihn nicht sehr. Er antwortet: 1. ..., Tf1 matt!

5 Weiß kann 2 Gabeln geben, nämlich 1.b6 oder 1.f4. 1.b6 ist besser. Die Gabel 1.f4 ist eigentlich keine richtige Gabel. Wenn Schwarz dann z. B. 1. ..., Tb5: antwortet, kann Weiß doch nicht 2.fg5: spielen. Achte mal auf den weißen König auf f1 und die schwarze Dame auf f7. Weiß würde sich selbst ins Schach setzen, und das ist gegen die Regeln.

6 Schwarz zieht 1. ..., g5 +, und mit der Gabel gewinnt er die weiße Dame. Weiß muß etwas gegen das Schach tun. 2.Dg5: + hilft nicht viel, denn dann zieht Schwarz 2. ..., hg5: + und hat die weiße Dame genommen, die 10 Punkte wert ist. Daß er selbst 2 Punkte nach 3.Kg5: verliert, ist natürlich nicht so schlimm. 10 gegen 2 ist ein guter Tausch.

7 Schwarz spielte 1. ..., g7–g5. Nun erwidern wir nicht 2.c2–c4, womit wir eine Gabel geben, sondern 2.De8–g6 +, Kh7–h8 3.Sd6–f7 matt.

8 DIAGRAMM 64. Weiß zog 1.c4 und dachte mit der Gabel den Turm oder die Dame zu gewinnen, aber hier machte er die Rechnung ohne den Wirt. Schwarz kam zuerst mit der Gabel 1. ..., g3 +, und als Weiß mit dem König nach 2.h1 (g1) ging, gewann Schwarz mit 2. ..., Te1 matt!

Kapitel 9

1 DIAGRAMM 66. 1.Dg7: +, Kg7: 2.Se6 +, K (irgendwohin) 3.Sc5: Weiß hat einen Bauern gewonnen. Danach gewinnt er noch mehr. Er greift 2 Türme an. Schwarz zieht am besten 3. ..., c6, nun kann Weiß 4.Sb7: oder Sd7: ziehen. Ein Teufelskerl, der Springer.

Antworten zu den Aufgaben aus Teil 2

2 DIAGRAMM 67. 1.Lc6: + ... Wenn Schwarz nun 1. ..., Kc6: zieht, dann spielt Weiß 2.Se5 + und gibt im folgenden Zug der schwarzen Dame einen Pferdetritt. Wenn der König nach b8 oder c8 geht, folgt matt mit Ta8.

3 Das schien sehr schwierig, aber eigentlich war es der gleiche Witz wie im DIAGRAMM 67. Weiß zieht wieder 1.Lc6: +.

Wenn der schwarze König den Läufer nimmt, machst du Se5 + und nimmst danach mit dem Springer die Dame. Wenn der König wegzieht, wird er mit 2.Ta8 mattgesetzt.

4 1.Ta4 + ... zieht der König nun weg, nimmst du mit dem Turm die schwarze Dame. Deshalb also 1. ..., Ka4:. Doch nun kommt 2.Sc5 + und danach 3.Se4:.

5 Das war schön, findest du nicht? 1.Le5 +, Ke5: 2.Sg6 + und dann 3.Sh8:.

6 1.Ld6 +. Wenn Schwarz mit der Dame nimmt, ziehst du 2.Sf5 + und nimmst danach die Dame. Wenn Schwarz mit dem König den Läufer nimmt, ziehst du 2.Se4 +, und wieder gibt es die gleiche fette Beute.

7 1.Lf6! ... Ein starker Zug. Die Dame kann nicht weg, weil dann der König im Schach steht. Darum zieht Schwarz 1. ..., Df6:. Doch nun entscheidet wieder der Springer den Tag: 2.Se4 +, und im 3. Zug nimmt er die Dame.

8 DIAGRAMM 68. Da kann einem ja schwindlig werden. Du kannst Abzugsschach geben, wenn du den Läufer von b3 wegziehst: Dann greift der Turm a3 den weißen König an. Du kannst aber auch Abzugsschach geben, wenn du den Springer c5 wegziehst: Dann belugt der schwarze Läufer b6 den König.

Wenn der Springer e6 sich wegtrollt, gibt die schwarze Dame Schach. Und zum guten Schluß noch g2, wonach der Th3 Schach gibt.

9 DIAGRAMM 69. 1.Sf6: +, und danach nimmt der Springer die schwarze Dame. Wenn Schwarz am Zug ist, gewinnt er mit 1. ..., Sg4 + 2.Kg3, Dh2 matt! Das war schwierig zu sehen, ja?

10 1.Le2 +, Kg8 2.La6:, und der Springer ist erobert.

11 1.Lg3 +, Kg8 2.Ld5 +, Kf8 3.La2:

12 1.Tc8 ++, Kh7 2.Dg8 matt.

13 1.Se5 + oder 1.Sb6 ++, und den Rest kannst du so sehen.

14 1.Sc6 ++ usw. oder 1.Sg6 +.

15 1.Lf6 ++, und dann nimmt der weiße Läufer die schwarze Dame.

16 Sehr stark ist 1.Te3 ++, weil Schwarz den König wegziehen muß, wonach du mit dem Läufer die Dame schlagen kannst.

17 DIAGRAMM 76. 1.Tf8: +, Tf8: 2.Sf7 +, Kg8 3.Sh6 ++, Kh8 4.Dg8 +, Tg8: 5.Sf7 matt.

Kapitel 10

1 Tdh1 oder Thh1. Du verstehst also nun, daß du immer erst schauen mußt, ob du einen Extrabuchstaben benützen mußt; erst wenn es dann nicht deutlich wird, benützt du eine Extraziffer.

2 DIAGRAMM 80. Weiß spielt natürlich 1.e5 und gewinnt den Springer.
Schwarz sollte nicht 1. ..., Dd6 spielen (wenn er am Zug ist), denn dann zieht Weiß 2.e5 (eine Gabel) und gewinnt auch den Springer.

3 Weiß scheint schlecht zu stehen, aber er ist am Zug. Er kann 1.Se8 +! spielen, dann muß Schwarz den König wegziehen – sein Springer ist gefesselt – danach schlägt Weiß die schwarze Dame auf c7.

4 1. ..., Tg5! Damit fesselt Schwarz den weißen Springer auf g2. Dieser kann nicht mehr weg, und im 2. Zug nimmt Schwarz diesen Springer mit dem Läufer oder mit dem Turm (2.f3 hilft natürlich nichts. Schwarz schlägt dann mit 2. ..., Lf3: auch noch erst den Bauern).

5 Ja. Schwarz zieht 1. ..., Sd5 und greift den weißen Springer an. Weiß kann den Springer nicht wegziehen, also 2.Tc1, Sc3: 3.Tc3: Lc3: + 4.Kc3:. Schwarz hat die Springer getauscht und einen Turm (5 Punkte) für seinen Läufer (3 Punkte) bekommen.

6 Nein, nach 1.f5 kann Weiß keinen Springer gewinnen. Schwarz zieht 1. ..., Sf4 +, und wenn Weiß nun 2.Ke3 zieht, gewinnt Schwarz mit 2. ..., Sg2 + 3.Ke2, Sh4: usw. den weißen Springer auf f3. Weiß muß also 2.Kd2 ziehen.

Aber paß auf: Es gibt viele Möglichkeiten. Du kannst z. B. mit beiden Springern nach f4 oder mit einem Springer nach d4 (Schach). Sehr schön, aber etwas schwierig.

7 DIAGRAMM 82. 1.Da6! und danach 2.Db7: matt.

8 Weiß erobert den Springer, indem er mit 1.Sg4 beginnt.

9 Weiß muß 1.Lg3 ziehen. Dann fesselt er den Springer und kann ihn im folgenden Zug schlagen.

10 1.Dd8: +, Ld8: 2.Te8 matt. Ein schönes Damenopfer, findest du nicht?

11 1.Dh8 +!, Kh8: 2.Tf8 matt.

12 1.Sf7 + ... und nun zeigen wir 2 Varianten:
a) 1. ..., Tf7: 2.Tb8 +, Tf8 3.Tf8: matt, oder
b) 1. ..., Kg8 2.Se5:. Besten Dank.

13 DIAGRAMM 85. 1.Dh7: +, Kh7: 2.Sg5 + und danach 3.Se6:.

14 1.Tg7: +, Kg7: 2.Dg5 +, Kh8 3.Lf6 matt.

Antworten zu den Aufgaben aus Teil 2

15 1.Sf6 +, und Schwarz kann nicht nehmen. Der Bauer g7 ist durch den weißen Turm gefesselt. Im folgenden Zug schlägt Weiß mit dem Springer die Dame d7.

16 Weiß kann sehr stark 1.Sg5 ziehen. Dann gewinnt er immer etwas, weil der schwarze Bauer f6 unser gutes Stück nicht schlagen kann.

17 DIAGRAMM 86. Weiß opfert den Turm mit 1.Te8 +. Der Springer ist gefesselt, also muß Schwarz 1. ..., De8: spielen. Dann kommt 2.Df6: +, Kg8 und 3.Dg7 matt.

Antworten zu den Aufgaben aus Teil 3

Kapitel 11

1 DIAGRAMM 88. Nach 1.Te7 ist 1. ..., Sd7 ganz falsch. Weiß zieht dann 2.Lf5!. Der Springer ist vom Turm gefesselt, weil die schwarze Dame auf c7 steht. Zieht Schwarz nun einen Turm nach d8, dann macht Weiß z. B. 3.Td1 und gewinnt einen Springer.

2 DIAGRAMM 90. 1.f5 ist ein schlechter Zug. Schwarz antwortet mit 1. ..., Dh2: + 2.Kf1, und nun kann Schwarz mit 2. ..., Sd2 + die Dame gewinnen. Aber er kann sogar matt geben. Schau mal: 2. ..., Dh1 + 3.Sg1, Sd2 + 4.Kf2, g3 matt! Schön, nicht wahr?

3 Weiß am Zug gewinnt mit: 1.Sf7 +, Kg8 2.Sh6 + +, Kh8 3.Dg8 +, Tg8: 4.Sf7, ersticktes Matt.

4 Weiß am Zug gewinnt mit: 1.Dh7: +! Kh7: 2.Th3 matt. Schwarz am Zug gewinnt mit: 1. ..., Td1 + 2.Tf1, Dg2: matt.

5 Nach 1. ..., e5 ist 2.fe6:e.p. (eine Gabel) kein starker Zug. Schwarz gewinnt dann mit 2. ..., Ld4 + 3.Se3, Le3: + 4.Kh1, Tf1 matt.

6 Dieses Beispiel mußt du gut merken. Es ist im Schach sehr bekannt. Es heißt »Das Läuferopfer auf h7«. Das gewinnt beinahe immer.

Du brauchst dazu Dame, Läufer und Springer. Es ist vor allem stark, wenn ein weißer Bauer auf e5 steht. Schau mal: 1.Lh7: + ...

Nun gibt es 3 Varianten:

a) 1. ..., Kh7: 2.Dh5 +, Kg8 3.Sg5 und danach matt. Das siehst du selbst wohl.

b) 1. ..., Kh8 2.Dh5!, g6 3.Lg6: +, Kg7 4.Dh7 matt.

c) 1. ..., Kh8 2.Dh5! Ta8 3.Lg6 + Kg8 4.Dh7 +, Kf8 5.Dh8 matt.

7 1.Dh5 +!!, Kh5: 2.Lf7 +, Kg4 3.h3 matt. Dieses Damenopfer, welches den König nach vorne lockt, nennen die Schachspieler eine »Magnetkombination«. Wie mit einem Magnet »ziehst du den König aus seiner Höhle«. Das muß nicht immer mit einer Dame sein, es geht auch mit einer anderen Figur. Du siehst, daß es immer mehr Arten gibt, um dem Gegner eins auszuwischen.

8 Dies ist ein netter Witz, mit dem du viele Freunde foppen kannst. Paß mal auf: 1.g6!!, hg6: 2.f6!, gf6: 3.h6, und so läufst du zur 8. Reihe. Wenn Schwarz 1. ..., fg6: spielt, machst du natürlich 2.h6. Das kommt aufs gleiche raus.

9 1.f6!, gf6: 2.h6–h7–h8 D. Aber sei vorsichtig. Vor allem nicht 1.h6??, gh6: 2.f6, Kd8! 3.f7, Ke7 und Weiß kann keine Dame holen. Schwarz kommt dann selbst zuerst und holt eine Dame auf h1. Du siehst, du mußt bis zum letzten Zug aufpassen.

10 1.e4! fe4: (wenn Schwarz das nicht macht, trottet der Bauer durch: e5–e6–e7–e8D) 2.f5!,

gf5: 3.g6, ... (dir geht schon ein Licht auf) 3. ..., hg6: 4.h7 und 5.h8D.

Kapitel 12

1 Weiß gewinnt leicht. Er wird mit dem Läufer den Bauern f6 schlagen und dann mit der Dame auf g7 matt geben; z. B. 2. ..., Te8 3.Lf6:, Dc7 4.Dg7 matt.

2 Das Spiel auf einem Flügel, in diesem Fall also dem Damenflügel, wo viel »ineinandergeschobene« Bauern stehen, ist für die Figuren sehr schwierig. Sie können nicht über die weiße und schwarze Kette hinwegspringen; selbst der Springer hat nicht solch lange Beine. Meist ist es dann das Beste, mit deinen Figuren dein Heil auf der anderen Seite zu suchen.

3 1.Lf6!! ... Ein starker Zug. Der schwarze Läufer ist nun gefesselt. Schwarz kann z. B. 1. ..., Lf6: ziehen, aber dann folgt 2.c7 und 3.c8D; wenn Schwarz aber den Läufer im 1. Zug nicht nimmt, dann macht dies Weiß seinerseits im 2. Zug und holt danach in 2 Zügen eine Dame.

4 1.Td3 +!.. Wenn Schwarz mit seinem Turm den weißen Turm nimmt, dann folgt 2.h8D. Andernfalls dauert es einen Zug länger. Wenn nämlich der schwarze König weggeht, nimmt Weiß erst den schwarzen Turm und spielt dann h8D.

5 Ja, Weiß kann gewinnen. Er macht 1.a7. Schwarz muß 1. ..., Le4 (um a8D zuvorzukommen) spielen, aber dann kommt sehr stark 2.Ld3! (eine teuflische Fesselung); denn nun kann Schwarz nichts gegen die Umwandlung des a-Bauern machen.

6 Sehr schwierig. Weiß kann keine Figur gewinnen, das scheint nur so. Paß auf: 1.Th6: +, Kg8 2.Th3: (das schaut gut aus, aber es ist eine Seifenblase) 2. ..., Td1 + 3.Kg2, Td2 +, und Schwarz nimmt im 4. Zug den weißen Läufer auf b2.

7 Wer das gefunden hat, ist ein rechter Schlaukopf. 1.Tf1!, De5: 2.Tf8: matt.

8 1.Sd8 +!, Td8: 2.Th7: +, K irgendwohin 3.Tb7:. Das Turmendspiel ist leicht gewonnen für Weiß.

9 1.Td7 +!, Dd7: 2.e6 +, und den Rest siehst du wohl selbst.

10 1.Kf5! ... (Das war ein Trick. Nicht 1.h8D, weil Schwarz dann 1. ..., f5 + zieht und danach mit dem Läufer die Dame vom Brett befördert. Nach 1.Kf5! kann der schwarze f-Bauer nicht mehr nach vorne und 2.h8D steht nichts mehr im Wege).

11 1.0–0–0 + und danach nimmt Weiß mit 2.Kb2: den schwarzen Turm.

12 1.Le5:!, fe5: 2.f6, gf6: 3.h6, und mit h7–h8 holt Weiß eine Dame. Du kannst auch mit 1.h6! beginnen.

Kapitel 13

1 1.Sh6 +, gh6: 2.Dh8 matt.

2 1.De6 +!, De6: 2.Ta8 + usw.

3 1.f4, Tc5 2.b4. Was solch ein Bäuerlein doch alles kann!

4 Nein, Schwarz machte einen Fehler. Nach 1. ..., Sd6 + spielte Weiß 2.Kc5 und gewann Material.

5 1. ..., Db6 +2.Kh1, Td1 + 3.Ld1: Tf1 matt. Die Züge 1 und 2 können vertauscht werden.

6 1.Se8 ++, K irgendwohin. 2.Sc7 und danach nimmt Weiß einen Turm.

7 1. ..., f5 + war schlecht. Es folgte 2.gf6:e.p. +, und nun sind König und Springer angegriffen. Nach 2. ..., Kf6: folgt 3.Lh4 +, g5 4.Lg5: +, und Schwarz verliert den Turm auf d8.

8 1.e5!, Tc6 2.Sc5:!... Nun ist die schwarze Dame angegriffen. Schwarz kann nichts dagegen tun, denn nach 2. ..., Lc5: oder Tc5: folgt 3.Dh7: matt.

9 1.g4!!. Worum geht es? Weiß muß einen Freibauern auf der h-Linie bekommen. Wenn er z. B. auf g5 schlägt, zieht Schwarz den König in die Richtung nach g8 und kann den weißen Bauern rechtzeitig erwischen. Aber die h-Linie ist eben zu weit weg. Fußballer würden sagen: Genau im äußersten Eck. Nun kapierst du 1.g4. Wenn Schwarz 1. ..., gh4: spielt, macht Weiß 2.gh5:, und nach 1. ..., hg4: kommt der alte Trick 2.h5, und der Spaziergang nach h8 ist ohne Hindernisse. Nach 1. ..., Kd7 2.gh5:, Ke7 3.hg5: ist es natürlich »wie gewohnt« gewonnen.

10 1.c5 +, Kh8 2.Sf7 +, Kg8 3.Sh6 ++, Kh8 4.Dg8 +!, Tg8: 5.Sf7 matt. Ersticktes Matt, weißt du noch?

Kapitel 14

1 Der einzig gute Zug ist 35.Tg2–h2.

2 Oh nein, oh nein! Dann kommt's noch dicker: 35. ..., Se1–f3 ++. Matt durch Doppelschach!

3 An »Luftmangel«! Die weißen Figuren um den König können sich kaum bewegen.

4 1.Df7 +!, Kh8 2.Tf8: + oder 2.Df8: + usw.

5 1.Sf6 +!, gf6: 2.Dh7: +, Kh7: 3.Th3 +, Kg7(8) 4.Tg4 matt. (Du kannst die Türme natürlich auch andersrum benützen.) Du konntest auch mit 1.Dh7: +! beginnen.

6 Nein, 1. ..., Td1 + war dumm. Weiß antwortete mit 2.Tf1 +. Schwarz hatte nichts Besseres als 2. ..., Td5, und dann gewann Weiß mit 3.Td1 den Turm.

Antworten zu den Aufgaben aus Teil 3

7 Nach 1. ..., cb3: mußt du 2.Lb2 + spielen. Darauf muß 2. ..., Kg8 folgen, und dann kannst du mit 3.Se7 + (Familienschach, weißt du noch?) den Turm auf c8 gewinnen.

8 Ja, das ist sehr schön. Spiel mal langsam auf dem Brett mit:

1.Kc7, Kf8 2.Kd8, Kg7 3.Ke7:, und was Schwarz auch macht, Weiß spielt in aller Seelenruhe 4.Kd8 5.e7 und 6.e8D, und dann setzen wir Schwarz wohl matt.

9 1.Dh6: +!, Kh6 2.Th8 matt.

10 1.Sg6 +, Kh7 2.Tf8 und 3.Th8 matt.

11 1.Te6: +, Ke6: 2.g7 und 3.g8D.

12 1.Sf8!, und der weiße Bauer verwandelt sich nach einem Zug in eine Dame.

13 1.Se6 +!, Ke7 2.Sd8:, Kd8: 3.Te1!, und der weiße f-Bauer wird zur Dame.

Kapitel 15

1 DIAGRAMM 119. Weiß setzt in 4 Zügen matt. Er beginnt mit 1.Lg6 +, Kg8 2.Dh7 +, Kf8 3.Dh8 +, Ke7 4.De8 matt. Weiß kann auch in 4 Zügen matt setzen, wenn er im 2. Zug De6 + spielt.

2 1.Tc7!, Dc7: 2.Se6 + und gewinnt die Dame.

3 1.Tg4 +, fg4: (sonst verliert Schwarz den Turm auf g8) 2.Se4 +, und danach nimmt Weiß die Dame auf d6.

4 1.Se5 +, Le5: 2.Dh6 matt.

5 DIAGRAMM 120. 1.Se6 +, fe6: + 2.fe6:, und erinnerst du dich nun, daß 2 verbundene Freibauern auf der 6. Reihe immer gegen einen Turm gewinnen? Z. B. 2. ..., Kf5, 3.e7, Ta8 4.d7, und einer der Bauern wird schnell zur Dame. Wenn Schwarz auf der a-Linie Schach gibt, läufst du mit dem König in seine Richtung. Mit einer Dame gegen einen Turm kannst du gewinnen.

6 1.d7, Td8 2.Tc8!

7 1.Tg7 +, Kh8 2.Th7: +, Kg8 3.Tcg7 +, Kf8 4.Th8 matt.

8 1.Te7: +, Kg8 2.Tg7 +, Kh8 3.Tc7: +, Kg8 4.Tb7:, und Weiß steht auf Gewinn. Aber Weiß kann auch matt setzen: 1.Te7: +, Kg8 2.Tg7 +, Kh8 3.Tg6: matt.

9 1.f5!, gf5: 2.h5, und Weiß holt eine Dame. Wenn Schwarz 1. ..., Kc6 zieht, gewinnt Weiß mit 2.fg6:.

10 1.Td7:!, Td7: 2.f5 +, und wohin auch der König geht, es folgt immer Matt mit der Dame auf b8. Direkt 1.f5 + gewinnt nicht, weil Schwarz dann 1. ..., Se5 zieht.

Kapitel 16

1 1.De7! Der schwarze Turm ist dreimal angegriffen. Er wird nur einmal verteidigt. Obendrein droht Matt. Du siehst also, warum Schwarz aufgab.

2 DIAGRAMM 124. 1. ..., Ke8 (1. ..., Kc8 2.Kf6 und gewinnt) 2.Kd6, Kd8 3.e7 +, Ke8 und Remis. (Auch 1. ..., Ke7 macht Remis.)

3 DIAGRAMM 126. Weiß am Zug. 1.Ke5, ... (nimmt die Opposition) 1. ..., Kd7 2.Kf6, Kd6 (nun nimmt Schwarz die horizontale Opposition, aber daran hat er leider wenig Spaß). Weiß zieht 3.e4 ... (nun muß Schwarz die Opposition wieder aufgeben). 3. ..., Kd7 4.e5... (vor allem nicht 4.Ke5, denn dann nimmt Schwarz wieder die Opposition mit 4. ..., Ke7 und macht Remis) 4. ..., Ke8 (nach 4. ..., Kd8 folgt 5.Kf7, Kd7 6.e6 +, und der Bauer wird zur Dame) 5.Ke6, und den Rest kannst du selbst machen.

Schwarz am Zug: 1. ..., Ke6 (nimmt die Opposition) 2.e3! ... Aha, jetzt muß Schwarz einen Königszug machen. Er muß die Opposition aufgeben. Dann gewinnt Weiß wie im 1. Teil dieser Aufgabe.

4 Die Partie wird Remis. Schwarz spielt nur ..., Ka8–b8–a8–b8–a8 usw.

Am Brettrand gilt also die Regel der Opposition nicht.

5 Weiß am Zug: 1.Kf6, Kf8 2.e6, Ke8 3.e7 und gewinnt schnell.
Schwarz am Zug: 1. ..., Kf8 2.Kd7, und der Bauer wird schnell zur Dame; oder 1. ..., Kd8 2.Kf7, und der Bauer verwandelt sich schnell. Wie ist das möglich? Wieder der Brettrand, der Schwarz zum Verhängnis wird. Schwarz kann nämlich nicht zurück, deshalb kann er die Opposition nicht handhaben.

6 DIAGRAMM 130. 1.Sg7: +, Kd8 2.Df6 +!, Sf6 +: 3.Le7 matt.

7 1. ..., Tc8!

8 1.Lb4!, ab4: 2.a5, b3 3.a6, ba6: 4.b7 +, Ka7 5.b8D matt. Dies ist eine Variante, die in einer Weltmeisterschaftspartie Spasski-Fischer 1972 hätte vorkommen können.

9 1.Da6!, Lg2: 2.Dc8 matt.

10 1.Kg7, Ke7 2.Kg6 und gewinnt den Bauern.

Kapitel 17

1 Nein, das war nicht gut. Nach Sf6 von Schwarz folgt: 1.Tf8 + ... Danach gibt es 2 Möglichkeiten:
a) 1. ..., Kg6 2.g8D +, Sg8: 3.Tg8: +, Kh5 4.h7
b) 1. ..., Ke7, 2.h7, Sh7: 3.g8D, Tg8: 4.Tg8:

2 1.Sb6 + (Se7), Ka7 2.Sc8 +, Ka8 3.Lc6 matt.

Antworten zu den Aufgaben aus Teil 3

3 1.Lc4, Ka8 2.Sb6 +, Ka7 3.Sc8 +, Ka8 4.Ld5 matt. Weiß kann auch mit Se7 beginnen.

4 DIAGRAMM 143. 1.Sbd5:, Tc6 2.Sf6 +, gf6: 3Sh5...

5 1.g4, Kf7 2.Kh6, und Weiß erobert die Opposition.

6 1.a5..., und Weiß spielt dann nur noch Kg1–f1–g1..., um den schwarzen Freibauern aufzuhalten. Nicht a6, denn dann gewinnt Schwarz.

7 1.Lf6 +, Kf6: 2.Dg5 +, Kg5: 3.Se4: +, Kh6 4.g5 +, Kh5 5.g4 +, Dg4: 6.fg4: matt oder 6.hg4: matt.

8 1.Sc6 +, Ka8 2.Sb4, Kb8 3.Sa6 +, Ka8 4.Lg2 matt. Auch 1.Sd3 ist gut.

9 1.Sd6, Dc6 2.Sf7 +, Kg8 3.Sh6: ++, Kh8 4.Dg8 +, Tg8: 5.Sf7 matt.

10 Schwarz gewinnt, weil er immer einen Extrazug mit dem König machen kann. Sehr schwierig; übe es mal mit deinem Lehrer oder im Verein.

Kapitel 18

1 1.Dh4 und Weiß droht sowohl Matt auf h7 wie auch Nehmen des Turms e7, z. B. 1...., f6 2.Dh7: +, Kf7 3.Lg6 +, Ke6 4.Tfe1 +, Kd7 5.Te7: +, Ke7: 6.Dg7: +, usw.

2 1.Le6: +, und Schwarz muß 1...., Tf7 spielen, sonst folgt Matt durch 2.Tf8:.

3 1.Df7: + usw.

4 DIAGRAMM 154. 1.Df7: +, Tf7: (1...., Kf7: 2.Lc4 matt) 2.Te8 +, Tf8 3.Lc4 +, Kh8 4.Tf8: matt

5 1.Df5!, und durch die Drohung 2.Lf6: und 3.Dh7: matt gewinnt Weiß immer eine Figur.

6 1.Te8 +, Tf8 2.Dc6:! oder 1.Te8 +, Tf8 2.Tf8: +, Df8: 3.Dc6:

7 1...., Tf1:! und nun entweder 2.Tf1:, Sd2 matt oder 2.Lf1:, Sd2 + 3.Kd3, Sb1:

8 1.Ld5:, ed5: 2.e6 + und danach 3.ed7:

9 1...., g5 ist ein schlechter Zug. Weiß zieht fg6:e.p. und gewinnt den Turm auf h7. Sehr stark wäre 1...., Th2: + gewesen. Weiß muß dann mit dem König nehmen und wird durch 2...., Dh4 mattgesetzt.

10 DIAGRAMM 156. 1.Se7+, Le7: 2.Sh6:+ und 3.Sf5: oder 1.Sh6: +, gh6: 2.Se7 +, ...(der Läufer ist gefesselt) und 3.Sf5:

Kapitel 19

1 DIAGRAMM 163. 1.Sf6 +, ef6: 2.e7, Lc6 3.b7..., und Weiß holt dann eine Dame.

2 1.Kc2, Ka2 2.Lc1, Ka1 3.Sa4 (Se4), Ka2 4.Sc3 +, Ka1 5.Lb2 matt. Oder 1.Kc2, Ka2 2.Lb4, Ka1 3.Sb3 +, Ka2 4.Sc1 +, Ka1 5.Lc3 matt.

3 1.Le2, Kg1 2.Le3 +, Kh1 3.Lf3 matt.

4 DIAGRAMM 164. Weiß gewinnt. 1.Ke5, Ke8 2.Kf6, Kf8 3.Kg5, Ke7 4.Kh5: Ke6: 5.Kg6, und Weiß holt eine Dame.

5 1.Lf5, Kh2 2.Lf4 +, Kh1 3.Le4 matt.

6 Ziemlich schwierig. Weiß gewinnt. Er muß gut aufpassen. Wenn er den Bauern nach h5 bringt, verliert er ihn nach 2 Zügen durch Kg5, und Schwarz nimmt ihn im folgenden Zug. Darum 1.Sd4 (2), Kg4 2.Sf3!... Wenn Schwarz nun den Springer nimmt, läuft der Bauer durch. Schwarz kann also wenig tun und verliert, weil Weiß Zeit hat, den König auf die andere Seite zu bringen, um dem Bauern zu helfen. Aber merke: Ein Springer muß einen Freibauern von hinten decken.

7 1.Tb7:, Tb7: 2.c6, und Weiß gewinnt, weil 2 Freibauern auf der 6. Reihe stärker sind als ein Turm. Weiß holt in einigen Zügen eine Dame.

8 Sehr schwierig. Der Spieler mit der Dame gewinnt immer, wenn der feindliche Bauer noch auf der 6. Reihe steht. Aber die Methode ist nicht einfach. Natürlich muß der (weiße) König zu Hilfe kommen. Das geht nur, wenn Schwarz den König direkt vor den Bauern ziehen muß. Du weißt ja, daß – wenn der Bauer nach f2 kommt – es Remis wird. Wir geben ein Gewinnbeispiel. Es gibt natürlich viele Arten:

1.Dc4 +, Ke1 (nicht 1. ..., Ke3, denn dann spielt Weiß schnell 2.Df1 und hat unendlich viel Zeit, um den König zu Hilfe kommen zu lassen. Schwarz kann die Dame ja nie von dem Feld verjagen) 2.De4 +, Kf2 3.Kh7 usw.

9 Nach 1.Kg2 ist 1. ..., Lf6: falsch wegen 2.Dh7: +, Kh7: 3.Lf6:... (nun droht matt in 2 Zügen, beginnend mit 4.Th1 +). 3. ..., g5 4.f5! und Weiß setzt in 2 Zügen matt, beginnend mit Th1 (+). Dies war also ein gutes Qualitätsopfer von Weiß.

10 DIAGRAMM 166. 1.Tc7:, Tc7: 2.d6! und jetzt

a) 2. ..., Td7 3.Le7: oder

b) 2. ..., Ld6: 3.Lg3! usw. Ein harter Brokken, ja?!

Kapitel 20

1 DIAGRAMM 168. 1.g4!, hg4: (der schwarze König kann nicht zu Hilfe eilen, z. B. 1. ..., Kc6 wegen 2.gh5 und Schwarz kann nicht ins Quadrat kommen). 2.h5, g3 3.Ke3!... (Weiß kommt wohl ins Quadrat des schwarzen Bauern) 3. ..., g2 4.Kf2 und gewinnt.

Antworten zu den Aufgaben aus Teil 3

2 1.Ld6: ist ein schlechter Zug. Schwarz spielt 1. ..., Kd6: und macht Remis. Er läuft mit dem König in die Ecke h8. Weiß kann mit seinem Läufer und Bauern nicht gewinnen, weil der Läufer nicht das Eckfeld bestreicht.

3 1.Kh3 ist besser. Er nimmt die Opposition. Z. B. 1. ..., Kg5 2.Kg3, Kf6 3.Kh4, Kg6 4.Kg4!, Kf6 5.Kh5, Kf7 6.Kg5, Ke6 7.Kg6, Ke7 8.Kf5, Kd6 9.Kf6, und Weiß gewinnt auch den e-Bauern.

4 1.Ta6!

5 1.b4, cb4: 2.c5, dc5: (2. ..., Ke4 3.cd6: und gewinnt) 3.d6, und Weiß holt eine Dame.

6 1.Dg7 +!, Lg7: 2.Lg7: +, Kg8 3.Lf6 matt.

7 1. ..., Dd6:! 2.Db4: Dc5:, Weiß gibt auf.

8 1.Sc4! und gewinnt Material oder setzt matt.

9 1.Dc3 +, Kg8 2.Dc8 und gewinnt.

10 1. ..., Dg2: +! 2.Kg2:, Lf3 + 3.Kf1, Sh2 matt oder 3.Kg3, Lf2 matt.